海军新军事变革丛书

总策划：魏 刚　主 编：马伟明

国防训练与
仿真技术基础

FUNDAMENTAL ISSUES IN
DEFENSE TRAINING AND SIMULATION

（澳）Christopher Best
　　　George Galanis　等 编著
（新西兰）James Kerry

张晓锋　宋继忠　龚 立　等译

电子工业出版社
Publishing House of Electronics Industry
北京·BEIJING

© Christopher Best, George Galanis, James Kerry and Robert Sottilare, August 2013
This translation of Fundamental Issues in Defense Training and Simulation is published by arrangement with Ashgate Publishing Limited.

本书中文简体翻译版权由 Ashgate Publishing Limited 授予电子工业出版社独家出版、销售。未经出版者书面许可，不得以任何方式复制或发行本书的任何部分。

版权贸易合同登记号 图字：01-2014-7770

图书在版编目（CIP）数据

国防训练与仿真技术基础 /（澳）克里斯托弗·贝斯特（Christopher Best）等编著；张晓锋等译. —北京：电子工业出版社，2018.7
（海军新军事变革丛书）
书名原文：Fundamental Issues in Defense Training and Simulation
ISBN 978-7-121-30927-4

Ⅰ.①国… Ⅱ.①克… ②张… Ⅲ.①军事训练－仿真系统 Ⅳ.①E13-39

中国版本图书馆 CIP 数据核字（2017）第 026820 号

责任编辑：张　毅
印　　刷：三河市鑫金马印装有限公司
装　　订：三河市鑫金马印装有限公司
出版发行：电子工业出版社
　　　　　北京市海淀区万寿路 173 信箱　邮编：100036
开　　本：720×1000　1/16　印张：22.25　字数：332 千字
版　　次：2018 年 7 月第 1 版
印　　次：2018 年 7 月第 1 次印刷
定　　价：95.00 元

凡所购买电子工业出版社图书有缺损问题，请向购买书店调换。若书店售缺，请与本社发行部联系。联系及邮购电话：（010）88254888，88258888。
质量投诉请发邮件至 zlts@phei.com.cn，盗版侵权举报请发邮件至 dbqq@phei.com.cn。
本书咨询联系方式：（010）57565890，meidipub@phei.com.cn。

海军新军事变革丛书

丛书总策划　魏　刚
编委会主任　马伟明
编委会副主任　赵晓哲　李　安　王传臣　邱志明
　　　　　　　何　友　何　琳　鲁　明　杨　波
　　　　　　　王航宇　李敬辉
常务副主任　贲可荣
编委会委员　（以姓氏笔画为序）
　　　　　　　王公宝　王永斌　王　东　王德石
　　　　　　　史红权　邢焕革　杜　奎　吴旭升
　　　　　　　张永祥　张立民　张晓晖　张晓锋
　　　　　　　陆铭华　杨露菁　侯向阳　笪良龙
　　　　　　　楼京俊　察　豪　蔡志明　蔡　琦
　　　　　　　黎　放
选题指导　裴晓黎　邹时禧　徐　勇　许　斌
　　　　　吴雪峰
出版策划　卢　强　吴　源　张　毅

国防训练与仿真技术基础

主译 张晓锋　宋继忠　龚　立
　　　　董银文
审稿 郭尚芬　沈雅慧
翻译 卢　飞　陆光宇　金　亮
　　　　王　英　肖　迪　李　耕
　　　　李　涛　夏益辉　韩　瑞
　　　　安儒奎　吴本祥　肖文凯
　　　　贾正荣　李晓杰

《海军新军事变革丛书》第三批总序

当今世界，新一轮科技革命和产业变革正在加速推进，以信息技术为引领，人工智能、生物科学、大数据、新材料、新能源等技术发展运用、交叉融合和相互渗透，正逐步改变着人类社会形态和生产生活方式。高新技术的发展和世界安全态势的演变，同样催生当今世界军事领域的深刻变革，在广度、深度上已超越以往历史上任何一轮军事变革。这次变革以安全态势演变为动因、以高新技术特别是信息技术发展为动力、以军事观念转变为牵引、以军事体系调整为中心，覆盖军事领域各个方位和全部系统，涉及军事理论、军事战略、战争形态、作战思想、指挥体制、部队结构、国防工业等方方面面，形成信息主导、体系支撑、精兵作战、联合制胜的新态势，数字化、网络化、智能化和系统化将贯穿决策指挥、组织形态和战场战法全过程，渗透到各个方面，作战域将加速向网络、电磁、深海、太空、极地等战略新疆域拓展，其所产生的影响，必将影响未来世界格局，决定各国军事力量比对。

习主席曾深刻指出："每一次科技和产业革命都深刻改变了世界发展面貌和格局。一些国家抓住了机遇，经济社会发展驶入快车道，经济实力、科技实力、军事实力迅速增强，甚至一跃成为世界强国。"党的十八大以来，党中央、中央军委着眼于实现中国梦、强军梦，制定新形势下军事战略方针，全力推进国防和军队现代化，军队改革取得历史性突破，练兵备战有效遂行使命任务，现代化武器装备加快列装形成战斗力，军事斗争准备稳步推进，强军兴军不断开创新局面。党的十九大，吹响了"到本世纪中叶把人民军队全面建设成世界一流军队"的时代号角，郑重宣告国防和军队建设全面迈进新时代。经略海洋、维护海权、建设海军始终是强国强军的战略重点，履行新时代军队历史使命，海军处在最前沿、考验最直接，职能最多样、任务最多元，需求最强劲、发展最迫切。瞄准世界一流、建设强大的现代化海军，我们更须顺应新形势，把准新趋势，进一步更新观念、开阔视野，全面深入实施科技兴军战略，瞄准世界军事科技前沿，坚持自主创新的战略基点，加强前瞻性谋划、体系化设计，加快全域全时全维的信息化、智能化建设，抢占军事科技战略性、前沿性、颠覆性发展制高点，努力实现从跟跑、并跑到领跑的历史性跨越。

根据海军现代化建设的实际需求，2004年9月，海军装备部与海军工程大学联合组织一批学术造诣深、研究水平高的专家学者，启动了《海军新军事变革丛书》的编撰工作。2004年至2009年，第一批丛书陆续出版，集中介绍了信息技术及其应用成果。2009年至2017年，第二批丛书付梓出版，主要关注作战综合运用和新一代武器装备情况。该丛书具有鲜明的时代特征和海军特色，对推进中国特色军事变革要求，谋划海军现代化建设具有很好的参考价值，在部队、军队院校、科研院所、工业部门均被广泛使用，深受读者好评。丛书前两批以翻译出版外文图书和资料为主，自编海军军内教材与专著为辅，旨在借鉴外国海军先进技术和理念，反映世界海军新军事变革中的新观念、新技术、新理论，着重介绍和阐释世界新军事变革的"新"和"变"。为全面贯彻落实习主席科技兴军的战略思想，结合当前世界海军发展趋势和人民海军建设需要，丛书编委会紧跟科技发展步伐，拟规划出版第三批丛书。在前期成果的基础上，第三批丛书计划从编译转向编著，将邀请各领域专家学者集中撰写与海军人才培养需求密切相关的军事理论和装备技术著作，这是对前期跟踪研究世界海军新军事变革成果的消化、深化和转化。

丛书的编撰出版凝结了编委会和编写人员的大量心血和精力，借此机会，谨向付出辛勤劳动的全体人员致以诚挚的敬意，相信第三批丛书定会继续深入贯彻习主席强军思想，紧盯科技前沿，积极适应战争模式质变飞跃，研判战争之变、探寻制胜之法，为建设强大的现代化海军带来新的启迪、新的观念、新的思路，不断增强我们打赢信息化战争、应对智能化挑战的作战能力。

海军司令员 沈金龙

2018年6月2日

《国防体系中的人为因素》丛书

Don Harris 博士，HFI 解决方案有限公司常务董事，英国
Neville Stanton 教授，南安普敦大学人为因素研究首席专家，英国
Eduardo Salas 博士，中佛罗里达大学，美国

要想促使当今陆海空三军实现"培养能打胜仗的人，制造适应当今变化的装备，备战明日任务，能够建造未来"（来源：英国国防部）的目标，人为因素是个关键。现代化三军所执行的任务，比以往任何时期都要更加宽广和多样。除了保卫领土完整和应对军事冲突，军事人员还需参与本土防御、执行维和任务以及进行全球范围的人道主义救援行动。

这些任务需要那些经过训练达到最高标准、能够使用一流装备的顶级人才来完成。军队早已认识到，要达到这些目标，优良的人为因素至关重要。

国防部门无疑是全球范围内最大的涉人为因素员工雇主，同时也是最大的基础和应用研究资助者。这些研究大都具备广泛的应用前景，而非仅限于军事领域。这套丛书的目的，是让读者接触一些此方面高水平工作成果。

阿什盖特出版社出版的《国防体系中的人为因素》丛书囊括了该领域国际知名专家的特别推荐用书。这些书籍对全球国防工业中强调的人为因素关键性议题进行了深入、权威的探讨。

译　者　序

军事训练是进行军事理论教育和作战技能教练的活动，在国家武装力量建设和战备工作中占有重要地位，是和平时期生成和发展军队战斗力的主要途径，也是军队履行职能的重要保证。

"仗怎么打，兵怎么练"，这是军事训练的基本规律。以美军为例，在近几年的几场局部战争中，美军以低的伤亡代价连战连捷，除了武器装备上的优势之外，一个非常重要的原因，就是平时较高的训练水平。美军的训练口号是：像作战一样训练，像训练一样作战。能够完全按照实战要求，利用实地、实兵、实弹和实装训练部队的"全真军事训练"模式，其效果当然是比较全面和客观的。

然而，与几十年前相比，伴随着科学技术的大幅进步，武器装备得到了迅猛发展，战争形态也从单一兵种对抗发展到信息网络条件下诸多军兵种的联合作战和体系对抗。这些变化给军队军事训练带来了许多"全真军事训练"无法解决的难题，比如经济消耗巨大、特殊训练条件难以实现、训练时间和批次有限导致训练质量不佳等。因此，相对于"全真军事训练"，世界各国军队都一直在应用着另一种极为有效的训练模式——"仿真军事训练"，也称模拟训练。

模拟训练是指部队、分队及人员使用模拟训练系统或器材，模仿武器装备性能、作战环境和作战行动进行的训练。从 1929 年美国人 Link 发明世界上第一台真正意义上的现代模拟器——机械式乘坐训练模拟器至今，经过半个多世纪的发展，世界各国模拟训练装备都已基本覆盖军事训练的所有领域、所有对象和全过程，并具有先进、实用、配套、规模扩大的特点。模拟训练以其安全、经济、可控、可重复、不受气候和时空限制，既能常规操作训练，又能培训处理各种事故的应变能力以及训练的高效率、高效益等独特优势，受到世界各国军队的高度重视，并呈现更为深入和广泛应用的趋势。如今，在继续针对新装备、新技术、新训法和新战法不断建设、完善模拟训练装备与技术的同时，如何有效提高模拟训练的质量效益正成为世界各国军队争相探讨的重要课题。

本书正是从模拟训练的两个要素——人和模拟装备（系统）入手，通过分析人为因素在模拟训练中的重要作用这一方式，试图给模拟训练工作领域中的各类参与者，在进一步提高模拟训练质量效益方面提供一些思想的火花。书中各章分别由澳大利亚、新西兰、美国等国家相关机构军事训练与仿真领域的专家撰写，内容涵盖模拟训练领域理论、技术和方法，系统阐述军事训练信息化特别是模拟训练领域的技术发展，乃至人与技术、装备之间的关系等相关问题。因此，本书对研究军事训练问题的专家，乃至研制模拟训练系统的技术人员具有重要的参考价值。

本书共四个部分，分别从军事训练仿真的需求分析、训练设计、仿真技术和训练评估四个方面，对军事模拟训练中应当把握的理论问题和技术问题进行了介绍、分析和总结。每一章都是一篇学术论文，涵盖了模拟训练中的综合导控、环境生成、训练组织等应用问题，具有很强的针对性和实用性。

本书第 1 章通过介绍技术合作项目（TTCP）及第 2 号技术委员会（TP2）的起源、职责功能和当前的使命任务，阐述了 TP2 委员会现阶段的一项重要工作：筹资建设用于解答常见军事训练技术类问题（FAQ）的网络知识库，并发布于互联网，供从事训练、建模与仿真（M&S）工作的成员浏览。并在此基础上介绍了本书的来源。

在第 2 章中，来自新西兰国防部国防技术局人体系统项目组的 James Kerry，通过其在项目研究和管理工作中的思考和感悟，为本书读者在学习之始提供一些基本信息和指导，以帮助读者更好地学习后续章节中有关军事能力、军事训练和教育系统、训练需求分析及任务基本能力等内容。

第 3 章主要介绍"能力"概念的起源，定义其专用术语，提供了一种适用于各类武装力量的模型架构，并阐述该理念的用法、潜在优势以及众多能力模型失败的原因。

第 4 章中，作者首先研究了"当今学习者——千禧一代与前几代学习者迥然不同"这一论断，并探究实践是否能够证实这一说法。在回顾以往有关代际学习方法的研究工作后，分析了为满足千禧一代学习需求而进行的教学实践工作对军队和教育机构的潜在影响。

第 5 章主要探讨模拟训练的训练需求分析问题，介绍了训练需求分析的含义及作用，给出了训练模型等训练需求分析的具体应用，针对训练需求分析和选项评估问题，进行了详细讨论。

第 6 章提出任务基本能力的概念。大多数训练工作都是从任务分析阶段开始，而任务基本能力模式则首先从贴近实战环境来考虑问题。本章探讨了如何开发高效的训练计划以满足最重要的目标以及如何提供必要的训练开发经验，介绍了任务基本能力方法在美军的成功应用情况。

第 7 章概述训练设计的相关问题。在训练系统的设计过程中，需要充分了解整个训练系统的需求、训练素材类型以及满足需求的训练环境类型。此外，本章还介绍了本书第二部分"训练设计"的后续相关章节主要内容，并简要介绍相关章节作者的工作性质和写作意图。

第 8 章主要介绍与训练系统设计相关的个人学习方面的关键理论，探讨了应该给受训人员安排多少工作量才能达到学习效果最大化问题，分析了应该包含多少互动、运用何种策略进行训练，以及如何为受训人员提供最好的训练反馈等问题。

第 9 章主要探讨如何提高学习者适应性的训练设计问题。首先，讨论了适应性等相关概念的基本含义，并针对基本训练设计，给出两项提高适应性训练的基本原则；然后，重点分析了综合学习环境中的适应性训练问题，并从教学目标、任务参与、训练反馈等不同角度，给出六项提高适应性训练的基本原则。

第 10 章主要探讨在虚拟环境中训练团队的问题。首先，分析训练系统的设计者在针对虚拟环境中训练团队进行系统设计时需要关注什么，在虚拟环境中需要包含哪些教学特征来增强团队的训练；其次，讨论在虚拟环境中需要包括哪些类型的训练内容，在虚拟环境的内部和外部还需要在训练系统中考虑哪些内容；最后，强调严格评估团队训练系统的重要性，因为评估可以调整训练系统以确保其满足训练体系的原始需求。

第 11 章总结了十多年来军事训练分布式仿真实践应用的研究成果。给出了可以提高训练效果，并可为构建主流军事训练系统奠定基础的五条关键原则：采用以用户为中心的设计原则；创建完整的训练环境原则；尽量在训练系统中利用协同定位技术原则；提供灵活和动态的训练模拟环境原则；确保军事专家能够履行演习管理职能原则。

第 12 章主要探讨模拟训练中的经济因素问题。概述了模拟训练的优势和意义；介绍了作战模拟、系统模拟两大类模拟训练的特点，探讨逼真度与模拟训练成本的关系，以及游戏与模拟训练的关系等问题。结合实例，重点分析了模拟训练的成本和效益问题，并给出如何在训练中进行虚拟环境的经济分析。

第 13 章概述当前具有代表性和新兴的模拟训练技术，以及其对军事训练的影响。讨论了技术、训练技术等相关概念的基本含义，分析了模拟训练技术对军事训练的影响；针对具体的读者对象，介绍了如何更好地学习"训练技术"部分各章节内容的经验方法。

第 14 章主要讨论现实和虚拟场景下的训练分配问题。通过实例分析什么是现实和虚拟场景下的训练分配问题；讨论了现实和虚拟场景下分配训练时，优化训练组合需要考虑哪些影响因素；探讨了现实和虚拟场景下分配训练问题的优化分配方法。

第 15 章主要关注虚拟环境训练系统的设计问题，分析了虚拟环境训练的技术优势和优化使用策略，阐述了不恰当使用虚拟环境训练所带来的问题及解决途径，讨论了虚拟环境训练设计的未来研究方向。

第16章介绍训练模拟器的关键组成部分——教练员操作站的作用。阐述了教学策略并对其进行操作性定义，分析了教练员操作站的概念和重要性，罗列了在教练员操作站研发过程中的经验教训。

第17章介绍了虚拟现实技术、游戏化训练系统在美军医疗事故处置模拟训练中的应用。阐述了模拟技术用于医疗训练领域的历史，介绍了美军游戏式医疗训练模拟系统，以及虚拟病人的价值用途，并详细介绍了全息解剖可视化技术、电子动画技术、外科手术仿真等仿真技术。本章最后就相关技术应用的本质进行了探讨，提出了技术真正的价值是为学习提供有效途径的观点。

第18章关注游戏技术在模拟训练领域的应用和发展。通过美军引入游戏技术开展模拟训练的案例，展示游戏技术对训练模式和训练内容带来的深刻影响。围绕严肃游戏的概念，从游戏引擎、虚拟世界、用户界面、物理模型、人工智能、网络协同和安全防护等方面介绍游戏技术的关注点。介绍了美军开展游戏化训练的案例，并对游戏用于军事训练的趋势进行了分析展望。

第19章探讨了训练过程中训练目标和训练效益等方面的问题。介绍了一种自主式教学系统模型，阐述模型的基本要素，分析当前自主式计算机教学方法，找出训练效益方面的差距，并讨论了自主式训练系统的研究方向。

第20章针对第19章提出的教学训练中学员的自主式问题，探讨设计教学系统体系结构标准化解决方案的方法。通过领域分析方法，提出军事领域自主学习的通用智能辅导框架，并对框架的设计目标、系统架构、组织方法等进行详细介绍。

第21章主要讨论采用虚拟技术开展交互训练的问题。虚拟交互的主要内容包括人与环境的交互以及人与人的交互。通过阐述虚拟教官开展技能训练的目的和技能学习的一般规律,给出虚拟交互环境的构建要素,以及虚拟教官和交互内容设计中所要解决的问题,并列举了一些成功应用案例。虽然虚拟交互训练模式可为学员搭建自主学习交流环境、提高学习兴趣、改善学习效果,但在训练效益和技术实现等方面仍然存在许多需要进一步研究的内容。

第22章关注训练评估问题,对23章至27章将要论述的训练评估问题进行概括。阐述了训练评估面临的问题与机遇,介绍多种训练评估工具与方法。指出训练评估是对训练效果的复查和检验,只有通过有效评估才能了解训练效果,并根据训练中存在的不足,找到训练投入和策略上存在的问题。

第23章主要讨论训练评估决策问题。介绍了如何确定训练评估目的,讨论了训练结果和训练有效性问题,并提出用于训练评估的启发式模型,分析了训练水平和训练效益之间的区别,并给出训练评估的步骤。

第24章关注施训者对受训者的主观评估问题。分析了影响评估可靠性和有效性的因素,探讨了消除影响因素的策略方法,介绍了施训者对受训者知识、技能和态度评估方法的未来发展方向。给出了一套基于建设规模评估、施训者训练和动态评估数据搜集的主观评估方法。

第25章主要讨论绩效评估问题。训练绩效评估必须考虑完成训练任务所需的知识、技能和能力等因素,并采取相应的数据搜集和维护策略。阐述了绩效评估的定义,介绍了绩效目标测试方法,讨论了绩效评估目标面临的挑战,最后给出一个绩效评估模型,该模型罗列了绩效目标考核的主要因素,并对训练目标、训练手段和训练结果的关系进行了设计。

第26章概述了客观绩效评估的优缺点、实现与分析方法以及应用情况。传统的绩效评估主要依靠相关领域专家的主观判断,客观绩效评估主要依靠大量的采集数据。客观绩效评估方法如何应用于多级评估,需要首先解决基础设施、数据存储和管理等训练保障问题。

第27章描述训练转化的概念。训练转化即训练效益问题,主要涉及两个方面：一是训练所学到的是否真的能够提高能力，二是如何使这种能力的提高最大化。文中从与模拟器材的应用关系入手，通过分析影响训练转化的各类因素，总结出模拟器研制中需要注意的问题，再通过一些案例对训练转化的概念进行具体说明，最后为训练模拟器材采购单位和用户提出了相关建议。

推 荐

"在现代社会,尤其是在训练当中,普遍存在着建模与仿真的功能和技术。这种功能使我们可以提高训练效率,并节省大量资源。本书巧妙地介绍了在推进军事能力的过程中,建模与仿真的关键定义和应用。对于那些打算应用此项技术来解决现实训练问题的新手们,该书将大有裨益。"

——Dee H. Andrew,资深研究心理学家,
供职于美军行为与社会科学研究院

"此书是任何一位以传授实用技能为己任者的必读书目。对于在训练过程中将技术作为一项平台的军事施训人员,本书更是不可或缺。对于训练,关键是了解受训者的学习方式,并寻找适合个体学习的技术,以在训练接触期取得最佳的效果或效率。训练效果达到与否,不在于所呈现的素材,而在于使受训者掌握并继承相关概念。本书可作为每位教育训练工作者的重要工具。"

——Steven Seay 准将(已退役),
美国陆军 PEO 模拟训练与装备化项目前执行官

致　　谢

　　本书是技术合作项目（TTCP）人力资源与绩效项目组训练事务技术委员会（HUM TP2）的合作成果。本书的编辑及训练事务技术委员会的其他成员均对支持他们各自工作的下述组织表示感谢：国防科学与技术组织（澳大利亚）、加拿大国防研究与发展中心、加拿大国防学院、加拿大军队舰艇学院、新西兰国防部队国防技术局、英国国防科学与技术实验室、美国陆军研究实验室、美国空军研究实验室、美国海军空战中心训练系统部、美国陆军研究院及美国海军研究办公室。本书内容并不代表任何项目参与国或参与组织的官方政策。

目 录

第 1 章 简介 1

第一部分 需求分析

第 2 章 在学习之前，让我们先来做些功课 4
第 3 章 军事能力 7
    3.1 引言 7
    3.2 能力概念的起源 8
    3.3 什么是能力 9
    3.4 能力模型/映像 12
    3.5 二维能力模型 14
    3.6 能力模型的潜在益处 16
    3.7 能力模型为何失效 17
    3.8 结论 18
第 4 章 代际学习差异：是虚构还是现实 22
    4.1 "千禧一代"与前几代人有显著差别吗 23
    4.2 研究表明了什么 26
    4.3 对军事及教育机构的启示 28
    4.4 结论 29
第 5 章 模拟训练的训练需求分析 33
    5.1 训练需求分析与模拟 33

5.2 训练模型 34
5.3 适用于模拟的训练需求分析方法 36
5.4 调查训练需求分析的背景 37
5.5 确定训练任务 38
5.6 确定任务绩效的关键特征 39
5.7 调查训练任务 42
5.8 调查潜在的训练选项 45
5.9 评定潜在的训练选项 47
5.10 结论 48

第6章 任务基本能力：一种基于熟练程度的现实、虚拟和建设性准备训练及评估新方法 51
6.1 开发任务基本能力的背景 51
6.2 任务基本能力 52
6.3 作战环境驱动对逼真训练的需求 53
6.4 差距 54
6.5 任务基本能力进程 55
6.6 任务基本能力是高度融入背景的能力 56
6.7 任务基本能力独特性质的基本原理 57
6.8 设置界限 60
6.9 日常应用中基于熟练程度的训练 62
6.10 性能评估 63
6.11 训练策略和技术 63
6.12 实现 65
6.13 目前的广泛应用 65
6.14 结论 66

第二部分 训练设计

第 7 章 训练设计 69
第 8 章 建立学习曲线：军事教学设计 72
    8.1 引言 72
    8.2 理论：学习和人类认知体系结构 74
    8.3 关键原则及其应用 77
    8.4 关键信息 96
第 9 章 综合学习环境中适应性训练的八项基本原则 102
    9.1 引言 102
    9.2 什么是适应性 103
    9.3 适应性训练与综合学习环境 107
    9.4 结论 112
第 10 章 在虚拟环境中训练军事团队的教学特征 120
    10.1 为什么虚拟环境把复杂环境作为有效目标 121
    10.2 为什么应该使用虚拟环境来训练团队 122
    10.3 使用虚拟环境增强团队训练的教学特征 122
    10.4 结论 126
第 11 章 集体训练的关键原则 131
    11.1 背景 131
    11.2 集体训练的五条关键原则 132
    11.3 结论 139
第 12 章 模拟训练中的经济因素 141
    12.1 背景 141
    12.2 模拟训练 142
    12.3 模拟逼真度 146

12.4　游戏和模拟 147
12.5　效能和成本 148
12.6　结论 159

第三部分　仿真技术

第 13 章　训练技术：实行状况和新兴概念 163
第 14 章　现实和虚拟场景下训练分配 165
14.1　优化的挑战 166
14.2　制定分配的方法 169
14.3　结论 171
第 15 章　虚拟环境训练设计 175
15.1　虚拟训练的好处 176
15.2　最佳使用策略与技巧 177
15.3　虚拟环境训练的潜在问题，以及如何减少这些问题 180
15.4　未来的研究方向 182
15.5　结论 183
第 16 章　教练员操作站在训练中的作用 186
16.1　什么是教学策略 187
16.2　什么是教练员操作站 188
16.3　教练员操作站子系统和外部馈入 190
16.4　经验总结 193
16.5　结论 195
第 17 章　医疗训练仿真 200
17.1　医学模拟简史 200
17.2　游戏式医疗学习 201

17.3　虚拟世界的模拟病人 204

17.4　多高（怎样）的逼真度才够用 204

17.5　新兴技术 206

17.6　结论 208

第18章　作为训练工具的虚拟世界和严肃游戏 212

18.1　游戏技术 214

18.2　游戏用于军事训练的例子 217

18.3　结论 220

第19章　自适应计算机教学系统 223

19.1　自适应教学系统模型 224

19.2　教学自适应性和预测精度 225

19.3　自适应/可预测教学的研究挑战 227

19.4　讨论 230

19.5　结论 232

第20章　通用智能辅导结构 235

20.1　设计目标与预期用途 236

20.2　导师模块架构 237

20.3　讨论 242

20.4　结论 244

第21章　虚拟训练如何才能赢得朋友、影响他人 247

21.1　为什么要使用虚拟人进行人际交往技能训练 249

21.2　技术能力 253

21.3　最初的成功案例 255

21.4　结论 257

第四部分　训练评估

第22章　有效测量对于评估训练成效必不可少 264

第23章　训练评估中评估决策的着眼点 268
 23.1　引言 268
 23.2　获得清晰的目的：关注利益相关者和应用 269
 23.3　训练结果或训练的有效性 270
 23.4　观察启发式模型 272
 23.5　效能是否改变或维持不变 277
 23.6　结论 278

第24章　教师对学员任职能力评估可靠性和有效性的影响因素 283
 24.1　引言 283
 24.2　导致可靠性和有效性差的因素 284
 24.3　被证明的缓解策略 287
 24.4　改善教师对学员表现评估的未来发展方向 289
 24.5　结论 291

第25章　合格：绩效评估技术的优势和趋势 293
 25.1　定义绩效评估 295
 25.2　表现测试方法 296
 25.3　实践状态的功能和新兴的最先进的技术 297
 25.4　结论 300

第26章　在应用设置中使用客观的绩效评估 306
 26.1　客观绩效评估优缺点概述 307
 26.2　客观绩效评估建立、实现与分析 309
 26.3　客观绩效评估的应用 312
 26.4　结论 314

第 27 章 训练转化及其与模拟器的关系 317
   27.1 引言 317
   27.2 训练转化的概念 318
   27.3 影响训练转化的因素 319
   27.4 训练转化和模拟器 320
   27.5 关于模拟器效能的误解 322
   27.6 训练转化的测量 324
   27.7 一个正常怀疑的产生 326
   27.8 获取和使用模拟器进行训练的建议 328

Chapter 1
第1章 简介

Lochlan Magee
加拿大国防研究与发展中心

技术合作项目（TTCP）最初建立在第二次世界大战结束后不久，其宗旨是共享军事信息并针对非原子武器的研发开展合作。技术合作项目包含的成员国为澳大利亚、加拿大、新西兰、英国和美国。技术合作项目由一系列团体组成，每个团体内部又包含技术专家组及行动小组，这些项目组致力于研究大众普遍关注的议题。第2号技术委员会（TP2）是人力资源与绩效项目组（HUM）最早成立的技术委员会之一，该技术委员会致力于军事训练的研究。TP2的愿景是"研发能够适时地为所有成员国军队提供优秀且经济适用的军事训练技术，从而为联合行动提供全方位的支持"。该技术委员会的目标是通过在训练系统、训练方法和评估技术方面开展合作研发、信息共享与交流来提高军事行动的效能。本书的编撰发行秉承在TTCP成员国之间开展合作并共享信息之精神，同样有助于实现上述目标。本书还有助于向非TTCP成员国传播军事训练方面的知识。

在日益增长的费用以及日趋紧缺的资源的驱动下，TTCP成员国军方更倾向于采用革新性的训练技术、新式训练方法和基于数据支撑的评估方法来维持和加强军备工作。尽管与军事训练相关的科学技术自TP2成立以来已经取得重大进步，但是仍留有悬而未决并反复出现的问题需要处理。提出这类问题的大多是那些不太熟悉人类学习与记忆、教学系统设计、训练效能评估以及人为因素研究领域的新任项目管理人员。在过去，由于军用训练模拟器的购置和使用的成本颇为昂贵，因此，此类训练模拟器的设计、使用及评估受到了重点关注。举一个典型例子，曾经有一位年轻的陆军上尉询问运动平台对于驾驶模拟器是否有必要或有好处，结果他却得到一辆装甲车以及相应的配套训练装备。因此，技术委员会认识到，在回答诸如模拟器设计、训练理念、训练发展、模拟训练实践及训练评估等问题时，他们有必要向项目管理者、参谋以及其他可能缺乏模拟仿真和训练背景的人员提供容易理解答案。

为了给被反复提出的军事训练技术类问题提供现成的答案，TP2委员会中的美国与加拿大成员代表该委员会筹资建设了用于解答常见问题（FAQ）的网络知识库。作为军事训练技术领域的国防科技工作者和工程师，该委员会的全体成员以其工作经验为基础提出了很多问题。随后，人类系统信息研究中心（HSIAC）针对常见问题提供了解答，并在完善答案以后将其发布到网上，同时将解答链接到包括科学文献在内的相关参考材料。由于HSIAC是美国国防部为分析、整合和发布最新资讯所特别设立的众多研究中心之一，因此该研究中心很好地完成了这项工作。

在该常见问题解答知识库建成后，时任TP2主席的Stephen Goldberg博士与国家训练系统协会（NTSA）达成了一项协议，约定将该知识库发布到NTSA的网站上，以供从事训练、建模与仿真（M&S）工作的成员浏览（网址为http://www.trainingsystems.org/TTCP/index.html；网上刊登日期为2012年7月27日）。与此同时，这项首创成果成功地配合了NTSC最新开展的建模与仿真从业者认证业务。

在随后数年里，TP2委员会一直努力将常见问题解答知识库的问题解答范围扩展到模拟器以外的其他问题。澳大利亚带头开展了这项工作。首先，澳大利亚通过在军队中组织研习会的方式确定了应当特别关注的议题。随后，技术委员会则针对这些议题进行了研讨和评审。在此期间，相关人员还提出应当就此类问题编撰一本专门性书籍。在这一想法得到认可后，书籍的出版商也得以确定。这便是本书的起源。本书由众多与军事训练科技的应用相关的文章整合而成。尽管学者们已经完成了本书的编撰和编辑，但他们还是希望本书能够对参与到充满挑战与激情的军事训练业务的众多从业者和利益相关者们有所裨益。来自 TTCP 所有成员国的相关人员均参与了本书编写。本书的编撰始终坚持了合作原则与信息交流的原则，以期帮助 TP2 实现其愿景。

Lochlan Magee 博士

加拿大技术合作项目组领导人（1988—2011 年），

人力资源与绩效管理部，训练事务技术委员会主席

（任期为 1998—2000 年，以及 2006 年）

第一部分 需求分析

Chapter 2
第2章 在学习之前，让我们先来做些功课

James Kerry
新西兰国防部国防技术局人体系统项目组

多年以前，个人计算机尚未诞生；那时，晶体管非常流行，计算尺也逐渐被采用逆波兰表示法的便携式计算器（Burks，Warren & Wright，1954）所淘汰。正是在那时，我首次听到了影响了我整个职业生涯的谚语："不打无准备之仗。"本章节的内容旨在为那些开展训练工作的人员提供基本信息和指导。本章涉及训练准备阶段初期的相关内容，可让读者了解一些基础知识。所以，在你急着开始从本书寻找解答之前，请将手机静音，关闭你的电邮以及社交网络应用软件，关上门（或者塞上耳塞），并把电话听筒放到一边，然后花一个小时读一读接下来的几个章节。这些章节的内容可能会与你原有的观点一致，也可能与之冲突，但总能为你提供一些启发或者帮助你深入思考。不论是哪种情形，这些章节的内容都能为你提供更多信息，并促使你进行更进一步学习。此外，你将从这些章节内容中看到众多该领域内的从业者的智慧结晶。在介绍相关内容时，我们并未打算面面俱到，而是重点强调了在训练战略或训练系

统筹备早期阶段尤为重要的四个领域。

多年前，有人告诉我，"成为一个能力本位的组织"对我所在的机构至关重要。能力在当时被看的十分重要，甚至被纳入了"战略目标 1.1"。为此，我选取了研究架构并成立了项目团队，满腔热情地持续研究了这个问题。三年后当我被调往新岗位工作时，该项目大约完成了 60%（且逐步走上正轨）。我离开六个月后，该项目因为无法取得新任董事会支持而荒废，项目组成员也被重新指派到其他更为紧迫的工作上。我现在有了点时间去反思和研究这个问题，也理解了为何出现如此情形。在第 3 章《军事能力》中，我探讨了能力的起源、与能力相关的理论以及能力的作用机制。我在文中探讨了多种不同类型的能力及其定义，并提出了一个二维能力模型。在这个模型中，第一个维度通过职业生涯来研究个体行为。第二个维度研究组织架构，在这种组织架构之下，个体将被打造成为团队，而每支团队则会被塑造为一个作战单位，不同的作战单位则能构成一支高效的部队。在探讨该能力模型的潜在优点后，我审视了众多能力模型构建失败的原因。现在回想，如果我在当初开始负责研究"战略目标 1.1"时就知晓这些信息，结局或许会有所不同。

当今时代，新加入我们国防部队的陆、海、空军士兵整日与信息技术为伍。"新世代学习者"或"数字原住民"出生在 20 世纪晚期，其成长与教育环境与先辈们完全不同。由 Tremblay 和 Christensen 撰写的第 4 章研究了我们的军事训练和教育系统是否需要去适应这一代人的不同期望和需求。这一代新生群体究竟有何不同？持续接触海量的信息和人际网络究竟会对这代人的学习方式产生何种影响？这对我们军事训练与教育系统有何启示意义？这些问题都会在本书中得到解答，其结论可能会令你大吃一惊。

现在，我们已经有了能力模型并且拥有一支年轻且充满活力的战斗队伍，接下来，我们需要建立一个有效且高效的训练系统来开发其潜能和军事能力。在建立训练系统时，需要分析训练需求，对满足需求的可选择项目进行调研，并开发有效且高效的解决方案。训练开发的产物可能是一台仿真装置，并且模拟训练策略的产生也可能会先于训练开发。但是，我们应该在训练需求分析的早期阶段考虑模拟仿真吗？在第 5 章，Wallace 举例分析了这个问题，并提出了一种总体架构。此外，Wallace 还为与主要的能力培养项目相关的模拟训练分析提供了一些详细的解决方案。

从历史角度来看，战斗机组成员利用基于事件的系统进行训练，通过在年度训练周期内完成特定数量的出击类型与事件任务来保持战备状态。然而，能够实现分布式、实时、虚拟和建设性（Live，Virtual and Constructive，LVC）训练功能的高精度模拟仿真技术的发展，为实现贴近战场环境的启发式体验提供了可能，并且免去了和平时期飞行训练的限制。能力驱动型训练更强调熟练程度而非任务执行次数。这种转变需要解答两个基础但却极其重要的问题："评估什么和怎样评估？"在第 6 章中，Bennett 等作者提出了任务基本能力（Mission Essential Competencies，MECs）的概念。他们认为大多数训练工作都首先从任务分析阶段开始，而任务基本能力模式则是首先从贴近实战环境来考虑问题。随后，论题专家（Subject Matter Experts，SMEs）会提供具有启发性的知识，相关数据也会被广泛搜集，且结果也会被深入地分析。在此基础上，进而会形成一些训练需求。这些训练需求会被一一排序，并由此按照不同的优先级顺序为操作用户提训练建议。此外，该章的作者们还探讨了如何开发更加有效且高效的训练计划来满足最重要的目标，以及如何提供必要的训练开发经验。基于 MEC 的训练在保持战斗人员敏捷度和操作能力的同时，还能够进行训练资源的优化配置。如何使用这种训练模型并将其应用到海基和陆基环境中是我们将要面临的挑战。

参考文献

Burks, A.W., Warren, D.W., and Wright, J. B. 1954. An Analysis of a Logical Machine Using Parenthesis-Free Notation. *Mathematical Tables and Other Aids to Computation,* 8 (46), 53-7.

第3章 军事能力

James Kerry
新西兰国防部，国防技术局

3.1 引言

军队直接从专科学校、学院或大学招募其绝大多数新兵。为了将大部分新兵培养成军队领导阶层，军队还会为之提供相应的职业规划。然而，区别于警察和消防部门，军队训练的范围非常广泛，训练对象包含炊事员、坦克驾驶员、电工技师、潜艇艇员等。在许多国家，军队都是最大的训练组织；比如，英国武装部队每年需要招募大约25000名新兵，同时每年有17000～18000人退出现役（Ministry of Defence UK，2003）。

由于国防预算受到严格审查，军队高层被迫削减或者"优化"训练任务。单兵训练通常令人感到耗时太久且过于详细。训练时间越来越受到有限的训练场地设施、部署、燃料和弹药消耗，以及保密安全要求等因素的制约。

能力被看成是一种方法。借助于能力，训练和人力资源管理过程可以变得更加精确。为了调整训练过程中的各个因素，需要引入审核跟踪来密切关注新兵的军事训练成果。某些政府的政策报告中指出社会民众通常能以较低的花费来提供专家技能（New Zealand Government，2010；Australian Government，2009）。假设这一结论是正确的，那么我们便需要采用合适的方法实现受训人员与这些新角色之间的精确匹配。

本章关注"能力"概念的起源,定义了其专用术语并提供了一种适用于各类武装力量的架构。随后阐述了该理念的用法、潜在优势以及众多能力解决方案失败的原因。

3.2 能力概念的起源

有关能力及其附属的概念要追溯到 1915 年,Frederick Taylor 创造了"科学管理"这一词汇,并描述了"管理的四大根本原则"(1915)。

- 建立一门真正的科学
- 科学地选用员工
- 科学地教育并训练工人
- 与员工开展密切且友好的协作

1941—1954 年间,John Flanagan 提出了"关键事件法"。他的团队对美国空军进行了研究,探索了诸如失败的飞行学习、失败的军事行动和失败的领导等表现不佳的领域(1954)。

随后,David McClelland 发表了一篇题为《测试能力而非测试"智力"》的文章(1973)。他认为,传统学校的评估系统不但无法预测学员的工作表现或取得的成就,还常常对少数族裔、妇女和处于社会经济低阶层的人们做出带有偏见的评估。为此,他抛出了这样的问题,即:是否可以用能力测试(姑且采用如此称呼)来替代传统的智力测试?

McClelland 并未试图提出可以推而广之的理论,相反,他的模型提出的是针对某个组织内部的某项特定工作所需的能力(Hogan & Kaiser, 2005)。《工作能力》(Spencer, 1993)一书以 Taylor、Flanagan 和 McChelland 等人的研究为基础,历经 20 年的研究和实践,是一部巅峰之作。该书介绍的大部分成果均是与美国军方合作完成的。书中提出了实施能力训练的系统方法,并对如何设计能力研究提供了指引。此后,众多有关能力的出版物和专有解决方案不断涌现。

3.3 什么是能力

以下段落描述了在军队系统中最为常用的 8 种能力。

个人能力

个人能力是指个人拥有的与众不同的专属能力（Spencer & Spencer，1993）；与众不同的能力指的是可将表现优异者从普通人中区分开的行为表现，专属能力指的是个人具备的专业化知识、技能和特质(简称 KSAs)。知识和技能通常表现为可见的和相对显化的特征（见图 3-1）；特质，如自我观念、特质和动机等，则是深藏于个性之中核心部分。

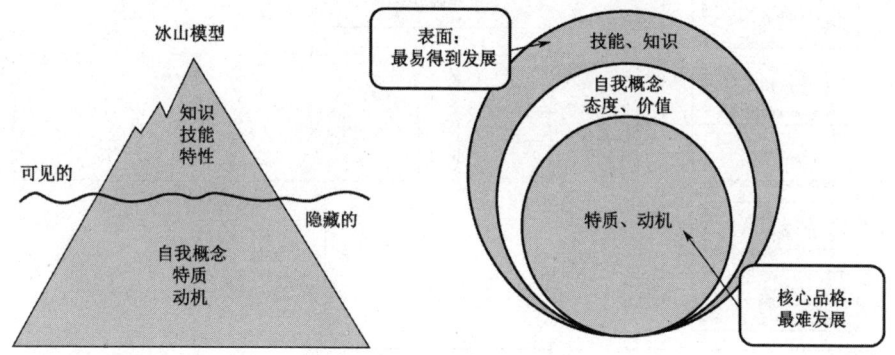

图3-1 核心能力与显化能力

职业能力

职业能力可以是技术性的也可以是非技术性的。技术性能力（也被称为工作能力或入门能力）是精确而具体的。这种能力通常具体行业相关，当然也可以是通用的（如阅读能力），其中包含了身体特性（如健康状况或视力）。非技术性能力由高阶技能组成，如领导力、决策力以及信息管理能力等。这类能力是通用而高阶的，而且能够进行跨职业角色的比较。

团队能力

北约的一份报告（RTO 人为因素与医学专家组，2005）曾考察了 8 个团队效能模型，并利用此类模型构建了"指挥团队效能"（CTEF）模型（见图3-2）。这个原本用于指挥团队的模型也适用于一般的军事团体。"指挥团队效能"涵盖的内容包括：个人的知识、技能和特质（KSAs）、团队领导者的能力、团队成员的能力、以任务为中心的行为（能力）和以团队为中心的行为（能力）（如需了解更多有关团队训练的内容，请参阅由Grossman和Salas编撰的第10章）。

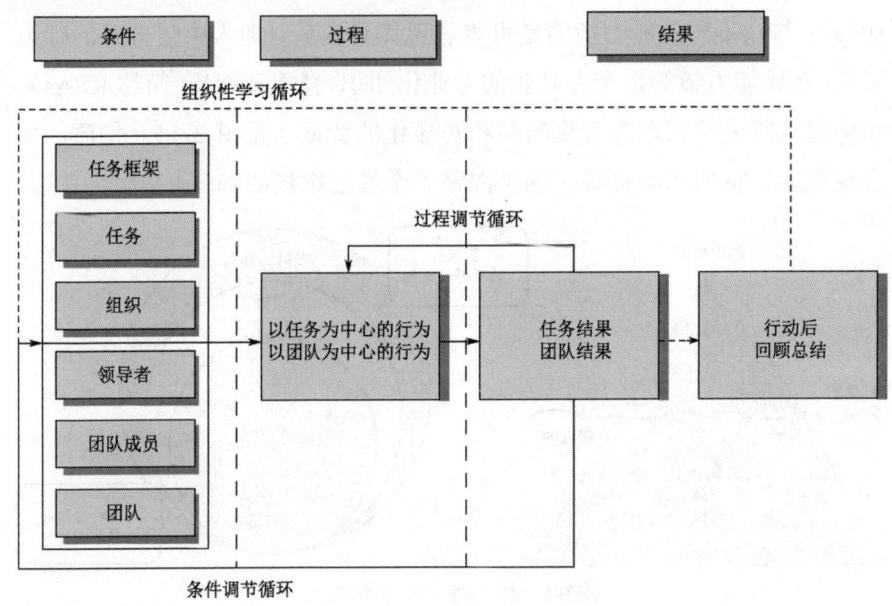

图3-2 指挥团队效能模型

作战单位（集体的）能力

作战单位的能力指的是诸如全体舰员、陆军连队或者空军中队等作战单位所应当发挥的作用。一个作战单位由数个团队组成，是发挥作用的最小的独立实体。某个作战单位的角色取决于政府政策，其角色可体现于通用任务清单、联合任务清单或完成特定服务的任务清单之中。作战单位的角色需服从相关的条件和标准。

任务基本能力

任务基本能力（MECs）指的是准备状态良好的飞行员、机务人员或者飞行队在面临不利条件时在非自由环境中成功完成任务所需的高级能力，包括：个人能力、团队能力和团队协作能力（Colegrove & Alliyer，2002）。

开发 MEC 的目的在于通过优化现实突击任务和虚拟突击任务的配比来缩小真实的飞行训练与实际的战斗飞行之间的差距。MEC 不仅可作为一种高度专业化的"混合式"工作分析方法用于作战人员的工作分析，亦可作为一种有效的手段来分析海基和陆基环境（更多有关 MEC 的信息，请参阅 Bennett 等人编撰的第 6 章）。

任务特定能力

当作战单位被明确指派了某项作战任务时，便要通过分析来确定任务需求。为确定任务需求，可先明确完成任务所需开展的基本工作，并由此来确定完成任务所需的特定能力。在确定已有能力与完成任务所需的能力之间的差异后，就要针对差距实施合适的训练计划。

部队能力

任务可被分成两大类别：由军队主导的任务和有军队参与的非军事任务。前者会涉及一定程度的武装冲突；后者常用于应对灾害。由军队主导的任务可以由军事武装力量协同其他政府机构（OGAs）、非政府组织（NGOs）及私人志愿组织（PVOs）共同完成。尽管指挥团队所需的能力（RTO 人为因素与医学专家组，2005）已经受到颇多关注，但很少有人研究过部队能力。《联盟行动手册》（美国、英国、加拿大和澳大利亚联合项目，2001）不仅提供了形成有效联盟的指导方法，还指出能力包括有形能力和无形能力。有形能力包含共同的目标和努力、协同能力、媒体关系以及军民合作（北大西洋公约组织，2007）。"相互信任"这一无形能力由密切联系、尊重合作伙伴、团队精神及耐心组成。美国联合出版物 3-16（美国参谋长联席会议主席，2007）也曾提出过类似的能力。

有军队参与的非军事任务则与由军队主导的任务大相径庭。设置这类任务通常是为了应对自然灾害：军队虽然会参与其中，但军队不一定会掌管全局，或者说，军队可能只掌管该任务中的某个部分。这些事件的发生几乎毫无预警，并且可能是具有跨国性质（如恐怖袭击、流行性疾病等）。军队、其他政府机构（OGAs）、非政府组织（NGOs）、私人志愿组织（PVOs）、专家团队、热心的当地居民以及外国的紧急救援队伍都有可能会参与到此类任务中。为了应对灾害，所有的参与者都积极贡献其专业技能和满腔热情。但是，这也会导致很多传统军事训练也未解决的领导难题。例如，在应对灾害中采用的领导模式不具备传统的等级结构，且每一方参与者均代表或领导着己方组织或团队。研究人员已经明确了高效团队领导者所具备的10种典型能力（Prevou，2009）。

核心能力

核心能力指的是让某个组织变得具有竞争力的独特因素；核心能力是一个组织的集体智慧，尤其体现在如何协调不同的生产技能并整合多种技术流派（Prahalad & Hamel，1990）。

军队的核心能力大体包括以下两个方面：
- 在海陆空方面均形成军事实力。
- 打造一支拥护政府目标的纪律严明的独立部队。

3.4 能力模型/映像

那么我们怎样才能获得所有这些信息并利用此类信息来建立一个在军事环境下依然有效的模型呢？这种模型应当适用并有益于广大的参与者，例如：
- 包括陆军士兵、海军士兵、空军士兵以及平民在内的个人。
- 训练机构。
- 团队领袖和管理者。
- 作战单位的司令官。
- 军事行动评估团队。
- 任务指挥官与部队指挥官。
- 负责委派、任命和调配的相关人员。
- 高层军事管理人员。

从组织的角度来看，可将人事结构分成 4 级：普通士兵、一线管理人员、中级军官和高级军官（Spencer & Spencer，1993）。通过对比小型部队（如新西兰）、中型部队（如英国）及大型部队（如美国）可以发现，尽管军队规模所有不同，但军队的人事组成比例都有着明显的相似性。上述对比汇总结果见表 3-1。

表 3-1 新西兰、英国、美国各级军人平均比例

相同项	北约代号	组织机构级别	
上将	OF-9	1% 高级军官	6% 高层管理者
中将	OF-8		
少将	OF-7		
准将	OF-6		
上校	OF-5		
中校	OF-4	31% 中级军官	47% 管理专家
少校	OF-3		
美军 1~5 级准尉			
准尉	OR-9		
2 级准尉	OR-8		
上士	OR-7		
中士	OR-6		
上尉	OR-2	40% 一线管理人员	47% 基层下级
下士	OR-5		
中尉	OF-1		
少尉	OF-1		
预备军官	OF（D）		
一等兵	OR-4		
二等兵	OR-1/2/3	28% 士兵	

所有人员都从"基层下级"（约占军队总人数的 47%）开始他们的职业生涯，专业技术能力对该层次人员尤其重要。在他们逐步向上升迁的过程中，对其能力的要求也逐步由强调（与行业相关的）技术能力转变

为强调（与军衔级别相关的）非技术能力。成为技术"专家"的个体（约占军队总人数的47%）也有可能成为负责一个团队的"管理者"。只有很小比例（约占6%）的军人能成为"高层管理者"；此种情形下技术能力的重要性变得微乎其微。这种演变过程如图3-3所示。

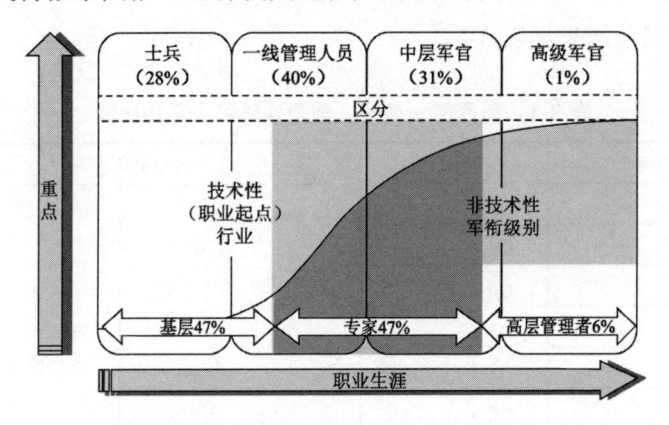

图3-3 个人能力重点（第一个维度）

多数商业性能力培养方案均关注如何和识别并培养现有的和未来的高层领导者（占组织成员总数的6%）。但是，军队需要的是一个能够兼顾剩余94%的人员的综合能力培养系统。

3.5 二维能力模型

为了满足某个组织的需求，能力模型应该符合以下几点要求：

- 把握、定期更新并且验证每一项工作所需的技术性与非技术性能力。
- 辨别并验证能预示工作是否能够成功的差异化能力。
- 提供工具以便使人员与工作职责匹配，并找出能力差距。
- 将能力和训练与政府政策联系起来并与之匹配。
- 将能力与组织的价值联系起来。
- 将训练与能力培养联系起来。

- 为新兵提供融入团队、作战单位、作战任务和整个部队的途径。
- 提供经过验证的、可传承的技术能力。
- 同等适用于军、民人员。
- 为全体员工提供能够比较其现有能力和从事期望工作所需能力的工具，以及获得该工作的途径。

这种能力模型的运用需要在个人与部队两个维度上开展。

第一个维度——个人发展

实施这个模型需要招募合适的人群，并训练那些具备合适能力的个体以便使其能够承担相应的工作。此外，还需要为其提供对个人及组织均有裨益的职业规划。这个著名模型的个人发展维度的概况如图 3-4 所示。

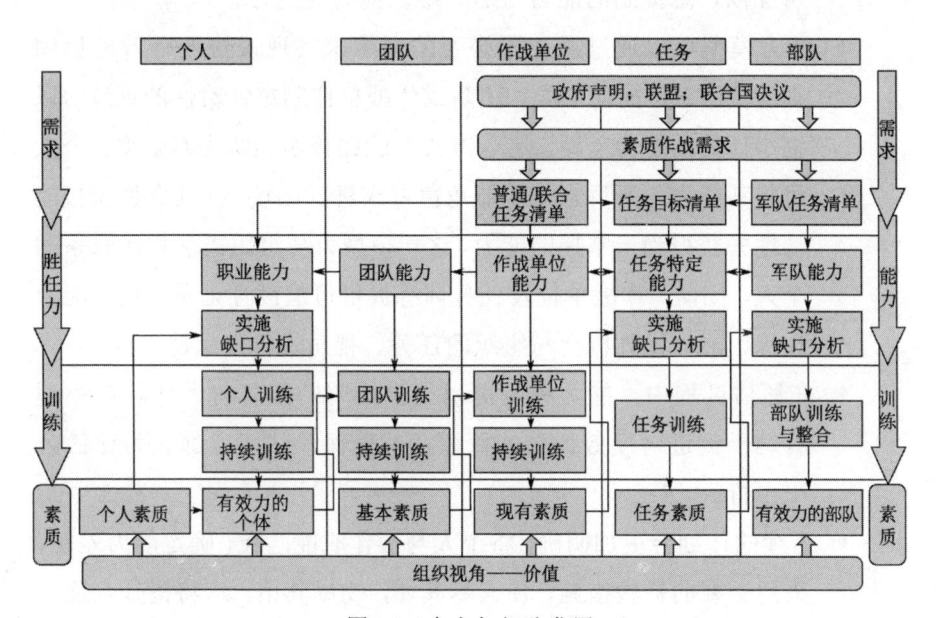

图3-4 个人与部队发展

第二个维度——部队发展

图 3-4 还展示了该能力模型的第二个维度——部队发展。为满足政

府政策以及作战需求，需要能力的支撑，而能力的发展需要通过训练来获得。成功的训练能培养有效的能力。随着团队的建立和解散以及个人的职业发展，个人会从部队维度的左边移动到右边，然后再回到原先位置。整个结构过程都以军事特质为支撑。

3.6 能力模型的潜在益处[1]

一个相关的能力模型如果使用恰当，其潜在益处是不可估计的：

- 在招募过程中，能力模型能提供对岗位需求的完整表述和一个能招募到胜任岗位职责的人员的系统面试程序。这样可以筛选出那些个人特质和动机与组织机构要求不符的候选人，并有助于区分可加以训练提高的能力与那些难以提高的能力。
- 能力模型可以通过避免不必要的训练来实现最快速有效地使用训练资源。可面向个人、团队或作战单位制定针对性的训练，以缩小评估的能力差距。这一方式可能比普通训练更有效率。个人可将其能力与所诉求的职能角色要求进行比较，并且更加积极能动地去获得尚未掌握的能力。这一模型为与组织需求紧密联系的个人、团队、作战单位及任务训练提供可追溯性记录，也使能力训练、能力提升机会与组织的任务、视角及价值保持一致。
- 在评估过程中，能力模型可以提供透明的监督与评估。该模型有助于促进对绩效评估的探讨，并确保评估双方都认为评估公平中肯。
- 后续的计划会更加明确，将个人与工作职能匹配，确定能力差距，采用必要的补救措施，使人尽其才，物尽其用。这将提升合适人选得到提升发展的可能性，并将训练计划投入到最需要的地方。

---

[1] Markus & Cooper-Thomas，2005；Huff & Lilleboe，2009；Alliger et al.，2007；Lucia & Lepsinger，1999。

- 为部队发展提供整体解决方案,将个人纳入高绩效的团队并创造一支有战斗力的部队。

3.7 能力模型为何失效[①]

实际上,组织采用能力模型的结果往往不尽如人意。在研究早期,对能力模型缺乏统一的认识,甚至连"能力"的定义都无法统一,再加上整个组织内部缺乏沟通与责任心,从而导致模型必将以失败告终。

缺乏能力出众的人员来从事能力的研究和验证,再加上缺乏资金来购买或者研发合适的软件工具,这些都不足为奇。需要历尽千辛万苦来把能力模型有效地推广出去,特别是推荐给广大恋旧的终端用户。

建立能力模型需要的是由了解工作需求的人员提供的正确可靠的方法,而不是由人事部门职员或者管理者所强制推行的系统。如果能力和行为是用无法评估或者观测的形式加以定义的,或者如果一个职业角色包含过多的能力要求(大概要求 12~14 项能力),那么这个系统就会以失败告终。同样地,如果人事部门职员、管理者和专家不能在能力的实用性定义的分类上达成一致,那么系统也会以失败告终。

能力必须经过终端用户精确而合理的考量,不然这样的能力模型就会缺乏可信度。但很少有能力模型是经过验证和认可的。

如果顶层管理者无法提供合适的资源或者期望在一个根本可能的时间实施一项"权宜之计",那么模型也多半会以失败告终。

综合的能力模型需要全体军民上下一心,共同奋斗。如果希望模型取得成功,那么人事部门职员、训练机构、领导能力研究中心、作战单位教员,以及高层领导者必须要长期地投入到项目中去。考虑到完成这样的工作大约需要数年之久,因此持续强化巩固统一的工作方法势在

[①] Markus & Cooper-Thomas, 2005; Huff & Lilleboe, 2009; Shippman, 2000; Brown, 2006; Schmidt & Hunter, 2004.

必行，因为在项目实施过程中许多当前的重要参与者都会调往新的工作岗位。

没有足够的证据表明使用基于能力的解决方案会大有裨益。就非技术性能力以及差异化能力而言，现有的文献无法清晰显示行为能力的运用与个人职业表现之间的联系。的确，最优秀的工作人员可能在某些能力上表现拙劣。这表明了一般的或通用的能力模型带来的益处是很有限的。而谈到技术性能力，有明确的联系表明，普适性智力因子（GMA）、岗位相关知识及责任心确实是未来工作表现的良好风向标。多数所谓的核心能力模型带来的好处都是未经证实的；事实上，缜密的研究屈指可数，要想确切证实其优点，未来还须进行进一步的研究工作。研究表明，团队、集体、操作及部队能力都是将来工作表现的有效指示器。

3.8 结论

任何军事组织都复杂多面；它需要按照一定规则来训练一大批涉及广泛技能和各行各业的人员。随着预算监督日益严苛，文职人员的作用日益显著，因此，能力的大小被视为带来好处的依据。尤其是，他们有潜力保证训练最优化，并且能提供实现人员和岗位最佳匹配的手段和方法。

能力概念已有100年的历史，但是直到近20年才成为军事环境下管理工作的焦点研究领域。这一解决方法需要"真正老练"并且明确的定义。在军事条件下它通过两个维度得以实施：发展个人和发展部队能够切实推进任务的有战斗力的作战单位。如果能够正确地实施该方法，组织会受益匪浅。

但是，在能力模型被寄予厚望的同时，它们常常无法取得预期效果。模型失败的部分原因可以找到，但是令人担忧的是，至今仍缺乏证据证明个人行为或者核心组织能力可以给人们带来其所声称的效益。

参考文献

Bennett. J., Alliger, G., & Beard, R. (2007). Understanding Mission Essential Competencies as a Work Analysis Method. Mesa AZ: Air Force Research Laboratory. Available at<http://www.dtic.mil> [accessed 26 October 2011].

The American-British-Canadian-Australian (ABCA)Program. (2001). Coalition Operations Handbook. Available at:http://www.abca.hqda.pentagon.mil/> [accessed 5 October 2011].

Australian Government. 2009. *Defending Australia in the Asia Pacific Century:Force 2030*, 1-144. Available at: <http://www.defence.gov.au/whitepaper/docs/defence white_paper_2009.pdf> [accessed 19 September 2011].

Brown, B.T. 2006. *Stop Competency Blunders*. The American Society for Training and Development (ASTD), (January), 1-3. Available at: <http://www.astd.org/NR/rdonlyres/6B5CFE37-281B-4466-A8FC-1BDFA6F03BD7/O/Jan2006_fundamentals_astdmember.pdf> [accessed 7 October 2011].

Chairman of the Joint Chiefs of Staff 2007. *Joint Publication 3-16 Multinational Operations* (March), 1-121.

Colegrove, C.M. and Alliger, G.M. 2002. Mission Essential Competencies: Defining Combat Mission Readiness in a Novel Way. In RTO SAS Symposium on *Air Mission Training Through Distributed Simulation (MTDS)–Achieving and Maintaining Readiness*. Brussels, Belgium: NATO Research and Technology Organization, 22.

Flanagan,J.C. 1954. The critical incident technique. *Psychological Bulletin*, 51 (4):327-58. Available at: http://www.ncbi.nlm.nih.gov/pubmed/13177800 [accessed 9 September 2011].

Hogan, R. and Kaiser, R.B., 2005. What We Know About Leadership. *Review of General Psychology* 9 (2), 169-80. Available at:<http://doi.apa.org/getdoi.cf m?doi=10.1037/1089-2680.9.2.169> [accessed 25 July 2012].

Huff, M. and Lilleboe, C. 2009. Competencies:Making Them "Work" for the Navy's Total Force. In *Interservice/Indusny Training, Simulation, and Education Conference (I/ITSEC)2009*. Interservice/lndustry Training, Simulation, and Education Conference (I/ITSEC), 1-11.

Khadim, I. 2010. *UK Regular Forces Rank Structure, London*. Available at: <http://www.dasa.mod.uk> [accessed 8 June 2010].

Lucia, A.D. and Lepsinger, R. 1999. *The Art and Science of Competency Models: Pin-*

pointing *Critical Success Factors in Organizations*. San Francisco, CA: Jossey-Bass/ Pfeiffer.

Markus,L.H. and Cooper-Thomas, H.D., K.N.A. 2005. Confounded by Competencies? An Evaluation of the Evolution and Use of Competency Models. *New Zealand Journal of Psychology* 34 (2): 117-26.

McClelland, D.C. 1973. Testing for competence rather than for "intelligence". *The American Psychologist* 28 (1), pp. 1-14. Available at:<http://www.ncbi.nlm.nih.gov/pubmed/ 4684069> [acessed 19 September 2011].

Ministry of Defence UK. 2003. *The Armed Forces Overarching Personnel Strategy*, 53. Available at:<http://www.mod.uk/NR/rdonlyres/3605EB3B-3CAE-4BEO-BFAA_ 7FCEIE7B4D8D/ O/afops.pdf> [accessed 19 September 2011].

New Zealand Defence Force. 2002. *NZDF Competency Framework*. 1-25.

New Zealand Defence Force. 2012. *NZDF Personnel Strength*. Available at:<http://www. nzdf. mil. nz/personnel-records/personnel-branch/default.htm> [accessed August 21, 2012].

New Zealand Govemment. 2010. Defence white paper 2010. 100. Available at: <http:// www.nzdf.mil.nz/public-documents/defence-white-paper/default.htm>[accessed November 2. 2010].

North Atlantic Treaty Organization. 2007. AJP-3 (A)Allied Doctrine For Joint Operations, 3, 1-121.

Prahalad, C.K. and Hamel, G. 1990. The Core Competence of the Corporation. *Harvard Business Review*, May-June,79-91 .

Prevou, M., Veitch, R.H., and Sullivan, R.F. 2009. Teams of Leaders: Raising the Level of Collaborative Leader-Team Performance. In *Interservice/IndustyTraining, Simulation, and Education Conference (I/ITSEC)2009*. 11.

RTO Human Factors and Medicine Panel. 2005. *Military Command Team Effectiveness: Model and Instrument for Assessment and Improvement*. Dr. Peter Essens (Chairman)et al., eds, North Atlantic Treaty Organization.

Schmidt, F.L. and Hunter, J. 2004. General mental ability in the world of work: occupational attainment and job performance. *Journal of Personality,and Social Psychology*, 86 (1):162-73. Available at:<http://www.ncbi.nlm.nih. gov/pubmed/ 14717634> [accessed 15 July 2012].

Shippman, J.S. et al., 2000. The Practice of Competency Modeling. *Personnel Psychology* (53):1-38.

Spencer, Lyle M. and Spencer, S.M. 1993. *Competence at Work: Models for Superior Performance*. New York: John Wiley and Sons.

Taylor, F.W. 1915. *The Principles of Scientific Management*. New York and London: Harper and Brothers.

US Department of Defense. 2011. Active Duty Military Personnel by Rank/Grade, 2011. Available at:28. <http://siadapp.dmdc.osd.mil/personnel/MILITARY/rg1107.pdf> [accessed October 5,2011].

第 4 章 代际学习差异：是虚构还是现实

海军少校 Remi Tremblay
加拿大国防学院
海军少校 Brett Christensen
加拿大军队作战中心

在过去十年间，教育者与教学设计者纷纷试图弄明白：学生作为学习者，在经常接触到网络功能的环境中如何成长，并试图思考这种前所未有的信息接触与人际接触所带来的影响与冲击。权威而充满影射意义的词汇（如"新千年学习者"和"数字原住民"）的提出体现了对当今学习者的殷殷期望。人们通常认为这些学生应该拥有与前几代学习者截然不同的新技能，认为使用互联网和其他新兴技术，需要对现行的指导方法进行审视和改进，以利用这些新型技术。将这些学生描述成为持续在线身兼数职者触动了很多教育者的心弦，而且千禧一代会挑战传统的教学方式以迫使老师接受这个概念。正如 Duderstadt 的研究发现："传统的教学模式如今正遭受挑战，但大多数挑战不是由大幅优化教学模式并投入大量时间进行讲解的教授们所发起，而是由他们的学生带来的。"（Duderstadt，2004：14）

无论是这种水平的的技术应用或者技术依赖是否对千禧一代掌握知

识的方式，对教学的期待都有所影响，这都是一个长期备受争议的话题。这种讨论通常提倡反对传统主义者，进行教育改革（Tapscott，1999；Prensky，2001），这些传统主义者仅仅把信息技术在教学过程中的应用看成是提高教育水平的工具，而这种工具教育工作者已经使用得得心应手了，就算没有一个世纪也至少有数十年了（Bullen，Morgan & Qayyum，2011；Jones 等，2010）。前者从熟练使用科技的新一代学生身上看到了从根本上改变教学的机遇。而后者则认为应该把技术仅仅用于增强现有的教学实践效果。大众传媒已围绕这一争论主题出版了许多文章和书籍；但是，这些出版物往往无法提供有助于制定制度策略和政策以实现技术与学习环境融为一体的实质性依据。

在本章中我们首先研究了当今学习者——千禧一代与前几代学习者迥然不同的这一论断，并且研究了这种说法是否能为实践所证实。然后，我们回顾了关于代际学习方法的研究工作。最后，我们研究了为满足千禧一代的需求而进行的教学实践工作对军队和教育机构的潜在影响。

4.1 "千禧一代"与前几代人有显著差别吗

不论你如何给他们命名，1981—2000 年出生的这一代人都是第一批在信息通信技术（ICT）环境下成长，并已经达到服兵役年龄的一代。他们中许多数人使用移动电话/智能手机以及 MP3 播放器，拥有连接互联网的个人计算机，并且待在计算机屏幕前的时间远比看电视或者读书的时间长。

广泛使用信息与通信技术（ICT）的赋予了 1981—2000 年出生的这一代人鲜明的特征，因此，社会给他们贴上了各种标签，如"网络一代"（Oblinger & Oblinger，2005，Tapscott，1999）、"即时通信一代"（Lenhart，Rainie，& Lewis，2001）、"玩家一代"（Carstens & Beck，2005）"、"现代穴居人"（Veen，2003）以及"数字原住民"（Prensky，2001）。显而易见，信息与通信技术、网络通信已经从社会、文化层面渗透到千禧一代

（这个词汇将在本章余下部分出现）的生活。已经有许多研究试图去比较目前在职的四代人的个性、生活方式和岗位特征。在表 4-1 和表 4-2 中汇总了在这些研究中出现的一些代际特征。我们应该以批判的眼光来看待这种归纳形式。将你自身的特征与同代人的特征进行比较。你能完全符合表中所描述的特点吗？

表 4-1　一代人的个性特征与生活方式特征

个性特征与生活方式特征			
	退伍军人一代	婴儿潮一代	X 一代	千禧一代
核心价值	尊重权威 集体利益遵奉者 纪律	乐观主义 性爱关系	怀疑论 追求乐趣 非正式	现实主义 自信 极度追求乐趣 社交
家庭	传统核心	分崩离析	挂钥匙儿童（回家后独自一人）	离异组合式家庭
教育	梦想	与生俱来的权利	达到目的的一种方式	花费惊人
通信媒介	转盘拨号电话 一对一书信	按键拨号电话 随时电话联系	手机 只在工作时接电话	互联网 智能手机 电子邮件
财政	存钱 以现金支付	先买再付钱	谨慎 保守 节俭	挣钱就花

摘自 Hammill（Teaneck，费尔里·狄金生大学 2005）

这并不是有史以来第一次由于新技术的出现而导致代际差异凸显，但是当今的信息与通信技术与昔日相比有天壤之别：当今的信息与通信技术更加个性化。不断接触海量信息和社交人群，给这一代人交流和管理信息方式提供了一种全新基础。记忆事实的需求为这样一种观念所取代：他们认为网络无处不在，因此，只需敲几下键盘、点几下鼠标就能获取该信息。如果信息与通信技术在学生们的生活中扮演着如此重要的角色，那么，信息与通信技术会影响到他们对自己的教育方式以及科技在教育中所处地位的看法，这种观念是合情合理的。这听起来符合逻辑，但是相关研究是怎样看待这些假设呢？这种技术影响是否仅针对千禧一代产生作用呢？表 4-2 中的归纳试图展示四代人不同的岗位特征。这是否意味着代际差异会对千禧一代接受训练与教育的方式产生重要影响？

表 4-2 代际工作场合特征

工作场合特征				
	退伍军人一代	婴儿潮一代	X 一代	千禧一代
职业道德和价值观	努力工作 尊重权威 牺牲精神 责任重于享乐 严守纪律	工作狂 高效工作 改革性动因 个人实现 追求质量 质疑权威	消灭任务 自我信赖 需要组织和方向 怀疑论	下一个任务是什么 多线程工作方式 坚忍不拔 具有创业精神 容忍 目标导向
工作定位	一种职责	一项令人激动的冒险	一项艰难的挑战 一份合同	达到目的的方法 成就
领导能力类型	直接命令与控制	协商式 学院式	人人平等 挑战他人 询问式	待定
相互合作类型	独立型	团队合作型 喜欢开会	创业者型	参与型
交流	正式的备忘录	亲自	当面 即刻	电子邮件 语言信箱
成果反馈及奖励	没消息就是好消息 满足于做好工作	别介意 金钱 头衔 盛誉	对不起打断一下，我做得怎样？ 自由是最好的奖励	我需要时随手就能得到有意义的工作
令人产生动力的消息	你的经验受到尊重	你被看重，你是必需的	以你自己的方式去做事	你会与其他聪明而具有创造力的人一起工作
工作和家庭生活	二者都无法得到满意	不平衡 工作是为了生活	平衡	平衡

摘自哈米尔（Teaneck，2005）

表 4-1 和表 4-2 中描述的特征是概括性的，且不同时代群体的特征截然不同，认识到这两点很重要。假设一个 1972 年出生的人必须具备 X 一代人的所有特质或者假设一个 1960 年出生的人必须不如一个出生在 Y 一代的人懂科技，这样的想法都是十分幼稚的。Lancaster 和 Stillman（2002）也强调那些出生在年代之交的人，以及那些正好夹在两代人之间的人，并把他们称为"转折期一代"（Cuspers）。"转折

期一代"具备上一代或者下一代的人群的特质，这一点进一步限制了根据通用分类法归纳的一代人的个人特质。

大众媒体、学术出版物、商业领袖以及社会权威学者，都使用过那种具有固有缺陷的实践方法，即：将个体归入宽泛代际类型，以此来支撑他们的推测——他们认为如今正在高等教育体系中学习的千禧一代，就像那些在岗位上工作的其他各代人群一样，都需要不同的教育方法和训练方法。

人们通常认为，学生们对于教与学的态度和期望从根本上受到上一代人的影响（Pedro，2006）。

4.2　研究表明了什么

尽管大众媒体认为千禧一代接受网上教学完全是如鱼得水，但是网上教学可以说是我们这一时代最令人失望的产物之一（Holden & Westfall，2010）。公立学校和军队获得了大量技术投资，结果却各不相同。就像是快速浏览一篇简单文本而无须当成一篇学术或者技术材料来阅读，同样地，闲暇时使用信息与通信技术也没有必要当成是对教育和训练技术的有效应用。事实上，据报道，从1992年到2005年，美国公立学校12年级的学生的阅读能力已经从原来的 40%跌至35%（Bauerlein，2008）。

教育研究与创新中心的一份报告（Pedro，2009：23）指出，千禧一代的学生存在这种情形：他们不愿意在教学过程中使用技术手段，甚至比数字媒体曝光的还要不情愿。总体来看，他们乐于使用能够提供便利的（例如，课程指导、注释或背景资料的获取方式）或者提高他们学习任务完成效率的技术和应用（例如，网上数据库或者虚拟图书馆）。除此之外，他们更希望教学中将技术作为对传统教学模式的补充而不是替代品，比起网络媒体通信，他们明显更偏爱面对面的师生关系。

这与 Oblinger 和 Howkins（2005：14-15）所取得的研究结果完全吻

合，两位学者认为"学生们需要更多技术"的假设可能并不成立，特别是年龄小的学生比年长的学生更不喜欢全方位的网络教学。原因可能是因为他们期望能在面对面、社交化的环境中学习。

当你考虑到并不是所有千禧一代学习者都对信息与通信技术的使用采取相同的行为方式时，问题就变得更加复杂了。Kennedy 等人（2008：4）已经指出"现在还并不清楚新兴技术以及学生们掌握的日常技能是否可以轻易转化成为有益的以技术为基础的学习"。实际上，他们受过数字化教育并不意味着他们能灵活地使用科技来优化、完善学习经历及成果。由圣智学习出版公司（2010：1）近期完成的研究也表明："现今的大学生沉浸于社交媒体、消费类电子产品和视频游戏，并能熟练地将其掌握应用，但他们对于教室内设置的数字化设备却不是非常精通；这就扭转了我们认为面对的是一整代数字化原住民的错误观念。"这一说法得到了其他研究的印证和巩固（如：Corrin，Lockyer，& Bennett，2010；Lohnes & Kinzer，2007），其他一些研究表明年轻的学生们比年长的学生倾向于更频繁地使用信息与通信技术来进行社交和娱乐。以 Bullen、Morgan 和 Qayyum（2011：2）为代表的坚定批评家指出："大多数关于千禧一代的说法都没有充分的经验基础……在有关他们使用技术手段的报告，抑或是他们的感知行为特征以及学习偏好等方面。"这与其他研究者的结论也是一致的。

其他一些研究项目调查了大学生在学习中对数字技术的使用程度和使用特征，研究发现学生大多使用有限范围的已有技术，而使用的合作知识创造工具、虚拟世界和社交网站也很低端（Margaryan，Little John & Vojt，2011）。这一结果进一步印证了 Kennedy 等人的研究成果（2007），他们的研究结论发现学生频繁地使用已有的技术，如搜索引擎、电子邮件、移动电话及 SMS 短信，但是像博客、维基百科以及社交书签工具这样的"2.0 版网络"的技术则使用的学生相对较少。

4.3 对军事及教育机构的启示

研究者发现多数对于在学习环境中脱颖而出所必需的数字技术能力[1]只有在大学才可以学到（Kvavik，2005），并且学习的动机与课程的学习要求密切相关（Bullen，2010）。这项研究的另一项重要结论是：熟悉信息与通信技术并不意味着能发挥该技术的最大潜能。因此，即使在数字环境中成长也不一定能转化成数字能力。虽然千禧一代很容易就能学会该技术，但也没有足够的证据去支撑他们具有数字能力，并能将这些技术应用到学习中的这一论断（Toliver，2011）。

此外，对技术的掌握程度和特点以及技术带来的认知转变，特别是给青少年和青年人群造成的影响，是相当复杂的。不仅大多数关于它的争论除了华丽的辞藻以外毫无进步，而且也是毫无历史依据的。人类学研究方面早已有研究结论表明，专业知识领域的逆向代际关系通常在社会出现急剧变化时才会形成（Mead，1928）。Beach（2003）将这一现象称为"包围过渡"——一种个人在日新月异的社会系统中，为了能够继续在系统范围内参与活动，所必须经历的形式转变。

在这样一种转变中，通常认为年轻一代会更精通某一新技术，并可以号召他们协助年长一代学习必要的知识和技能。同时，成年的学习者在学习中使用更深层次的认知策略（Justice & Dornan，2001），而他们获得回报的方式是帮助年青一代找到更加有效的学习策略。

由于技术的使用受到范围和性质的限制，有证据表明千禧一代比年长的学生使用某些工具更加频繁。尽管如此，这两代人都不能很好地使用这些技术来支持他们进行有效学习。因此，教育者不能假设所有的千禧一代都是懂得如何使用技术来支持和加强学习的"数字化原住民"。

---

[1] 数字技术能力是一个不断演化的概念，指的是个体具有技术性技能，并且除了能够进行批判性数字技术评估或是参与数字化文化之外，还能够以某种有意义的方式将数字技术应用于工作、学习和其他多种多样的日常生活活动中（推进教育网络知识的创新，2012，<http:// linked. eun.org/web/ guest/in-short3>）。

（Margaryan，Littlejohn，& Vojt，2011）此外，Kvavik（2005）和 Ebner、Schiefner、Nagler（2008）没有发现证据能证实之前的研究观点，研究认为：学生们采取了截然不同的知识创造和分享模式、分享或者展示了数字技术教育的新形式。这些研究反而表明学生们的学习态度受到他们教师采用的方法的影响。这一发现支持了教学、课程设计者、教师、导师应该继续依靠经过科学证实的方法来进行教学设计的建议。

现在信息与通信技术也成了单独的一类媒体，和其他媒体一样，都能提供海量信息，这在 25 年前是难以想象的。研究表明学生们重视在学习环境中使用技术手段，以提高学习效率和便利性（Pedro，2009）。为了确定造成学习差异的原因，研究人员对其他许多因素进行了研究，这些因素包括（但不仅限于）性别（Fine，2010）、社会背景及工作履历（Brooks，2005）。这些研究提醒着研究者们，教室里通常包含着难以用普遍方法进行描述的复杂群体。这也进一步支持了要采用教学设计的方法论，包括目标人群分析，媒体和教学方法选择，以决定在何时、采用何种方式应用信息与通信技术。

4.4 结论

本章主要论述了在教学设计或者应用不同教育技术的过程中，代际差异是否是一项举足轻重的可变因素。现在，所有的迹象表明答案是否定的。最新的研究已经证明了学习者之间的代际差异，不论是自身的 还是相互间的，都不能确保在不同的教学设计或者不同学习技术的使用上的规范性。教学设计者与其将宝贵的精力花在确定不同年代的人是否会从直接指导、网上教学、混合指导或者游戏上学到更多，还不如继续与各专业专家密切合作，以确定课程要求的目标。这一方法能保证在应用可使用的和合适的信息与通信技术的情形下，利用现有资源创造最佳的学习环境，以此来强化可信赖的教学设计原则。

参考文献

Bauerlein, M. 2008. Online Literacy Is a Lesser Kind. *Chronicle of Higher Education* [online, 19 September 2008]. Available at: http://chronicle.com/article/Online-Literacy-ls-a-Lesser/28307 [accessed: 26 July 2012].

Beach, K. 2003. Consequential Transitions: A Sociocultural Expedition Beyond Transfer in Education, in *Between School and Work: New Perspectives on Transfer and Boundary-Crossing*, edited by T. Tuomi-Groenh and Y. Engestroem. Amsterdam: Pergamon, 39-61.

Bennett, S., Maton, K., and Kervin, L. 2008. The "digital natives" debate: A critical review of the evidence. *British Journal of Educational Technology*, 39 (5), 775-86.

Brooks, R. 2005. *Friendship and Educational Choice: Peer Influence and Planning for the Future*. Basingstoke: Palgrave.

Bullen, M., Morgan, T., and Qayyum, A. 2011. Digital Learners in Higher Education: Looking Beyond Stereotypes. *Proceedings of the ED MEDIA Conference*, Lisbon, 1 July 2011.

Carstens, A. and Beck, J. 2005. Get Ready for the Gamer Generation. *TechTrends*, 49 (3), 22-5.

Cengage Learning. 2010. *Debunking the Digital Native Myth: Higher Education Students Ask for More Support in Using Classroom Technology* [online]. Available at: <http://www.cengage.com/trends/pdf/Survey%20Release%20and%20Results.pdf> [accessed: 26 July 2012].

Corrin, L., Lockyer, L., and Bennett, S. 2010. Technological diversity: An investigation of students' technology use in everyday life and academic study. *Learning, Media & Technology*, 35 (4), 387-401.

Duderstadt, J. 2004. Higher Learning in the Digital Age: An Update on a National Academies Study. *Sixth Annual Meeting of EDUCAUSE*, Denver, CO, October 2004 [online]. Available at:<http:r/www.educause.edu/upload/presentations/E04/GSO1/Educause.pdf> [accessed: 26 July 2012].

Ebner. M., Schiefner. M., and Nagler. W. 2008. Has the Net-Generation Arrived at the University? *Digital Media in Science*, 48. 113-23.

Fine, C. 2010. *Delusions of Gender: How Our Minds, Society and Neurosexism Create Difference*. New York: W.W. Norton & Company.

Guo. R.X., Dobson. T., and Petrina, S. 2008. Digital natives, digital immigrants: An analysis of ICT competence in teacher education. *Journal of Educational Computing Research*, 38 (3), 235-54.

Hammill, G. 2005. Mixing and Managing Four Generations of Employees. FDU Magazine[online.Winter/Spring 2005]. Available at:<http://www.fdu.edu/ newspubs/magazine/05ws/generations.htm> [accessed: 26 July 2012].

Holden, J. and Westfall, P. 2010. Learning Styles & Generational Differences: Do They Matter? *Proceedings of the Iteractive Technologies Conference 2010*. Arlington, VA. 18-20 August 2010.

Jones. C. and Cross. S. 2009. Is there a net generation coming to university? *Proceedings of ALT-C 2009*. Manchester, UK. 8-10 September 2009.

Jones, C., Ramanau. R., Cross. S., and Healing, G. 2010. Net generation or Digital Natives: Is there a distinct new generation entering university? *Computers and Eduaition*, 54 (3), 722-32.

Justice, E.M. and Doman, T.M. 2001. Metacognitive Differences between Traditional-Age and Nontraditional-Age College Students. *Adult Education Quarterly*, 51 (3), 236-49.

Kennedy, G., Dalgamo, B., Gray, K., Judd, T., Waycott, J., Bennett, S., Maton, K., Krause, K.-L., Bishop, A., Chang, R., and Churchward, A. 2007. The net generation are not big users of Web 2.0 technologies: Preliminary findings. *Proceedings of ASCILITE 2007*, Singapore [online]. Available at: <http:// www.ascilite.org.au/ conferences/singapore07/procs/kennedy.pdf> [accessed: 26 July 2012].

Kennedy, G., Judd, T., Churchward, A., Gray, K., and Krause, K.-L. 2008. First year students' experiences with technology: Are they really digital natives? *Australasian Journal of Educational Technology*, 24 (1), 108-22.

Kvavik, R. 2005. Convenience, communications, and control: How students use technology, in *Educating the Net Generation*, edited by D. Oblinger and J. Oblinger [online]. Available at: <http://www.educause.edu/ir/library/pdf/ pub7lOlg.pdf> [accessed: 26 July 2012].

Lancaster, L.C. and Stillman, D. 2002. *When Generations Collide. Who They Are. Why They Clash. How to Solve the Generational Puzzle at Work*. New York: Collins Business.

Lenhart, A., Rainie, L., and Lewis, O. 2001. *Teenage Life Online: The Rise of Instant-Message Generation and the Internets Impact on Friendship and Family Relationships*. Washington, DC: Pew Internet & American Life Project.

Li. Y. and Ranieri, M. 2010. Are "digital natives" really digitally competent? A study on Chinese teenagers. *British Journal of Educational Technology*, 41 (6).

Lohnes, S. and Kinzer, C. 2007. Questioning assumptions about students' expectations for technology in college classrooms. *Innovate* [online, June/July]. Available at: <http://www.innovateonline.info/pdf/vo13_issue5/Questioning_Assumptions_About_Students'_Expectations_for_Technology_in_College_Classrooms.pdf>[accessed: 26 July 2012].

Margaryan, A. and Littlejohn, A. 2008. *Are digital natives a myth or a reality? Students' use of technologies for learning.* Unpublished manuscript [online]. Available at: http://www.academy.gcal.ac.uk/anoush/documents/DigitalNativesMythOrReality-MargaryanAnd-Littlejohn- draft-111208.pdf [accessed: 24 July 2012].

Margaryan, A., Littlejohn, A., and Vojt, G. 2011. Are digital natives a myth or reality? University students' use of digital technologies. *Computers & Education*, 56 (2), 429-40.

Mead, M. 1928/2001. *Coming of Age in Sarnoa.* Reprint Edition. New York: Harper Perennial.

Oblinger, D.G. and Hawkins, B.L. 2005. The myth about e-learning. *Educause Review*, 40 (4), 14-15.

Oblinger, D. and Oblinger, J. 2005. *Educating the Net Generation.* Boulder, CO: EDUCAUSE [online]. Available at: <http://www.educause.edu/research-and-publications/books/educating-net-generation> [accessed: 26 July 2012].

Pedro, F. 2006. *The New Millenium Learners: Challenging our Views on ICT and Learning.* Paris, France: OECD-CERI.

Pedro, F. 2009. *New Millenium Learners in Higher Education: Evidence and Policy Implications.* Paris, France: OECD-CERI.

Prensky, M. 2001. Digital natives, digital immigrants. *On the Horizon*, 9 (5), 1-6.

Reeves, T.C. and Oh, E. 2007. Generational differences, in *Handbook of Research on Educational Communications and Technology*, edited by J.M. Spector et al. New York: Routledge, 295-303.

Selwyn, N. 2009. The digital native: myth and reality. *Aslib Proceedings: New information Perspectives*, 61 (4), 364-79.

Tapscott, D. 1999. *Growing Up Digital: The Rise of the Net Generation.* New York: McGraw Hill.

Toliver. F. 2011. My students will facebook me but won't keep up with my online course: The challenges of online instruction. *American Communication Journal*, 13 (1), 59-81.

Veen, W. 2003. A new force for change: Homo zappiens. *The Learning Citizen*, 7, 5-7.

第 5 章 模拟训练的训练需求分析

Phil Wallace
学习系统分析

5.1 训练需求分析与模拟

通常认为,训练系统的建立包括训练需求分析、满足该需求的选项调查,以及发展一套有效且高效的解决方案。一套模拟设备可以是训练发展的产物,制定一套基于模拟的训练策略比训练发展更为重要,但是在分析训练需求的早期阶段,有必要考虑到模拟吗?本章给出了赞成方的案例并且附加说明:在分析训练需求时,应对某些情况加以证实。另外,还概述了与大多数能力项目相关的、用于模拟训练分析的一个总体框架和一些详细的方法。

尽管按照昔日美国军事标准所制定的纲要也得到了验证,并应用了教学系统研发惯用准则(或训练的系统方法),本章主要还是从澳大利亚国防部的视角进行讨论。本章的目标是探索模拟训练的训练需求分析(Training Needs Analysis,TNA)的相关课题,并得出一些适用于国际化环境及广泛的组织训练方针的结论。分析和设计之间往往界限不明,本章使用的术语"训练需求分析"当然是关于训练分析方面的,但论证中也涉及训练设计的一些方面。

尽管训练分析和设计的某些方面有所重叠，但不应该将训练需求分析与课程设计混为一谈。模拟训练的训练需求分析应该确定模拟所能提供的功能，并解释这些功能将如何满足训练需求；这些工作可在课程设计之前就可以轻松完成，同时也是本章的主题。随后，可借助训练中可用的模拟资源知识，设计一个详细描述了学习成果、训练和评估策略的课程。当然，也可以在课程设计中考虑模拟训练资源的需求，但只有签订了能力解决方案合同，并对主要项目资金达成共识之后，在功能开发与收购计划的事务流程当中才需要考虑模拟训练资源的需求，因而模拟的作用变得微乎其微。尽管如此，通过本章所描述的训练需求分析方法，可在课程设计以及随后的审阅过程中将模拟训练落实。

5.2 训练模型

高级训练模型通常推荐使用 ADDIE 方法，它包括对训练进行分析、设计、开发、实现和评估（Analysis，Design，Development，Implementation and Evaluation，ADDIE）。这是一套系统的训练方法，为证明如何安排一个组织的训练和训练保障奠定了十分有用的基础。例如，出版的澳大利亚国防训练模型或 DTM（Australian Defense Force，澳大利亚国防部队，2007），就采用单独的章节对 ADDIE 的五个阶段分别进行了阐述。每一章都大致描述了在澳大利亚所实施以能力为基础的训练的过程和结果，并确定了国防训练中关键的部门和文件。

DTM 中的分析阶段要在训练需求说明书中进行描述，而设计阶段则定义了课程中的必要元素，这些都应该在开发训练材料之前进行论证。然而，这种指导方式在本质上具有笼统性，并没有明确指出在何处以及如何对模拟进行分析与规格说明。分析阶段包含一个"可行性分析"（可以包含对训练选项的评估）部分，同时也可以包含模拟方面的考虑。设计阶段包括训练策略的开发，此阶段也同样被认为是最恰当的模拟考虑阶段。

对于在高级训练模型中考虑模拟训练，其不确定性可能是因为与能力开发以及获取过程之间缺乏一种清晰的联系。那么，对于某项军事能力的开发和获取，何时进行训练需求分析最为合适呢？

如果要进行训练需求分析，那么，策略和流程手册越详细，就越能为训练需求分析工作提供更好的指导。例如，《澳大利亚陆军训练条例（ATI 1-9）：新能力训练开发（2004）》一书就是 DTM 的一个绝佳指南。ATI 1-9 将能力的开发和获取的要点同训练分析、设计和开发的渐进过程联系起来。ATI 1-9 将提出训练概念所进行的广泛训练研究视为一个早期步骤，在签署能力获取合同之后 将进行一次正规的训练需求分析；然而，何时且如何进行模拟训练仍然还是悬而未决的问题。难道只有在合同中约定了充分的细节用以实施训练需求分析之后，模拟分析才能不局限于训练概念的一个方面吗？难点在于，模拟本身就是一项实质性能力，或者至少有一条基于模拟训练的功能规格应包含在能力获得合同的投标书中。

TNA 一词更为自由地使用在于假设这样的分析是一个反复过程，其细节程度和能力开发与获取的环境和阶段不相伯仲。在某些情况下，模拟训练的详细分析可能很早就在军事概念的综合过程中得以实施。在其他情况下，可能最好是在提出合同并就详细训练计划达成一致之后再进行详细的分析。图 5-1 表明了通过 TNA 工作影响能力开发与获取工作的可能情形。由图 5-1 得到的建议是，在军事概念开发、功能需求描述与设计准备以及详细训练系统解决方案的开发过程中，应该仔细考虑 TNA 工作对模拟训练的潜在益处。最后的结论可能是：在任何特定情形下，这类 TNA 工作的事项可能会全部发生，或者根本不会发生，但这个问题必须提出来。

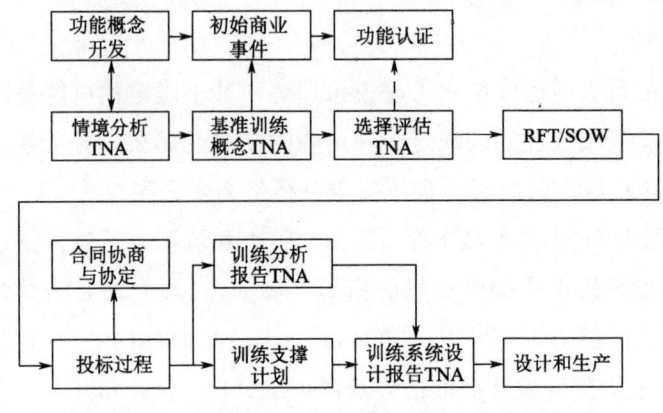

图5-1　TNA在能力开发与获取项目中的应用情形

5.3　适用于模拟的训练需求分析方法

上文讨论的训练模拟类型通常能提供一般性的指导，但有理由认为，对于诸如模拟这样的特殊训练方法和媒介，它们无法对工具和技术的细节进行深入探究。教育技术文献为学习技术的分析与设计提供了很多通用的指南，但这些常常无法提供在能力开发工作中所期望的系统分析过程所具备的类型。用于教学系统开发的美国军用标准 MIL-STD-1379D 这本出版刊物就提供了此类信息。虽然它现在已经被 MILPRF-29612 取代，但 MIL-STD-1379D 所给予的方向和指引仍然主要集中在以计算机辅助仿真为代表的训练技术上。这里使用"计算机辅助"一词，是为了强调支撑模拟的技术是 MIL-STD-1379D 大量关注的焦点，并且也是本章的重点。虽然学习过程也可通过十分有效的、不包含技术的模拟（例如，通过角色扮演来培养人际交往技巧）来进行，但对于这些模拟的分析与设计并非本章主题。

如 MIL-STD-1379D 中的描述，对能力项目进行训练需求分析的一套方法，要求清晰定义有关所获能力的人类行为，并仔细评估潜在的训练解决办法。所需的人类行为可通过工作（或职业）分析进行定义以确定工作场所任务，随后进行任务分析以确定那些任务绩效特征，进而为选择有效的训练方案提供准则。然后可按照任务分析、成本以及任何从其他相关考虑因素中得到的准则,对潜在的训练解决方法进行评估。

将模拟作为一种训练策略的前期决定不会影响工作或职业分析的过程,对此将不做进一步讨论,除非是必须对工作任务做出明确声明。接下来的讨论为任务分析和潜在解决方案评定提供了一个示例流程。如图 5-1 中所示,在训练需求分析的任一可能情况下,都可采取所描述的步骤,具体有赖于特定的能力开发与收购计划中所涉及的情形。

5.4 调查训练需求分析的背景

能力开发与获取项目的阶段及情况将影响一个训练需求分析的目标定位和设计。组织方针可能指明模拟将用于特定的情形,这将使训练需求分析提前,以对资源和涉及的花销进行评估。在一个获取军事能力的合同中囊括模拟需求的政策决议,可能需要在签署合同之前对模拟需求进行功能上的说明。在签署合同后所进行的训练需求分析便能重点关注详细的技术方案和执行方面的问题。

有关模拟训练的这类背景分析可发生在能力开发与购买计划中的任何节点,并可导致如下决定:不需要立即行动,或应该进行一次"桌面"研究来更好地理解模拟的需要,或有必要进行一次详尽的研究。一次桌面研究可能涉及对相似的模拟应用和模拟市场进行一次调查,以在项目的推进过程中确定一套是否需要进行仿真的策略。如果决定进行一次详细的调查,那么便极有可能进行一次正式的任务分析和选项评估流程。此外,如果是新型的甚或是有风险的模拟应用,那么就应考虑对潜在的利益和风险进行更为本质的研究。基于这一视点,将集中针对训练需求分析的任务分析和选项评估解决方案展开讨论。

5.5 确定训练任务

如要对模拟训练进行详细的训练需求分析,需要分析所训练的任务。对任何任务进行分析的第一步,是保证所有的相关任务都已得到了确认。一个工作分析应该确认所有在工作场合需要执行的任务,但至少在本章的上下文中,模拟被用于训练,并通常还涉及对工作任务绩效进行论证、实践和测试的任务。将训练任务同工作任务区分开来的一种方法是将后者也视为训练任务。应该采用一个技能学习模式来作为区分训练任务和工作任务的基础。对于技能学习模式,一个简单的例子是,认为工作任务的学习可以通过如下方式进行:

- 对任务进行示范说明,若有可能,对局部任务也进行示范说明。
- 在简易或理想条件下,采用教学干预进行任务练习,若有可能,对局部任务进行一并练习。
- 采用教学干预,对日益困难或者日益复杂的任务进行练习。
- 不采用教学干预,对处在困难或复杂的条件下的任务进行练习。

因此,从一个工作任务可派生出大量的训练任务,每一项训练任务都有可能对训练环境(例如,对任务复杂度的安排设计)有不同的要求,也因此对最终的模拟训练解决方案有不同需求。对所用技能学习模式的描述可用来明确获得训练任务的逻辑。随着训练需求分析的推进,以及获取新功能和经验的同时,应将该记录翔实的技能学习模式对外开放,进行审查和修改。类似于上述例子和用于军事训练情况的一个技能训练模式是:增量迁移学习(Wallace,1992)。此外,国防机构的教练员训练项目可能拥有技能学习模式,尽管这些机构并未明确说明。例如,进行演示、指导和监督的机组教学过程。

通过使用技能学习模式所得到的训练任务同那些仅对工作场合的行为进行描述的任务有着本质的区别。训练任务的建立通常是从简单到复杂、从局部任务到整体任务,以及从相似情形中的知识技能运用到新情形下的运用。训练任务的这种发展趋势并非一贯如此，如果对能力行为的需求仅限于一个非常明确的范围，那么训练分析就应该只关注于该范围。然而，人们通常需要处理异常、复杂的情况，而这一点应该在训练任务的描述中有所反映。当然，一种模拟训练是支持在明确范围内进行的训练，而另一种模拟训练是建立关于问题分析和意料外情形的决策方面的元认知技能，二者截然不同。前者看重于在必须进行能力说明的情形中进行反复演练，而后者倾向于呈现意料外的情形，并看重于对行为进行反思和深刻的自我分析。这两种情况对模拟的要求可能截然迥异。

需要考虑团队和组织的集体（以及个人）训练需求，并确定合适的训练任务以用于分析。可以从小型团队（如一个武器平台小组）开始，再到构建更大的组织要素，逐步建立团体的训练任务。再次声明，该发展要经历一个从简单到复杂、从团队局部到团队总体，以及从熟悉情形到新情形的过程。

在确定可应用训练任务的过程中，进一步的举措是要排除初学者已能胜任的那些任务。如果初学者已经可以执行一些工作任务，那么除非是需要通过模拟对其能力进行确认，否则这些任务可以被移除。在某些情况下，学习过程中的训练将是某个更大的训练体系中的一部分，并且已经掌握了相类似的任务，只是背景有所不同。例如，飞行员转变战斗机型时，他已经在教练机上执行了多次所需的空中作战任务。在这种情况下，可能不需要初级培养的训练任务，训练可以专注于将现有的技能应用到新的机型。在这个事例中，尽管也可以在有关学习迁移的文献中获取指导（Hays & Singer，1988），但经验丰富的教练员很可能才是最佳的指导资源。应该在记录翔实的技能学习模式中记录下滤除训练任务的基本原理，以便后期的能力开发与收购计划能一目了然。

5.6 确定任务绩效的关键特征

所研究的任务绩效特征在很大程度上受到潜在训练策略的影响，在模拟训练之中尤其如此。模拟有利于对论证、练习和测试任务的环境进行物理和功能特征上的操作，并有利于提供支持功能，比如暂停和重放或是搜集详细的任务绩效数据。因此，模拟任务分析应该审查所需促进因素物理和功能的保真度，并审查对任务绩效进行论证、练习和测试所需要的教学支持功能类型。

一个特定项目所关注的物理保真度参数需要在任务分析之前进行定义。在最近为了将模拟应用于有关机组的能力项目所做的训练需求分析工作中，根据感官的不同将飞机系统的物理保真度分为视觉、听觉、前庭、触觉和本体感受等类别。再根据功能将飞机系统进行分组（例如，飞行控制系统和飞行仪表），同时根据参数的高低，将各组所需的物理保真度记录为可信的、代表性的、抽象的或不需要的。例如，执行一个飞行器导航任务可能需要飞行仪表具有代表性的视觉保真度。除了飞机系统之外，还检测机舱外环境中的促进因素。例如，需要探测一个物体的存在、确定其为何物、设定区分标记，以及确定该物体的方向与运动情况。前三个窗外视觉保真度水平由低到高代表了视觉保真度的一个层级，而第四个保真度与前三个不在同一层级。

执行训练任务所要求的功能保真度可以采用同样的方式进行定义。功能保真度系指模拟环境要素（例如，飞机系统或空中交通管制员）所执行任务或表现的方式，但这些要素与其长相、声音以及触感（物理保真度）截然不同。例如，上文提到，执行同一飞机导航任务可能需要飞行装置具有可信的功能保真度。同一系统中物理和功能保真度水平之间的差异并非无效或并非无效甚或罕见。训练任务可以针对技能开发的早期阶段，并在直观上仅仅表示飞行仪器的关键特征，但要准确地描绘那些仪器对操纵飞行控制的响应。

使用诸如可信度和代表性等主观保真度描述符，需要清楚地定义用于确保数据采集和结果解释一致性的术语。定义应为应用量身定制，并且尽可能地按照规范的标准。例如，《飞行模拟训练设备资格 ICAO 标准手册》（第三版，2009）对明确的、代表性的和普通的保真度水平予以定义。虽然为了确保这些术语使用的一致性而提供了大量的细节，ICAO（国际民航组织）保真度水平仍然有多种解释。表 5-1 列出了数个训练需求分析项目为战斗机组开发的一套保真度定义。这些训练需求分析没有使用 ICAO 定义，主要是因为进行大多数训练需求分析时这些定义无法使用，但也因为在民用飞机运行环境中的保真度水平定义并不一定适用于战斗机的运行环境。

表 5-1　训练任务保真度水平的定义示例

保真度水平	任务要求
可信的	一个激励的可信的功能描述意味着系统运行/环境特征和任务背景必须与该飞机类型中一贯出现的情景在功能上保持一致。这暗示着需要相同的系统类型和领空/战场条件。 一个激励可信的物理描述意味着系统/环境界面需要与该飞机类型中一贯出现的情景在事实上保持一致。这表明需要与在该飞机类型中一样使用相同的系统类型
代表性的	一个激励代表性的功能描述意味着系统/环境信息和因果关系需要与该飞机类型中一贯出现的情景保持一致。 一个激励代表性的物理描述意味着表示信息的格式必须与飞机类型中可获取的格式相同，但描述可能明显不同。例如，一个包含对模拟显示进行监控的任务可能需要代表性的视觉保真度，以确保飞行练习器的显示具有相同的格式（如模拟格式），尽管在物理上不一定相同
抽象的	一个激励抽象的描述意味着系统/环境信息具有可用性，但处于一种简化的格式。例如，教员对激励的一种口头表述对于训练目的而言可能是恰当的，甚至更为合适

通过模拟系统所提供的教学支持功能也指向了任务绩效的某些关键特性。例如，为评估任务执行是否成功，需要详细的任务数据（例如，飞机的飞行速度和飞行高度）吗？如果是的话，那么便需要能记录和描述执行数据的支持功能。成功开发现代模拟所提供的教学支撑功能，需要检查什么适用于特定的环境条件，什么与特定的环境条件相关联，但下面是一些值得考虑的通用特征：

- 为实现使命/任务绩效目标，增强训练任务环境的可视化程度。
- 教练员/操作员对促进因素的手动控制。
- 教练员/操作员通过预定义命令控制促进因素。
- 触发器激活后促进因素的自动校正。

- 其他实体的简单脚本行为。
- 通过对即时的和不可预知的情况进行应用状况分析和定义策略来获取其他实体的复杂行为。
- 教练员/操作员对促进因素状态的认定。
- 为评估任务绩效，对促进因素进行检测。
- 记录促进因素用于回放。
- 在事后检视期间增强系统状态和操作环境的可视化/认知度。
- 训练任务绩效的其他关键特征可用于某个特定的训练需求分析，并且应该与能力项目组成员共同探究。例如，如果在系统模拟或所考虑的操作类型中存在一个已知的技术限制，那么就应该调查该限制对每个训练任务造成的影响。有可能预示后期模拟选项分析的其他训练任务特征主要包括：
  - 军事任务系统的必要性：对于某些任务，至少军事任务系统中的某些局部任务训练甚或是总体任务训练，可以视其为"必要的"。当初学者之前从未在实际环境中执行过任何此类训练任务时，常常被要求使用该系统。
  - 全任务禁止：军事任务系统的全任务执行可能由于政策、安全性和实用性等原因被禁止。例如，安全政策可能不允许实际系统出现任何偏差。
  - 模拟对资源管理的重要程度：将模拟可用性的重要等级作为管理资源低价高效使用的一个选项。例如，非常重要、重要、不重要。

5.7 调查训练任务

对所研究的训练任务类型具有丰富经验的教练员是训练任务信息的宝贵来源。他们需要理解正在调查的任务绩效的关键特性，而他们对这些任务绩效的开发贡献卓著。一个正规的数据搜集指南是为关键任务特征提供定义的有用工具，包括对保真度水平的定义。数据搜集指南也可以是一个动态文件，并用来记录在数据搜集期间所做的决定以及这些决定背后的逻辑。这也可以展现详细的训练概念，一个行业的教练专家对这些概念通常了如指掌，当然，那些表达不太清楚的概念除外。

人们可能担心，如果不了解模拟，会给那些经验丰富的教员提供的信息质量带来负面影响。然而，随着模拟使用的范围迅速扩大，这种情况逐渐在发生变化。但是，这种担心也并不一定合理正确，因为教练员应该对所确定的训练任务以及定义的关键特征的适用性进行调查，而不用考虑最终进行训练的方式。用于训练的平台可以是真实的军事任务系统、任务系统的教练专用版、一种模拟或是一间教室，但这并不影响论证、练习和测试训练任务绩效所要求的促进因素、保真度水平和教学支持功能。要缓解对于不了解模拟的担忧，可以调查任务需求，将训练平台看作真实的任务系统。这也有助于避免关于模拟是否合适的假设。如果模拟确实有不当之处，那么通过分析过程可以显示出来，并且将正式记录不合适的原因。

要搜集每项训练任务的数据，只需准备一张简单的纸质表格。表 5-2 中的例子是一个对机组训练进行训练需求分析的调查手段之一。代码 1、2 和 3 分别用于标注抽象的、代表性的和可信的保真度水平要求。在前庭模式的情况下，数字代表训练任务绩效所需的运动自由度，选择数字是为了在飞行模拟器标准中利用 这些运动自由度对某些设备类别进行区分。虽然在表 5-2 中没有表示，但出于特定的目的仍定义和记录了一些额外的代码。例如，如果训练任务绩效需要一个数字地图显示，便使用字母代码（M）进行记录以区别于导航组。表 5-2 中物理保真度类型不适用于飞机系统功能组的单元格已被标为阴影。

表 5-2 战斗机军事行动的保真度水平定义示例

飞机系统功能组	功能保真度 (1, 2, 3)	物理保真度			
		视觉性 (1, 2, 3)	听觉性 (1, 2, 3)	前庭 (0, 3, 6)	触觉性/本体感受 (1, 2, 3)
飞行控制					
自动飞行控制系统					
飞行仪表					
着陆系统					
电器					
液压					
燃料					
动力装置					
氧气					
增压					
发动机控制系统					
照明					
除冰/防冰					
警示					
消防					
无线电/集成电路					
综合飞行/火力控制系统					
全球定位系统					
导航					
电子战自保护系统					
多功能显示器					
战术					
武器/储备					
机身					
驾驶舱					

这种类型的训练需求分析必然是主观的，因为它采用了教练专家的判断。一旦通过了促使大家选择某个保真度水平的原则以用于特定的情形，那么众人往往能达成惊人的共识，那么真正的困难将在于对这些诱因进行识别。

某些训练需求分析可能包含大量的训练任务，为每个任务去单独地完成表 5-2 所示的表格类型不仅任务烦琐而且不实用。在这种情况下，可以按照相似度将训练任务进行分组，比如军事行动的一个阶段，并为每个组别记录一个数据表格模板。然后可将个人任务与其各自的表格模板进行对比，进而识别和记录两者间的"增量"。如前所述，在数据搜集过程中对采取的关键性决议及其背后的理念进行记录是十分重要的，而且这能极大地有助于对所搜集的数据进行确认。

一旦搜集完数据，就应该对其进行整理并准备确认。理想情况下，数据将由一位诸如首席教练员的权威人物进行确认。这种调查不具有群体性，也并非旨在记录广泛的意见。相反，它旨在根据训练任务的关键特征，建立一个训练环境需要的认可评估。向相关训练权威机构或他（她）的代表提供各组任务模拟数据和特定任务所确定的"增量"的概况，这种方式是获取一组经验证和认可的任务需求数据的有效方式。

5.8　调查潜在的训练选项

模拟训练需求分析中的训练选项通常具有平台针对性。例如，任务系统平台（如一架飞机）或者是一级或多级的模拟平台（如全任务飞行模拟器或驾驶舱规程训练器）。为了评估候选平台的适用性，必须对其进行调查，以便按照用于调查训练任务的相同关键特征来确定它们的性能。保真度水平的定义可能需要根据实际情况进行调整以反映所提供的功能而非任务要求。一组定义示例如表 5-3 所示（对应表 5-1 中的数据）。

表 5-3　平台保真度水平的定义示例

保真度水平	平台功能
可信的	一个激励的可信的功能描述意味着系统运行/环境特征和任务背景必须与该飞机类型中一贯出现的情景在功能上保持一致。这暗示着需要相同的系统类型和领空/战场条件
可信的	一个激励可信的物理描述意味着系统/环境界面需要与该飞机类型中一贯出现的情景在事实上保持一致。这表明在飞机类型中使用了相同的系统类型。要注意，一个合适的模拟可能只提供了与任务相关的那些激励，比如局部任务训练器材
代表性的	一个激励代表性的功能描述意味着系统/环境信息和因果关系需要与该飞机类型中一贯出现的情景保持一致。 一个激励代表性的物理描述意味着表示信息的格式必须与飞机类型中可获取的格式相同，但描述可能明显不同。例如，一个飞机训练器可能提供所需的 HUI 信息，尽管厂商和显示元素的设计可能与飞机类型中的那些情形有所不同
抽象的	一个激励抽象的描述意味着系统/环境信息具有可用性，但处于一种简化的格式。例如，当一个系统状态或操作环境中已经发生了一个事件时，教员可能会进行声明

可使用与记录训练任务需求信息相同的调查手段，来记录候选训练平台的功能。应该为每个训练平台完善出一个调查手段，并且再次声明，应该记录用于决定输入数据的基本原理。如果正在调查一个通用的训练设备类型，那么可能无法确定某些特定的特征在将来是否能够使用。在这种情况下，可能需要考虑好几种训练设施类型。例如，该类设备应具备乐观、悲观以及介于两者之间的能力。

有关候选训练平台的信息可从供应商、其他使用相同或相似平台的用户处获取，而对于特定平台还不存在的情况，可从所考虑训练平台类型的相关文件中获得此类信息，尤其是模拟设备类别的权威标准，如飞行模拟装置。

这类对训练平台功能的调查也可用于评估投标者对模拟功能需求（已经通过这种性质的训练需求分析得以揭示）的响应。这种方法的细节将有赖于项目情形，但可以使用投标者信息来开发调查数据，可以对提出的训练平台进行检查并完成调查，或者是通过要求投标者为每项评估提供证据来完成调查。

5.9 评定潜在的训练选项

为满足促进因素保真度和支持功能的要求，每个经过确认的训练平台的功能，可通过将训练任务需求数据与各自的训练平台功能数据进行比较而得以评定。所搜集的数据量可能非常庞大，应考虑使用数据库工具对其进行自动处理。

简单地以训练任务需求的满足率来对平台功能进行评分（例如，某一个模拟平台满足了 75%的训练任务需求）可能很吸引人，但这将极具误导性。训练任务需求不可加权，因此一个平台 75%的得分不一定就意味着会比 72%的得分训练效果更为优良。搜集数据具有主观性，而且任务不同，训练任务需求的重要性也各不相同，这利用了一个加权不切实际的系统。相反，得到的结果不应该进行数学运算，并且对训练平台绩效的初始评估应该关注：①鉴定未满足的训练任务需求；②制定功能缺陷的汇总报表（例如，低分辨率的视觉场景可能是导致多数具体缺陷的根本原因）；③调查是否可以通过修改训练平台的模式来解决这些不足。

一旦已经完成了这个平台对平台的绩效评估过程，便可以开始对连接各大平台的训练选项进行建模。例如，机组训练选项可能包括单独使用军事任务系统（如战斗机类型）和尽可能地使用任务模拟器并最低限度地使用军事任务系统。训练选项的建模需要临时分配每项训练任务给每个候选训练平台，以对未来训练项目进行有效的建模。如果以使用数据库工具来记录数据，那么起初可以根据训练任务需求的最佳满意度来进行自动的分配，但是这只能提供一个初步近似值并且必须经过审查，因为如上所述，任务需求不可加权，且仅仅依靠简单得分无法提供可靠的信息。

先前讨论了训练任务的一些实例特点相较于模拟保真度和教学支持功能可能引发更为广泛的问题分析（如全任务禁止）。政策造成的局限（例如，被禁止的任务系统故障状态和未得到军事行动命令的危险活动）可能限制经由军事任务系统中的训练活动所呈现的促进因素,并因此对选项分析中具有重要意义的训练施加限制。在选项建模的过程中应该引入选项分析的这些更为广泛的方面,因为它们能够影响特定训练平台的训练任务分配。

每个已建模选项的训练效果可以从无法满足的训练任务需求和全寿命周期成本测算方面造成的结果进行分析。应当注意的是,该训练需求分析技术并非仿真所独有,它还可以用来评定操作平台对训练的适用性,因此,训练需求分析也会与模拟训练的应用进行比较。

5.10 结论

训练需求分析(TNA)这个术语用途广泛,但本章通过在一般意义上调查特定工作群体中个人和集体的训练需求对其进行了讨论,尤其是讨论了当模拟是整体训练策略的一个潜在组成部分时模拟的需求。对基于模拟的训练进行训练需求分析的最佳时机将有赖于每个功能开发与收购计划的详细情况,但在开发军事概念、准备功能要求的说明,以及设计开发详细的训练系统解决方案等过程中都应该给予考虑。假设在能力需求分析过程中,模拟训练仅扮演一个微不足道的角色且将不需进行单独的成本预算,可将模拟训练的 TNA 延缓到在军事能力解决方案合同签署之后的详细课程设计阶段。

对模拟训练进行训练需求分析设计将有赖于选择的时机和所期望的结果。如果所有的需求就是获知模拟的潜在功能,那么一个简要的桌面分析便已足够。如果要对功能需求进行详细说明,那么可能就需要经历工作分析、训练任务分析以及选项评估过程。此外,如果模拟所应用的技能领域存在争议或被认为存在其他风险,或许就需要采取一些更为普遍的研究形式。

在训练需求分析中应该早些进行背景分析,以了解和记录所有与调查中的训练相关的状况和有关仿真的潜在问题。然后,需要进行的角色分析可以提供一张需要表现优异的任务列表（工作分析）。训练任务可通过使用记录翔实的技能学习模式从工作任务中获得。训练任务通过添加示范、练习和评定所需技能的活动来扩展工作任务。某些训练任务可能因为初学者对其不需要而在进一步的分析中被排除，这或者是因为初学者在工作的这些方面已经进行了训练，或者是他们能从其他情况中转换得到相关学习、任务甚至是局部任务、表现。

对于模拟训练来说，需要定义和分析训练任务的关键特征，这些特征通常包括所需的促进因素和保真度水平以及诸如故障注入等教学支持功能。此外，在任务分析的计划中应该细查和囊括训练需求分析参与方面特别感兴趣的事项（例如，使用在任务系统中被禁止的任务仿真）。

需要确定用于训练任务分析的信息来源，并开发数据搜集手段和数据搜集指南。一般来说，经验丰富的教练员是任务分析的主要信息来源，但结果应该由权威的个人或组织进行确认以对其进行认可。同样，潜在训练平台（包括任务系统和模拟的替代选择）也需要进行分析，并设计一种有效可靠的数据搜集方法。

从训练任务和训练平台的分析中得到的数据可能非常庞大，而使用电子数据库可以大幅提高效率。一个简单的数据库工具还能允许将训练任务需求与训练平台功能进行对比，并对详细的和概括性的结果进行整理。使用简单的评分来概括分析结果虽然诱人，但还是应当避免这种情形，因为调查的特征将不可加权，并且尝试此种做法可能使数据失真。相反，应调查已被确认的训练平台缺陷，若这些缺陷无法解决，还应注意在使用该平台进行训练时其潜在的影响。

参考文献

Australian Defence Force 2007. Australian Defence Force Publication 7.0.2: *Defence Training Model*. Canberra: Department of Defence.

Department of Defense 1990. *Guidance for Acquisition of Training Data Products and*

Services (MIL-STD-1379D). Philadelphia, PA: Department of Defense.

Department of Defense 1996. *Performance Specification-Training Data Products* (MIL-PRF-29612). Philadelphia, PA: Department of Defense.

Hays, R.T. and Singer, M.J. 1988. *Simulation Fidelity in Training System Design*. New York: Springer-Verlag.

International Civil Aviation Organization. 2009. *Manual of Criteria for the Qualification of Flight Simulation Training Devices*. (Doc 9625, AN/938). Montreal: ICAO.

Wallace, P.R. 1992. *The Instructional Design of Simulation Systems for Skills Training in the Australian Defence Force*. Canberra: Australian Government Publishing Service.

第 6 章 任务基本能力：一种基于熟练程度的现实、虚拟和建设性准备训练及评估新方法

Winston Bennett, Jr.
人类效能理事会，人类行为系，空军研究实验室

George M. Alliger
组织效能组

Charles M. Colegrove
美国空军空战司令部

Michael J. Garrity
爱普提玛公司

Rebecca M. Beard
组织效能组

6.1 开发任务基本能力的背景

针对战斗机飞行员的训练项目一直以来都是围绕着飞行训练进行的。模拟仿真在大多数情况下并不能复制在战斗行动中遭遇的动态环境。无法在一个高度逼真的战斗环境中保证可靠和安全的训练，这将导致机组人员在战斗初始阶段要经历一个显著的适应期。这个适应期标志着，到

目前为止，在训练中实际能实现的情形与战斗中所期望情形之间的差距。

通常高保真模拟，更具体地说，美国空军的分布式任务行动（Distributed Mission Operations，DMO）和现实、虚拟及建设性的（LVC）军事行动准备架构，为我们提供了一种更接近我们预期的作战方式的训练机会（Schreiber，MacMillan，Carolan，& Sidor，2002）。然而，传统的训练并不能充分利用这种新功能的优势。相反，传统的训练包括了基于模块化方法的一系列任务，除了少数提供稍微复杂的任务训练外，只侧重于飞行水平的训练（Crane & Bennett，2002）。任务基本能力解决方案（MECs）提供了分析以优秀的个人和团队行为水平执行任务的框架，并且生成条理清楚的训练规范（Colegrove & Alliger，2002）。同时表明，训练媒介的适当组合可以使知识和技能开发最大化，涉及范围从单个的技术和程序训练直至复杂的任务训练（Savery & Duffy，1995）。

6.2 任务基本能力

MECs（任务基本能力）侧重于与作战（如战斗、突发事件响应、时效性目标）环境相关的复杂任务级别技能，我们将 MECs 定义为：

更高级别的个人、团队和团队内在的能力，它们是充分准备的飞行员、团队、机组人员或飞机在不利条件和非许可环境下成功完成任务所需的能力。

MECs 本质上是包含广泛的，但它们不是抽象知识或一般技能。它们在战争条件下的真实或者高保真模拟任务的背景中得以示范。MECs 是根据任务开发的，然而，不同任务和系统之间的共性使它们聚合成能力，这些能力可以适应如"传感器—射手"的组合或一体化作战行动包这样的事态。

一个任务需求分析新方法的原始动力来自 F-15C 任务训练中心（MTC）最初的作战能力。在历史上，美国空军（USAF）的战斗机仿真只在单舰武器使用、装备以及应急程序方面提供了程序性训练。当今的战斗机任务训练中心能够在各种任务要求下训练战斗机机组人员的飞行技术，在保证可靠安全地对任务要素和复杂场景进行训练的同时，复制了真实的作战条件。最新的将现实操作系统（可以与虚拟和建设性环境互操作）应用于被称为 LVC 军事行动中的举措，需要在定义、场景设计和执行以及性能测量方面达到一定的精确水平，而 MEC 方法非常适合提供这些。此外，通过 MEC 分析将分析产品整合到任务组中的能力，允许创建多个任务场景和指标，以支持现实和联合训练，以及演习活动与评估。

MECs 弥补了我们在传统训练分析中看到的一个缺陷。大多数训练开发都是从任务分析开始的，但是 DMO 和 LVC 军事行动的新训练和准备架构提供训练完整任务的能力，并且可以促进分析达到任务和多任务水平。因此，MECs 从在战斗环境中执行的任务开始。

6.3 作战环境驱动对逼真训练的需求

训练项目受到那些最终进行和评估飞行示范任务的条件的约束。对于战斗飞行来说，飞行示范的真实条件是战斗环境，但显而易见，美国空军并没有办法在实战条件下训练。训练反而依赖于受安全因素（所谓训练规则）限制的场景，并且用更先进的方式来模拟武器使用和在任务展开时进行记录。

美国空军的首要飞行训练活动"红旗"被称为全球最逼真的训练，但仍受到限制性训练规则的约束。结果就是训练活动仍然要受到飞行示范条件的逼真程度的限制。因为实战操作环境是最终评估机组人员表现的环境，并且机组人员也要针对其进行训练，所以这些条件的重现是模拟训练的关键优势，也是进行这种训练需求分析的基础，其中战斗环境和相关条件是需求规范的"基准"。

机组人员执行杀伤链的任务必须能够在一个非许可环境中实现。这一非许可环境由各种气候条件与限制性的交战规则（Rules of Engagement，ROE）下的 24/7 军事行动构成，并且要对抗具备挑战决心和能力且经验丰富的敌方。诸如电子战等对抗措施会严重降低机组人员和武器的性能与效率。我们可以期待面对一个有技术能力进行信息战、有新一代的空中和地面威胁以及综合防御能力的对手。除了高水平的威胁外，我们必须准备好面对一个敌人，他有抵制我们的能力，而不仅仅是简单的防御或做些象征性的抵抗。

在当地空域的这些条件下训练会受到下列因素的限制：垂直和水平边界、强制保持亚音速和由于开放领空安全问题而限制战术系统使用。当前和下一代武器系统具备更远的射程和更大的使用影响区域，它们需要大量的物理靶场空间，而这些物理靶场空间是很多当前靶场无法满足的。这些条件，加上集中于昂贵又重要的现实训练的需要，表明有必要将该媒介与有助于减轻实际射程和领空的固有限制的其他媒介结合。

当适当应用模拟并与实际飞行训练相结合时，可以缩小战斗中所需要的与 MECs 所定义的持续训练和熟练程度之间的差距。为了达到模拟训练的目的，MECs 试图从作战任务准备方面来描述期望的训练条件。MECs 进一步提供了一些建议条件，这些条件能在模拟环境中实现。总之，美国空军作战人员训练是基于现实主义，但基于资源可用性和安全要求的原因却有了限制。训练在实践性和经费方面的约束导致通过驻地训练可以达到的熟练程度与实际作战必须具备的熟练程度之间存在一定差距。

6.4 差距

我们把能力标准描述为在战斗环境中取得成功，并且每个任务区域，比如空中优势或全球攻击，需要某种能力来支持在任务区域内执行杀伤链。图 6-1 展示了在传统飞行训练中获得的熟练程度和 MECs 所描述的在作战环境中的熟练程度之间存在的差距。

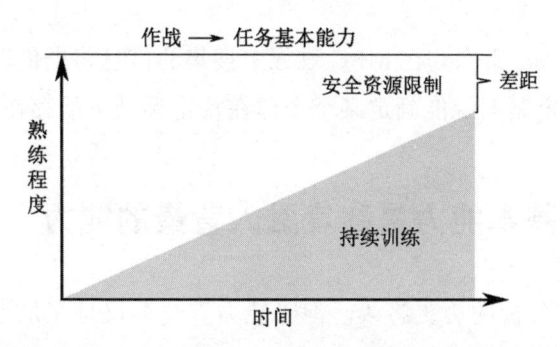

图6-1 当前训练和MEC-驱动的期望熟练程度之间的差距

随着时间的推移，机组人员的熟练程度通过获得的经验而不断增加。鉴于上述原因，飞行训练不能准确、一致地复制作战环境。当适当应用模拟并与实际飞行训练相结合时，可以减少战斗中所需要的与MECs所定义的持续训练斜度和熟练程度之间的差距。MECs进一步提供了一些建议条件，这些条件能在模拟环境中实现。

6.5 任务基本能力进程

MEC进程是一种独特的工作分析方法，因为该方法对实际执行任务时所需的知识和技能水平作了精确说明。简而言之，MECs填补了知识和技能与实际工作经验之间的差距。MEC进程包括由军事操作用户选出来的主题专家（SMEs）组织的知识启发研讨会、从更广泛的军事操作团体搜集的数据以及对结果的深入分析和组织（Alliger等，2012）。研讨会中的信息被组合到调查中，这些调查会呈现给针对特定武器系统的更广泛的军事操作团体。此外，这些调查会搜集操作员对训练需求的观点和基于初始MEC架构的缺陷等方面的数据。在搜集数据后，对武器系统和相关职业领域训练状态进行综合分析，该分析有助于确定某些能力对特定职业领域或武器系统中的高能力表现的重要性。另外，训练需求排名数据可以给军事操作用户提供明确的优先训练顺序建议。凭借这一知识，可以制定出一个更有效和高效的训练计划，这个计划将把确定为最重要的区域作为目标。此外，在 MEC 进程中搜集的信息将提供详细的能力需求数据，以使定制训练能确定某个个体在特定领域可能存在的具体缺陷。

6.6　任务基本能力是高度融入背景的能力

尽管工作分析的历史悠久，但"能力"一词仅是在最近（在过去的 15 年左右）才开始流行起来。能力通常是指取得工作成功所需的人类技能的通用描述——应特别注意"通用"一词。因此，例如，能力可能是"沟通能力"或"对机械原理的理解"。

能力的使用，作为一种更好地定义人员和训练需求的机制，已经被广泛应用于军事上或其他公共和私人机构。作为人员选择的基础，能力已被用于各种工作分析，以进行人员诊断和训练。能力作为组织工具的优势是它们被设置在高于工作任务或工作技能要求的水平。比如说，这使得给定的能力相对较窄应用领域的技能，可以适用于更广泛的工作范围（并因此而适用于更大的人群范围）。这种有益于交叉作业的分析和应用的趋势，是能力被证明是一个受欢迎的组织工具的原因。另一方面，这种能力的效用在许多方面受到质疑。例如，能力通常被认为是广义和与背景无关的；但是，Henderson（1993：16）指出"越是普遍认为真实的能力，在特定的具体情况下它的用处越少"。还有一些人担心，能力会使人变得消极，因为它们似乎设定了一个最低的可接受性能的标准（Barrie & Pace，1997）。

与典型的能力相反（见第 3 章），MECs 是在特定的背景下设定的最高性能标准。例如，在非许可环境下执行任务的空军优势战斗机的 MECs 被划分为特定的任务［如空中进攻战斗（OCA-A）或对敌防空压制（SEAD）］。这些特定的任务与机体类型密切相关（例如，F-15 用于 OCA-A，而 F-16 则用于 SEAD）。在任务类型中，MECs 进一步取决于任务的阶段。

因而 MECs 是高度融合到机体和任务背景中的简明陈述。例如，对于空中优势,参与阶段的 MEC 如下:根据(IAW)任务目标,使用武器对抗有效敌对目标和/或毁灭敌方武器。每个 MEC 通过确定目标、开始点和结束点来进一步定义。MEC 框架还包括确定更一般的支撑能力和说明相关知识和技能。此外,还给出了一系列研发经验,通过这些经验可以学习特定的知识和技能,并与适当的能力相结合。

6.7 任务基本能力独特性质的基本原理

MECs 逐步形成了其独特的情景化特征,主要是由于两个原因。第一个是它们旨在服务的目标(Colegrove,2005)。在军事行动的熟练程度上,出于实施准备状态需求分析工作的需要,以及进一步量化如 DMO 和 LVC 等准备活动的影响方面的需要,必须制定合适的指标。MECs 与支撑能力系列、知识和技能说明以及研发经验一起,构成了创建实施必要分析工作的测试工具的原材料(参见 Schroeder、Schreiber 和 Bennett 的第 26 章)。然而,这里的要点是,为了实施所需的分析,更加典型的一般化能力陈述是不适宜的。

MECs 形成其独特形式的第二个原因在很大程度上是客户需求。即协助开发 MECs 的主题专家(飞行员或机组成员)要求,MECs 是具体的和相互关联的。对他们来说,这意味着能力的一般陈述听起来是"不具有说服力"且无法令人满意的。我们认为,客户对具体和情景化的偏爱代表了支持 MECs 及其度量的生成的幸运的并行动态。

有趣的是,尽管事实上 MECs 被融合到了场景(战斗任务)和飞机当中,但事实证明 MECs 在交叉作业的分析中是有用的。原因是:①场景虽然非常具体,但在飞机上依然很普遍;②在某种程度上任务目标以及由此形成的阶段是在飞机间共享的,即使这些目标和各阶段的职责有所不同。

MECs 是以不同的抽象级别制定的表述集合。图 6-2 所示说明了 MEC 组成部分之间的相互关系。最高级别是 MECs 所特有的——比如空对空

(F-15) MECs 的说明：拦截和目标因素组。标注出了一个起点、目的和终点的陈述，阐明和定义了最初的表述。开始派遣拦截和定位的时刻被定义为起点。终点是当武器参数、ROE、目标识别满足交战条件的时刻。目的为了达到一个能够使用武器并且避开射击的优势位置。

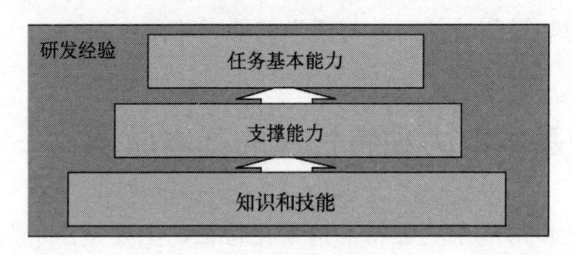

图6-2 用以支撑"能力"的知识和技能的基本类型，以及支撑MECs的能力

第二个级别是支撑能力。这些支撑能力不但比 MECs 本身更一般化，而且反映了实施 MECs 所需的能力领域。例如，对于空对空来说，SCs 是很重要的，包括：

- 适应性：适应任务环境的变化（如调整时间轴/游戏计划，对威胁策略和战术做出反应，以及适应环境的其他变化）。
- 通信：清晰、简捷，以及信息的正确传输。

注意，支撑能力是 MEC 模型中与传统能力最相似的元素。

在知识和技能中可以发现最具体的粒度级别。知识被定义为：在压力下可以快速获得的信息或事实。对于我们的目的而言，一项技能的定义是：一个可以在压力下成功地实施的、经过编制的活动序列。需要注意的是，对"在压力下"的强调，在 MEC 的顶级定义以及在知识和技能的定义中都是一个重要的限定因素。最重要的是训练环境必须重现作战条件，比如不利条件和非许可情形。用于空对空的知识和技能的例子包括：

- ROE：熟悉战区的交战规则、非战斗人员区域和政治局势。
- 预测问题：预测将要发生的事并尽早预测问题。

最后，可能与基于熟练程度的训练场景和教学大纲开发的 MEC 架构最相关的组件是研发经验。经验的定义是：在训练和/或职业生涯中学习知识或技能所必需的研发活动，或在作战条件下的 MEC 或 SC 实践。空对空领域的研发经验的例子包括：
- 武器装载受限（例如，由于先前使用、重新装载不完整、战争储备物资的限制）。
- 剩余燃料有限（例如，由于燃料消耗增加、剩余燃料不足、缺乏加油机的支持，或无法空中加油）。

在较大的美国空军任务/工作描述概念中的 MECs

MECs 可以进一步这样理解：把它们看作美国空军大量以前的分析工作中概念上的内嵌套。本节简要讨论这种嵌套性。图 6-3 所示说明了各等级任务信息之间的相互关系。

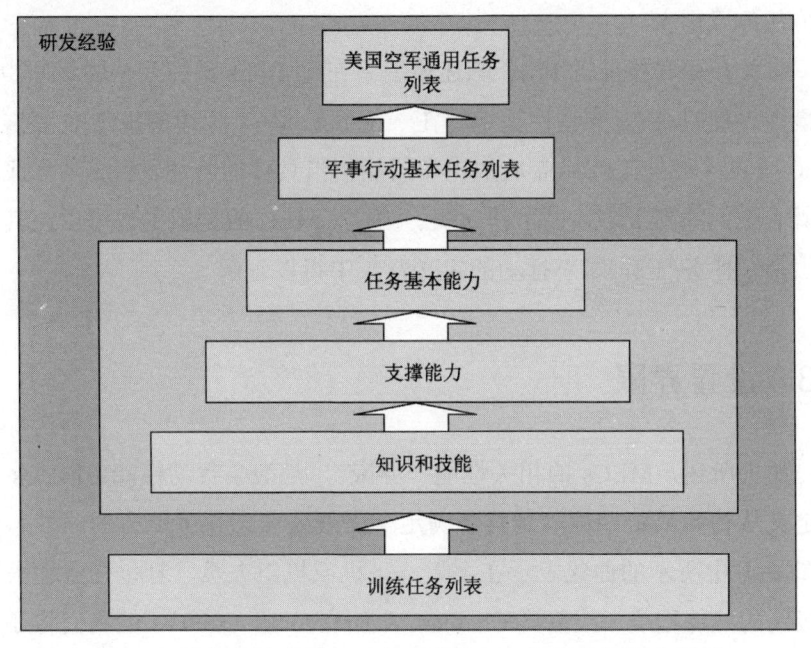

图6-3 增广图展示了MECs与其他空军工作规范的概念关系

学说上的美国空军通用任务列表（USAF Universal Task List，AFUTL）被编写在最高级别，它描述了支持分配给空军的军事行动的高级任务。当然，这些军事行动涉及在完成国家目标的过程中控制敌人和

建立战场优势。直接在某种程度上下定义，这些军事行动被称为 METLs
——军事行动基本任务列表（Mission Essential Task Lists）。这些任务被
认为是某个特定组织完成预期的或是被分派任务的必要指标。METLs 也
是由美国空军主要指挥部和有限的空军部队研发的。军事行动基本任务
陈述的例子有：提供战斗搜寻与救援（Combat Search and Rescue，CSAR）
功能，并在地面机动方案中整合美国空军和陆军航空。MECs 在一个比
MET 陈述还低一级的层次。在频谱图的另一端，在 MECs 以下，是训练
任务列表（Training Task Lists，TTLs）。这些描述已经达到一个精细的精
度水平，并且可以直接用来为特定的系统和子系统开发训练活动。例如，
使用加力燃烧室或发射高速反辐射导弹的陈述就被编写在这个非常低的
训练任务级别中。

有关知识和技能的 MEC 陈述被编写在比 TTLs 稍高一些的级别中。
在最高级别，MECs 的特性被编写在一个低于 MET 陈述的级别中。总之，
MEC 重点区域的工作涵盖从知识和技能相当具体的陈述，到成功完成任
务所需能力的高级陈述的工作定义。因此，MEC 的这项工作可以在其他
美国空军任务/工作/军事行动的定义背景中得以理解。

6.8 设置界限

如上所述，MECs 的相关性能"界限"，是战争行动性能。MECs 用
于定义从初始或新手性能到具备满足全面战备状态任务能力的路径。尽
管图 6-4 中所示的曲线表示在个人、飞机或机组人员、打包任务和大部
队级别的熟练程度（改编自 Chatham & Braddock，2000），但我们将还是
用个人熟练程度来解释这一概念，然后扩展至进行更广泛的综合或集体
训练参与者。

图 6-4 中所示的虚线水平线表示"界限"——执行和评估真实世界
性能的条件。坐标的横轴表示训练中的资源投入，也可以代表在武器系
统中个人的职业或进展的时间轴。纵轴则表示熟练程度（能力）。熟练程

度曲线在本质上是正弦曲线，而且在新手级别得到迅速提高后，最终达到收益递减点，此处哪怕是大量的资源投入也只能获得日益递减的熟练程度。注意，在此概念中，战士或作战团队可以随着熟练程度的增加或减少、向上或向下移动曲线。也可能由一个点绘制曲线，曲线仅仅代表资源投入和熟练程度之间理想的或预期的结果。

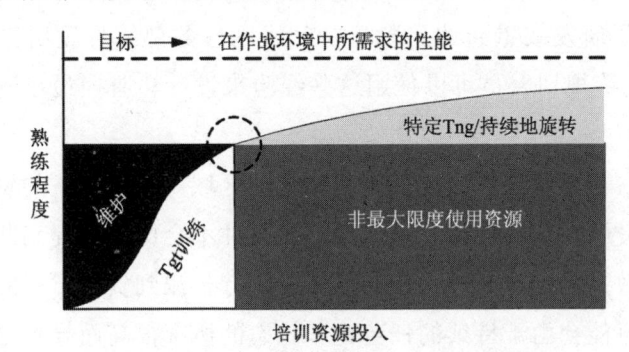

图6-4 熟练程度曲线和集中训练目标示例

该曲线上的临界点是由虚线圆圈表示的"拐点"。拐点定义了在投入新手训练的资源影响减小之后的性能和训练资源投入的最优化组合。从这个意义上说，这是实践中熟练程度的期望点。曲线本身根据个人、团队或团队间作战实体的成熟度确定了个性化性能预期。

针对所有的实际目标，没有作战实体总是落在定义的曲线上。这个实体的大部分训练时间用于维持达到或超过标准的技能和知识，或者应用经过特别设计的训练去修正向下的趋势。标记为"维持"的曲线陡峭部分左侧的子区域是最理想的区域。这个区域中的性能达到或超过了预期，是最容易维持熟练程度的区域。这种维持模式将在技能保留和衰变研究的结果，以及检测该区域内熟练程度的微小的下降趋势的能力的支撑下运行。

性能或论证的知识没有达到标准的期望值有以下几个原因。新手，包括参与新情形的熟练的人员，在初始段往往呈现出一段平坦的熟练度曲线，直到"亮点"出现。在这一点上只需少量资源投入就能带来知识和性能的迅速提升。不合格的表现也可能来自有意或无意的疏忽。例如，现实世界的约束可能无法提供必要的经验来维持关键技能的熟练程度。减轻这种影响的一个有效途径是在虚拟训练活动中控制场景元素和任务的复杂度。无意的技能水平下降来自疾病、非飞行性临时任务，或者也可能是一个不能提供丰富经验环境的应急行动引发的训练中断。MEC分析确定了研发或重新达到军事行动级别任务熟练程度所需的最重要的经验。训练规划人员可以使用这些经验来设计和监控最迅速且高效的途径。

拐点右下方这块大的区域是要避免的区域。耗费大量的资源来将一个表现不良的人员转变为专家作战人员，并不会比专门提高薄弱领域的能力更有效。例如，把一个在训的新手飞行员派到资源丰富的"红旗"训练中，可能会由于持续的任务饱和状态的概率很高而导致退化。拐点的右边且正好位于曲线下方的区域，是强化训练资源环境的必要支出区域。这是我们培养美国空军武器学校毕业生和准备非常具体的应急行动的区域。到目前为止，这一领域一直以现实训练、劳动密集型分析和重建为主。虚拟训练技术的进步已经开始在高端训练中产生效益。

6.9　日常应用中基于熟练程度的训练

在实践中，学员参加训练活动。训练期间，测量仪器提供了一个基于技能的性能参数记录，这些技能针对可以与标准性能相比较的训练活动。空对空 MECs 的其中一项是：拦截和目标因素组。该项 MEC 达到熟练程度所需的支撑能力和技能（分别）包括：合理地管理进攻和防御武器交战区域（Weapons Engagement Zones，WEZ）和控制拦截几何形状。一项用于确定飞行员控制拦截操作水平的性能指标，是在敌方交战区域花费的时间。性能追踪系统会记录在 WEZ 中的时间，而且如果需要的话，可以将该时间与标准值进行比较。然而，系统不会分析进入 WEZ 的原因。飞行员可能有充分的理由这样做，而分析是留给教练的（Schreiber &

Bennett，2006）。

一开始，每个飞行员要完成一系列的标准化核心的现实、虚拟场景和任务。目的是构建性能档案，并确定合适的基准技能，并由此总结出熟练程度曲线上的熟练程度/资源投入的点位（见图6-4）。建立初始位置后飞行员进入适应性维持/针对性训练模式，保持这些达到或超过标准的技能，和使用最有效的训练媒介来执行定制化训练。如果长期不飞行就需要其他一系列的核心任务来重新达到基准标准。集中性能跟踪系统将在确定薄弱领域和"最优价值"训练媒介的基础上，为后续的训练活动提供建议（参见Schreiber等，2009；以及Benjamin等，2012）。

6.10 性能评估

性能评估的主要目的是在空中作战取得胜利所必需的知识和技能中确定强项和弱项，以使训练能够侧重于处理鉴别出的MEC不足（Bennett，Schreiber，& Andrews，2002）。目标是基于单一DMO训练演习和系列DMO训练演习性能开发个人和团队能力概览（Schreiber & Bennett，2006）。能力概览可以在随后的工作中用来跟踪进度，以及根据个人与团队在某个特定技能领域熟练掌握或缺乏的技能来制定合适的训练演习。

客观的基于仿真的评估和基于观测的评估共同为支撑每个MEC的知识和技能的评估提供了充足的依据。通过使用一个共同的评估框架，基于观测和基于仿真的数据能够整合起来为知识、技能和MEC水平提供评估依据（参见本卷第26章Schroeder，Schreiber，& Bennett）。

6.11 训练策略和技术

对于DMO场景创作，我们的开发工作采纳了大量针对指导性设计和研发的指导原则。

- 确保执行者的目标与教学目标一致。

- 使所有的学习活动植根于更大的任务或问题上。
- 设计逼真的任务。"一个逼真的学习环境是指该环境中的认知需求,也可以说所需的思想是与那些我们准备提供给学习者环境的认知需求保持一致的"。
- 设计任务和环境以便能够精确再现应用环境中的复杂度。学习情境越多就代表了"真实世界"越大的转变程度。在有用的链接得到强化的同时,削弱了无用的链接。

在这些指导原则下,MECs 提出了一种本体,由此关键知识、技能和经验成了训练和后续训练或恢复性训练的焦点。图 6-5 所示为一个示例场景下的知识、技能和经验发展导图。

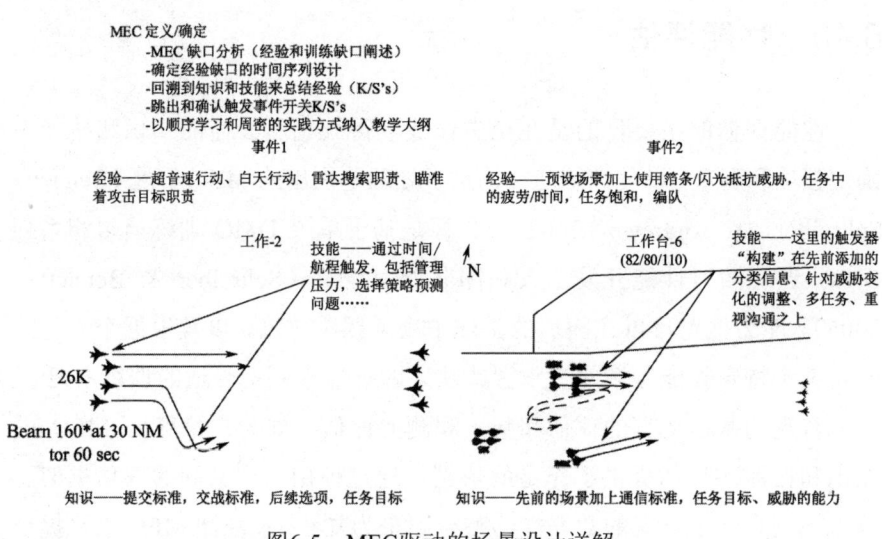

MEC 定义/确定
- MEC 缺口分析(经验和训练缺口阐述)
- 确定经验缺口的时间序列设计
- 回溯到知识和技能来总结经验(K/S's)
- 跳出和确认触发事件开关 K/S's
- 以顺序学习和周密的实践方式纳入教学大纲

事件1
经验——超音速行动、白天行动、雷达搜索职责、瞄准着击目标职责

事件2
经验——预设场景加上使用箔条/闪光抵抗威胁,任务中的疲劳/时间,任务饱和,编队

工作-2
技能——通过时间/航程触发,包括管理压力,选择策略预测问题……

工作台-6
(82/80/110)
技能——这里的触发器"构建"在先前添加的分类信息、针对威胁变化的调整、多任务、重视沟通之上

26K
Bearn 160*at 30 NM tor 60 sec

知识——提交标准,交战标准,后续选项,任务目标

知识——先前的场景加上通信标准,任务目标、威胁的能力

图6-5 MEC驱动的场景设计详解

这些经验是每个场景的整体框架,场景的详细属性、事件的流程,以及用于促进给定知识和技能应用的触发因素的识别和例证都是在这个框架内设计的。虽然用于 DMO 和 LVC 军事行动的基于能力的场景,其设计过程现在普遍受主题专家们推动,但是在指导性教学模板的帮助下,将此过程各方面进行自动化的工作正在进行中。该模板可以提供设计建议,还可以审核以 MEC 数据和可用于支持给定场景的系统属性为基础的场景。

6.12 实现

从 MEC 驱动的实际操作的实现、基于技能熟练程度训练的训练角度来看，现在我们正使用 MECs 重新定义当前以描述知识和技能方法定义的机组人员经验值（用在飞行小时数来表示经验），并利用经过验证的标准化的场景、教学大纲和工具来处理已确定的训练差距。MECs 正被用于制定合适的训练方法使技能熟练程度曲线在训练课程中指定的点上迅速上升，重新分配训练方法和媒介方面使资源投资效益达到最大化。对高保真模拟器的强制性训练需求作了重新分配，对目标性能和熟练程度强调持续跟踪。我们正在努力整合实际和虚拟训练以使陡峭的技能熟练度曲线幅度更大。为了可以完成这样的整合，我们已经开发和正在实施在实际和虚拟训练中都很常见、独立于方法或媒介的性能指标和反馈机制，以便于定义再训练间隔和内容。我们最近现场测试了为美国空军制定的初步方法和数据搜集方案（Colegrove 等，2009）。我们也利用性能数据确实完成了确定当前和未来训练活动的工作，以使基于技能熟练程度制定的场景和教学大纲适用，而不是遵循"放之四海而皆准"的方法（Benjamin 等，2012）。

6.13 目前的广泛应用

MEC 方法已经成功地在空军中广泛应用，近期的每项任务都使用了为其专门定义的 MECs，包括战斗机飞行员、军用和民用指挥控制决策制定者、信息战、情报、监视和侦察、民用和军用的安全行动。一些盟友也使用了 MEC 的方法，成功地获得了针对未来训练能力和技术的投资决策数据。最近，MEC 的方法已被用于帮助重新定义基于现实和虚拟训练的组合为空军向支持学习的现实、虚拟和建设性军事行动过渡的一部分（见图 6-6）。

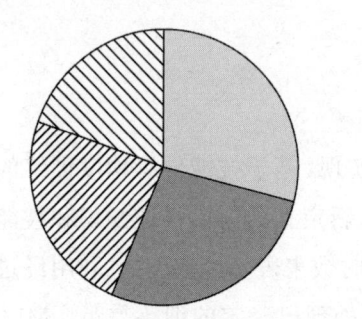

图6-6　MEC研发和应用领域汇总

6.14　结论

基于技能熟练程度的训练提供了独特的应用和机会以强化作战人员训练。尽管还有许多工作有待完成，但主要组成部分已确定，而且为每个武器系统设计完成 MECs 并发展能够可靠且持续地测量并记录数据所必需的技术方面都取得了重大的进展。

基于 MEC 的结构化的训练已在个人、团队和团队间级别中得到验证。后续的方法包括扩展 MECs 以围绕团队间合作战斗活动和规范日常训练活动中的 MEC 体系。

随着财政限制在日常训练中变得越来越重要，基于熟练程度的训练不但可以提供优化训练资源分配的能力，同时可以保持作战人员的战备能力和作战能力。

参考文献

Alliger, G.M., Beard, R.L., Bennett, W., Jr., and Colegrove, C.M. 2012. Understanding mission essential competencies as a job analysis method, in *The Handbook of Work Analysis: The Methods, Systems, Applications, & Science of Work Measurement in Organizations*, edited by M.J. Wilson, et al. New York: Routledge.

Barrie, J. and Pace, R.W.1997. Competence, efficiency, and organizational learning. *Human Resource Development Quarterly*, 8(4), 335-42.

Benjamin, P., Graul, M., Akella, K., Gohlke, J., Schreiber, B.T., and Holt, L. 2012. Towards adaptive scenario management. *Paper presented at the InterService, Industry, Training, Sirnulation and Education Conference (I/ITSEC)*, Orlando, FL, 3-6 December 2012.

Bennett, W., Jr., Schreiber, B.T., and Andrews, D.H. 2002. Developing competency-based methods for near-real-time air combat problem solving assessment. *Computers in Hunan Behavior*, 18, 773-82.

Chatham. R. and Braddock, J., 2000. *Training Superiority & Training Surprise-Final Report*. Washington, DC: Defense Science Board Task Force.

Colegrove, C.M. and Alliger, G.M. 2002. Mission essential competencies: Defining combat mission requirements in a novel way. *Paper presented at the NATO SAS-038 Working Group Meeting*, Brussels, Belgium, April 2002.

Colegrove, C.M. 2005. Mission essential competencies: The operational application of today's training analysis for tomorrow's advanced distributed training. RAES Conference: Multi Role and Networked Simulation, London, UK, May 2005.

Colegrove, C.M., Rowe, L.J., Alliger, G.M., Garrity, M.J., and Bennett, W., Jr. 2009. Defining the training mix-sorties, sims, and distributed mission operations. *Proceedings of the Interservice/Industry Training, Simulation & Education Conference (I/ITSEC)*, Orlando FL, 30 November-3 December 2009.

Crane, P. and Bennett, W., Jr. 2002. The deliberate application of principles of' learning and training strategies within DMT. *Paper presented at the NATO SAS-038 Working Group Meeting*, Brussels, Belgium, 3-5 April 2002.

Dick, W. 1991. An instructional designer's view of constructivism. *Education Technology*, May. 41-4.

Henderson, 1. 1993. Action Learning: A Missing Link in Management Development? *Personnel Review*, 22. 14-24.

Merrill. M.D. 1983. Component display theory in *Instructional-Design Theories and Models: An Overview of their Current Status*, edited by C.M. Reigeluth. Hillsdale, NJ: Lawrence Erlbaum.

Savery, J.R. and Duffy, T.M. 1995. Problem based learning: An instructional model and its constructivist framework. *Educational Technology*, September/October, 31-8.

Schreiber, B.T. and Bennett, W., Jr. 2006. *Distributed Mission Operations Within-Simulator Training Effectiveness Baseline Study: Summary Report. (AFRL-HE-AZ-TR-2006- 0015-Vol 1)*. Mesa, AZ: Air Force Research Laboratory, Warfighter Readiness Research Division.

Schreiber, B.T., Bennett, W., Jr., Colegrove, C.M., Portrey. A.M., Greschke, D.A., and Bell, H.H. 2009. Evaluating pilot performance, in *The Development of Professional Expertise: Approaches to Objective Measurement and Designed Learning Environments*, edited by K.A. Ericsson. New York: Cambridge University Press.

Schreiber, B.T., MacMillan, J., Carolan, T., and Sidor, G. 2002. Evaluating the effectiveness of distributed mission training using "traditional" and innovative metrics of success. *Paper presented at the NATO SAS-038 Working Group Meeting*, Brussels, Belgium, April 2002.

第二部分 训练设计

Chapter 7
第 7 章 训练设计

George Galanis
澳大利亚国防科学技术局

训练需求分析是建立一个成功训练体系的第一步。下一步是利用分析所得的结果来设计训练系统。在训练研发的设计阶段，必须解决一些重要的问题来避免一些潜在的陷阱，这些陷阱会导致训练体系不灵活或者使其低于最初的成本—效益预期。在训练系统的设计过程中，需要充分了解整个训练系统的需求、训练素材类型，以及满足需求的训练环境类型。这部分章节的作者主要处理在国防仿真和训练领域的新工作人员面对复杂的军事训练系统设计时，遇到的一些问题。

在"建立学习曲线：军事教学设计"（第 8 章）中，Kehoe 将向读者介绍与训练系统设计有关的人类学习方面的关键理论。应该给受训人员安排多少工作量才能使他的学习效果最大化？若工作量太大，会压垮他们；若工作量太小，训练系统则得不到充分利用；若安排得太紧，他们学不到关键的内容，但若安排得太松，他们用来复习的时间又过多。应该包含多少互动性？运用什么样的策略来训练？还有怎样为受训人员提供最好的反馈？Kehoe 还给读者们一个重要的提醒：复杂任务技能的学习曲线最初是平缓的，中间最陡，当受训人员熟练掌握了该复杂的技能时，曲线会再次变平缓。Kehoe 提醒我们在学习复杂技能的时候，耐心很重要，特别是在至关重要的早期阶段。

在"综合学习环境中适应性训练的八项基本原则"（第 9 章）中，Grand 和 Kozlowski 将探讨训练系统的设计问题，以使受训人员能够处理那些意料之外的问题，并适应那些超出标准操作程序的情况。他们让我们抛开诸如知识、技能和态度等相对直接的定义方式，并带领我们进入新的领域：学会在充满不确定性的环境中进行思考。Grand 和 Kozlowski 利用有关人类适应性的训练研究去提醒读者：安排机会来促进在训练环境中学习适应性思考技巧是很重要的。他们强调训练系统中"心理逼真度"的重要性，以及促进自律性和元认知活动的重要性，即学着去琢磨人的情绪和人自身的想法。他们通过要求学习者寻找任务策略，以便在训练早期进行更深层次学习的方式，来强调设计课程的重要性。Grand 和 Kozlowski 强调要对超出训练系统常规部分进行思考，并且还要思考在常规部分的学习完成后要进行的学习。培养受训人员的适应能力，需要他们在常规训练后的一段时间进行思考，旨在鼓励受训人员讨论他们适应野外环境的经验和教训。

在"在虚拟环境中训练军事团队的教学特征"（第 10 章）将超越个人训练问题，转而探索训练团队的问题。在这一章，Grossman 和 Salas 考虑了在虚拟环境中训练团队的问题。首先，为什么虚拟环境对于教授执行复杂任务的技巧有效？一个训练系统的设计者，在为虚拟环境中的训练团队设计训练系统时需要关注什么？在虚拟环境中需要包含哪些教学特征来增强团队的训练？其次，在虚拟环境中需要包括什么类型的训练内容？在虚拟环境的内部和外部，还需要在训练系统中考虑些什么内容？最后，Grossman 和 Salas 还强调要严格评估团队训练系统，因为这样的评估可以用来调整训练系统以确保它满足训练体系的原始需求。

在"集体训练的关键原则"(第 11 章)中，McIntyre 和 Smith 超越团队训练，转而进入训练国防组织不同部门共同工作的领域。McIntyre 和 Smith 为读者提供了设计集体训练系统的五个关键原则。第一个原则是"采用以用户为中心的设计方法"。毕竟，系统是为受训人员、指导员和其他角色成员而设计的，而且，从 McIntyre 和 Smith 的经验来看，用户的关注点是团队训练系统成功的关键。第二个原则是"创建一个完整的训练环境"。即考虑在分布式训练期之前、期间和之后会发生什么。这一主题采纳了 Grossman 和 Salas 就团队提出的建议，并且延伸到了更大的不同类的团队领域。第三个原则是"不要低估共置的好处"。McIntyre 和 Smith 提醒读者，即使很容易利用现代网络技术在更广阔的地域训练一个团队，但是更重要的是要记住协同定位受训人员的优点，并在必要的时候将协同定位方法设计到训练系统中。第四个原则是他们提醒读者要"提供一个灵活的和动态的训练环境"。第五个原则，也是最重要的部分，即"使用军事专业知识作为训练管理功能的一部分"。例如，人们容易在一场训练演习中使用非专家人员作为队员来履行一些显然不太重要的职能。然而，McIntyre 和 Smith 发现，演习管理的质量可能是决定集体训练总体质量最重要的因素。因此，试图在训练体系这个部分走捷径，则会让整个训练演习的质量存在风险。

在本部分的最后，Fletcher(第 12 章)概述了基于仿真训练的经济因素。首先，引入仿真器的成本—效益似乎只是相对于旧(现实)环境而言，拥有获取新(虚拟)训练环境的成本。然而，正如 Fletcher 所说，在虚拟环境的情况中，成本和效益的概念并不简单。Fletcher 提醒读者，效益包含很多不同的方面，如安全、经济、虚拟环境可实现真实环境中不可实施工作的能力、在模拟器中控制时间的能力等。这些因素对于训练系统的成本—效益具有重要影响。Fletcher 向读者详细解释这些因素还构成了成本—效益计算，包括"转换效率比"，并且示范了如何在成本—效益计算中使用这一比率。Fletcher 最后通过指导读者如何在训练中进行虚拟环境的经济分析中总结了本部分内容。

Chapter 8
第 8 章 建立学习曲线：军事教学设计

E. James Kehoe
新南威尔士州大学心理学系

8.1 引言

军事训练的一个主要目标在于培养受训人员，使其能在疲劳、恐惧、困惑、不适和紧迫等不利条件下有效运用他们的技能。尽管训练十分重要，但受训时间常常受限。因此，受训人员和他们的教练员通常都迫切希望技能达到娴熟水平，尽快开展复杂训练，进行实训。这种迫切感在通过应用可以提高现实安全程度后会变得更加突出。

当然，有充分的理由通过提高逼真度来测试受训人员的熟练程度，但若缺乏耐心，则会让某些受训人员面临训练彻底失败的风险，或者使其在今后某个紧要关头可能显现出知识缺陷。事实上，在学习的过程中并没有捷径。但是，现在已有实证指导方法，通过这种方法可以尽量不使受训人员感到迷惑，而且可以巩固他们所学的新内容。

本章将描述应用这些方法来训练初学者。尽管最普遍的初学者就是指新兵，但是所有现代军事人员都会经历技术、应用方面的转变，原因在于他们的军衔提升以及工作的需求。这些转变即便对于军队中最有经验的人来说也是在以往极少或根本无从经历过的,它们对个人的知识、技能以及态度(Knowledge,Skills and Attitudes,KSAs)提出了要求。

通常,早期训练时培养了耐心,就能够以最快的速度获取技能。图 8.1 显示了四条不同的学习曲线。最左边曲线表明训练起始阶段快速学习的证据。这种陡峭的曲线表明通过死记硬背学习而掌握的相对简单的技能,如学习术语。

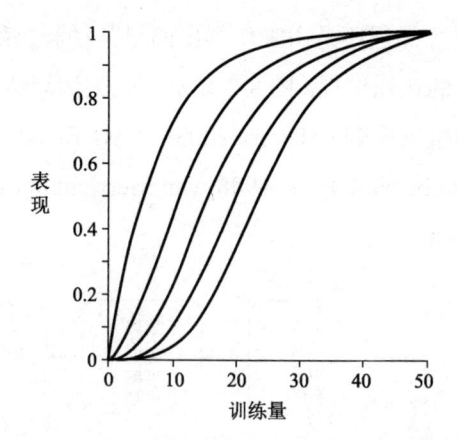

图8-1　理想化的学习曲线示例,绩效表现是训练量的函数

其余的曲线,越来越接近 S 形,它们对应的是更典型的技能,这些技能要求能够处理面临的多源信息和/或多行为协调,如基本飞行技能。这些 S 形曲线有两个需要注意的特征:

第一,训练开始时,基本没有提高的迹象。潜在的 KSAs 太零碎,无法产生连贯的学习效果,其试图提炼一些有用信息,但是任何实验性的行为都可能产生相反的效果。因此,在这一阶段受训人员和指导员双方都需要有很大的耐心。

第二,好消息是,行为表现一旦开始提高,就将大幅度加速。在这个迅速增长阶段,可以通过有效的方式加入更逼真的训练。但是到目前为止,还没有固定规则精确表示在学习曲线上,受训人员技能开始提升。当然,一旦受训人员开始表现自满时,他们就得利用多余的学习能力来拓展 KSAs。

那么,是否能够沿着学习曲线加速进步?答案是肯定的。本章分为三个主要部分来描述怎样优化学习：第一部分描述最新理论，此理论阐明了人类学习的关键原则以及它们是如何关联在一起的。第二部分描述这些原则如何帮助实现有效训练。第三部分总结本章的关键信息。

8.2 理论：学习和人类认知体系结构

无论是正式训练课程还是由工作得出的日常经验，所有成年人的学习都依赖于一套单一的认知过程。图 8-2 显示了人类认知结构的基本模型，该模型提供了本章的组织原则（Mayer, 2008；Paas, Renkl, & Sweller, 2003；Sweller, van Merrienboer, & Paas, 1998；van Merrienboer & Sweller, 2010）。

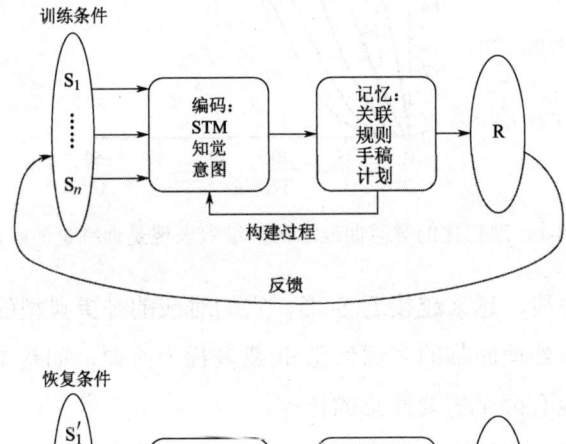

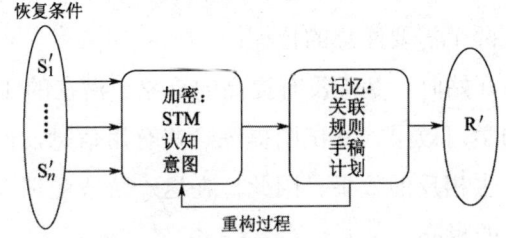

图8-2　一种包含学习与恢复两个部分的两阶段模型

该模型中的各种类型情况的输入（S）及前一响应的反馈都经由注意力过滤，并通过知觉整合。与此同时，它们处于编码阶段，储存在短时记忆力（Short-Term Memory，STM）里，在这一阶段之后信息以多样化的结构形式存储在长时记忆里，这种结构有简单关联的，也有复杂的、灵活的图式。这些记忆结构的内容可以激活，从而影响之后的输入储存（建构与重构环节）及明显响应的生成（R），既可以在初始训练时发生（图中上层）也可以在随后的提取过程中发生（图中下层）。

示意图中顶部表示的是在每一学习过程出现的信息处理关键阶段，通常在每期训练课程中这一阶段持续不到一分钟。从左至右阅读，关键过程为：

- 训练条件包括素材和受训人员遇到的事件。这些都可以受到教练员直接影响。
- 编码阶段包括短时记忆、知觉和关注。通过这一阶段受训者将收到的素材进行过滤、分类与组织。这一阶段与我们任何时刻的意识内容大体一致。正如读者可能意识到的，短时记忆的容量是有限的。人类可以在短时记忆掌握大约 7 项内容，例如，不做任何处理的一串数字。然而，如果需对其进行一些操作，例如，将数字加在一起，那么记忆的项目数量将降到 4 或以下，因为操作本身会消耗一些短时记忆能力（Cowan，2001；Cowan，2010）。作为能恰当表明短时记忆容量有限的例子，图 8-3 显示了在应对一系列导航命令如执行空中交通管制时，正确动作的平均比例（例如，向左移动两个，左边一个，右边一个）。可以看到，在图中，当命令的字符串长度超过三个时，动作的准确性则大幅下降（Schneider，Healy，& Barshi，2004）。
- 记忆阶段包含在长时记忆存储的 KSAs。这些记忆结构包括成对的联系，如对象名的关联、相对固定顺序的事件和经常被称为"规则"或"脚本"的动作，最后，还包括更抽象的、灵活的上层结构，其被称为"心智模式"或"图式"（Halford 等，1998）。（就本章的其余部分而言，"图式"统指存储在长时记忆所有的简单和复杂的结构。）长时记忆的容量是巨大的，但比它庞大容量更重要的是，长时记忆可以将新的 KSAs 与我们先前所获得的图式结合。这种对图式的不断丰富使得我们可以将原始状态不同的 KSAs 编译成紧密的整体，这一整体可以作为短时记忆里的单一检索项目或操作。

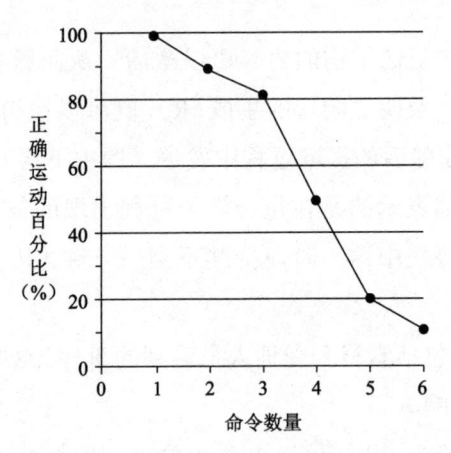

图8-3 短时记忆，作为命令数量函数的命令正确回忆百分比（摘自Schneider，2004）

- 建构过程允许建立图式来影响在工作记忆中对所遇信息进行编码的方式。例如，一串字符13035551212。对于大多数澳大利亚人来说，这个字符串是没有意义的。然而，对于那些生活在北美的人来说，这些数字可以很容易地被当作电话号码储存：1-303-555-1212。对于更熟悉北美电话系统的人来说，他们可以将这些数字存储为单一检索项目"科罗拉多州，丹佛市长途信息号码。"同样，在军事训练中，如果用空中管制的视角来处理这一信息，可以通过图式的形式来减少短时记忆的负担："基奥瓦人 0-3-9 清除利马 5 通过北门不高于 2000—500 年故障代码 4-6-0-1。"对一个初学者来说，这消息甚至可能很难保持几秒钟。然而，对于更有经验的受训人员来说，可以使用一个小脚本解析后进行沟通：[航空器呼号：039]-[操作区域：利马]（入口点：北门）-（高度限制：不高于2500）（应答机代码：识别码4601）。最后，熟悉该地区的飞行员可能只是将其作为单一的项目进行编码传输：在熟悉的训练区域下进行常规放行。

- 反馈需要受训人员行动的感知结果。结果包括：（a）与身体动作相关联的内部反馈（本体感觉、动觉）；（b）由动作产生的自然反馈和外部反馈（如击中目标）；（c）由教练员以确认和校正的形式提供的人工反馈。
- 响应（R）是一组由受训人员执行的行动。它们的范围可以从离散的动作，比如一个键盘的按键，扩展到系列动作，如维护和通信程序。正如编码的输入，一个受训人员现有的思维模式将决定在短时记忆中如何对响应输出进行编码。对于学习一个新程序的初学者而言，每一步都很可能是短时记忆中的一环。进行训练时，更重要的是，逐步地将一块一块的步骤连成一个连贯的整体，将一系列动作变成一个完整的行动，以自动化的方式流出。如果可能，也只占用少量的短时记忆容量（Holford, Wilson & Phiuips, 1998）。在面临压力和疲劳的情形下，这种自动化方式对于熟练的操作是很关键的。

图 8-2 的下半部分显示了受训人员在新环境下试图提取和应用 KSAs 时，所采用的相同模型。在提取和学习期间，二者操作过程相同，但提取的条件通常会不同于学习期间的条件。针对变化的条件做出有效响应所采取的行动也可能在某种程度上不同于以前了。因此，提取通常需要转换训练，训练所需的 KSAs 必须以一种不同的方式来重组，并加以应用，从而完成目标。因此，教学设计不仅要促进 KSAs 的掌握，而且要促进它们的转换。但是，本章将主要介绍在相对稳定条件下的学习和提取。同时，第 27 章将详细地讨论训练转换。

8.3 关键原则及其应用

图 8.2 中所示的通用模型有助于理解影响训练成功的因素。本节将重点关注由该模型派生出的四个关键原则：

- 编码：优化认知负荷。当工作记忆所承载的负荷适度时，此时学习速度是最快的——负荷太多太少都不可。
- 记忆：促进图式形成。当受训人员能够把训练的内容形成连贯的图式，而非"记忆"零碎的材料时，此时学习速度是最快的。

- 建构过程：鼓励互动。促进图式形成的方法之一，是在可行的情况下鼓励受训人员利用以现有 KSAs 为基础的材料，积极参与建构。
- 反馈：为初学者提供指导。受训人员，尤其是初学者，在指导下利用材料，而不是让他们自己操作，此时学习速度是最快的。虽然有经验者可以通过自我引导来进行学习，但还是有少许有经验的学习者常常停留在低水平，止步不前（Kirschner, Sweller, & Clark, 2006; Mayer, 2004）。对于一些 KSAs，即使是最熟练的人员也需要通过指导来维持他们的技能。重现训练的一个关键是源于训练本身和外部评估的反馈。

教学设计的艺术在于找到合适的技术组合来优化认知负荷、促进图式形成、鼓励互动，并提供指导。为帮助应用这四个关键原则，这一节的其余部分将描述关于以下主题的理论和研究：优化认知工作量、整体与部分的训练，鼓励互动，训练策略和反馈。

8.3.1 优化认知工作量

在教学设置中已经确定了短时记忆的三个工作量来源。这些来源会影响学习，并且教练员在一定程度上可以控制其中的任意一个。

8.3.2 内在工作量

内在工作量由任务的复杂程度所控制。例如，如果任务是简单地把两个项目联系起来，比如一个对象和它的名字，那么它的内在工作量很低。然而，如果项目数量以及它们之间的联系增加时，内在工作量将会非常大。将任务简化为基本要素，同时保持它的完整性的方法，已被主要研究人员推荐（van Merrienboer, Kester, & Paas, 2006; van Merrienboer Sweller, 2010）。在澳大利亚军事训练中，有一个常规做法，就与此方法一致。它是演示一个完整的过程，然后尽可能地在继续下一步之前将其分解为单一行为，这些行为都已经经过多次反复演示和排练。

相关工作量

增加相关工作量可以加强受训人员对要学任务的关注和参与。例如，添加问题可以增加建构过程的吸引力。在学习术语时，要求受训人员推测某部分的目的可以帮助其保持注意力和动力。同样，需要适度地应用，比如填充所缺的单词或手动控制一台机器，这样可以使对烦琐的名字复述变得有趣。然而，相关工作量确实有用，但只有当任务的内在工作量不会使短时记忆过载时，它才会起到帮助作用。如果对受训人员来说，内在工作量过高时，添加相关工作量，在最好的情况下，相关工作量对学习不会产生任何作用；在最坏的情况下，它可能会阻碍学习。此外，受训人员本身可能不会区分内在工作量和相关工作量，这将使其难以过滤掉虽出发点好但又过度的援助（Kalyuga，2011）。

8.3.3 外在工作量

当某一任务的部分元素必须存储在短时记忆中，与此同时其他元素正在被处理时，这时外在工作量就会产生。例如，本章的许多读者在试图从屏幕"帮助"界面或印刷的手册上记住指令的顺序，以便在计算机上执行一个陌生的程序时，就可能已经经历了严重的外部工作量。这种类型的工作量大大降低了学习速度。

许多教练员往往会低估认知工作量，特别是对待初学者。例如，教练员会考虑在训练计算机初学者将一个文档从计算机的随机存取存储器保存到永久性存储器中时需要做什么。对稍微有点经验的计算机用户来说，这个过程已经可以称为单一自动化操作。然而，对于一个初学者来说，保存文件可不是单一的操作。以下是所要求的新 KSAs：①在关闭文字处理应用程序之前，了解将所做工作存储到永久存储器的必要性；②知道在计算机语言当中，每种类型的文档通常被称为"文件"；③保存一个新文件所需的按键输入指令步骤。因此，如果将保存文件的所有要素立马全都介绍给初学者，那么他们的认知工作量将使其短时记忆超载（Kehoe 等，2009）。

澳大利亚新兵在获取和理解斯太尔突击步枪的安全检查程序和拆卸程序的过程中，面临了类似的认知工作量挑战。有经验的人员可以在黑暗中迅速而准确地进行操作。然而对于新兵来说，仅安全检查就需要获取下面的 12 个步骤，这超过了工作记忆的容量：①拿起枪柄；②确保保险是开的；③卸下弹匣；④使武器处于半击发状态；⑤检查枪膛中的子弹；⑥卸下枪管；⑦检查枪管是否有异物；⑧重新装上枪管；⑨关闭枪栓；⑩将保险关闭；⑪扣动扳机进行无火实验；⑫打开保险。在后期，新兵需要了解该步骤旨在确保不要将实弹留在轮室中。跳过其中某个步骤，特别是卸下弹匣步骤，可能要重新装子弹到轮室中。

8.3.4 概要获取

去除无关的工作量

当给一个受训人员介绍一个新的领域时，起步概要获取的一个有效途径就是将其类比成在基础烹饪书籍中建立菜谱。在一个菜谱中，列出的步骤不附带有关菜肴的历史以及烹饪的化学组成方面的信息。相反，许多教学手册列出某个程序的带有解释信息的一系列步骤，这对于新手来说，容易忽略了执行任务的目标。

给新手提供类似于菜谱的指导方法的价值最近已经体现在商业学徒的测试上（Pouock，Chandler & Sweller，2002）。使用类菜谱式指导方法的目的不是形成一个对程序的全面了解。相反，其目的是创建一个基本的概况，使短时记忆的工作量降到一个最佳水平。然后，在掌握基本的步骤顺序后，受训人员能从其他旨在获得全面概况的教学方法中获益。

Pouock 等人（2002）把商业学徒引入了用于电器安全监测的程序。这个程序包括三个不同的测试。对于每个测试，学徒们需要牢记测试的目的、电压表所需的设置、电器开关所需的设置、接地点位置、电线的线头位置。学徒们要不是训练一个月后的新手，要不就是训练三个月后的初学者。一半的学徒被给予了像菜谱一样没有解释的指导说明（例如，1. 设置电压使其为 500 伏。2. 确保开关为"ON"挡……）。这些受训人员平均花费 11 分钟去阅读这些说明并练习它们。另一半的学徒接受传统的训练，它的程序步骤中加有注释（例如，1. 为了测试在过载下的电器性能，通过设置电压到 500 伏，使每个电路引入大于额定电压的电压，设置电源电压为 500 伏。2. 电器开关"ON"是为了允许电流从兆欧表生成，并流入每个电路。确保开关打在"ON"挡……）。这组学徒大约需要 15 分钟来阅读说明并实践它们。第二天，所有的学徒接受常规指导和进一步的实践。

图 8-4 显示了在结束第二个训练阶段后进行的知识测试结果。那些经过了一个月训练的新手受益于类菜谱式训练。他们相比接受常规训练的对比方（30%）表现出更高的水平（45%）。那些经过三个月训练的稍微更有经验的学徒，不论他们接受的是类菜谱式训练（60%），还是常规训练（58%），都表现出更高的水平。因此，利用少量的经验，后面一组的学徒似乎已经组织了概况，这些概况使他们能够利用任意一种类型的指令吸收新的 KSAs。

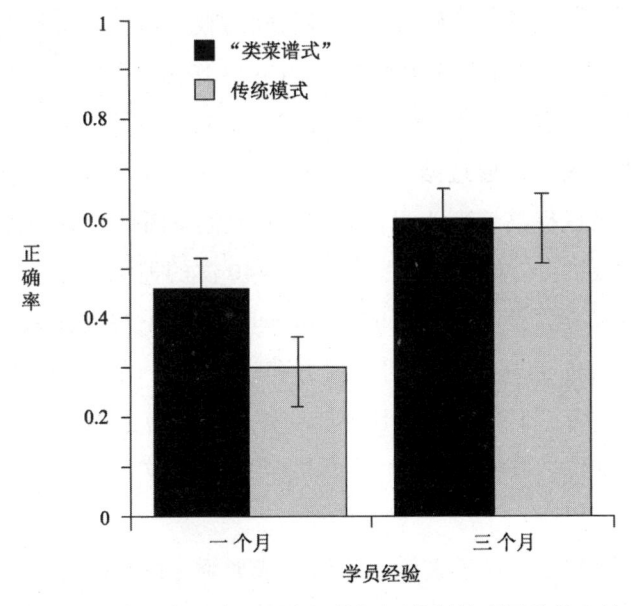

图8-4 让分别具有一个月和三个月预先训练经历的学徒利用传统方法和类菜谱式方法进行安全测试技能训练的效果（摘自Pouock，Chandler & Sweller，2002）

虽然这些后一组的学徒们在使用传统手册学习时，没有遭遇任何缺失，但他们也没有从增加的解释中表现出任何受益。实际上，作为一个经验法则，在指令中文件的数量应该被限制在能够协助学员学到手头程序所需的程度就行了。解释是次要的，即使相关，也有可能妨碍学习核心任务。受训人员将迷失在指令的细节中。

指导性训练与死记硬背式训练

在获得重要的步骤后，技能达到娴熟水平是需要训练的。然而，死记硬背的训练不仅乏味，而且不一定能使受训人员在学习的初级阶段和中级阶段最有效地利用学习时间。事实上，早期可能通过死记硬背的训练来提高水平，但这会使受训者超负荷工作，延缓和阻碍学习及 KSAs 的实际应用（Bransford & Schwartz，1999；Chinnappan & Lawson，1996；Cox，1933）。

作为死记硬背式训练的一种替代方法，指导性训练可以通过持续指导让训练更有效果。这种指导针对如何对能产生有用概况的任务进行编码。

通过以易于理解的编码方式，将明确的教学指导与实际训练加以结合，有助于获取甚至是高重复性技能。Cox（1933）提出了一个老式但仍然有指导意义的学习模式——教学与实践。他检验了在装配和拆卸某个电气设备的过程中，通过结合实践与明确训练，动手技巧的转化情况。一组受训人员以提高速度为目的，在 11 天里不断地组装和拆卸设备的一个关键组成部分。这一组总共进行了 440 次的训练。第二组在组织工作的实践概况方面接受了大量的指导，即在程序中观察什么，如何在过程中以最节省的方式投入他们的精力和注意力，以及如何安排工作流程。后一组训练了工作过程，但这是一种在观察方面的训练而不是熟练程度方面的训练。在 11 天里，他们共训练了 85 次该程序，仅相当于第一组的 19%。

工作概况教学避免了大量死记硬背式训练。纯粹练习的小组起初表现出较快的学习能力。然而，到了第八天，接受工作概况教学的小组学习速度超过了纯粹练习的小组。

当受训人员被要求转移到其他程序时，工作概况教学就会显示出巨大的优势。具体而言，两组均对装配和拆卸另外五个电气元件进行了速度评估。每一组都和仅接受训练前和训练后测试的控制组相比较。图8-5显示了从预先测试到转移测试的速度平均提升。可以看出，纯粹练习的小组表现出一定的提升（33秒），但控制组同样地出现了这些提升。然而，对于接受较少训练而更多教学的编码小组，显现出更大的提升（83秒）。也就是说，编码小组获得的组织工作模式的概况很容易就能转移到新的工作程序中。

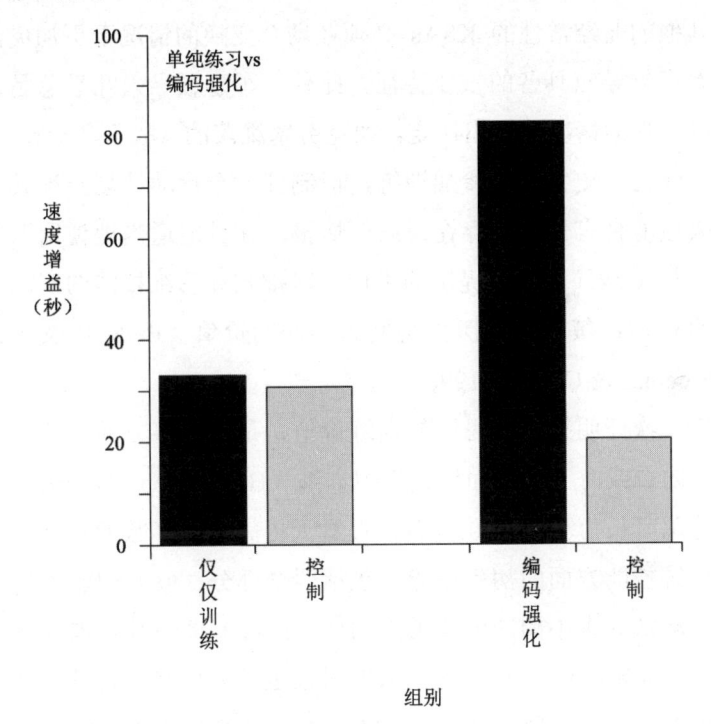

图8-5 分别采用纯粹练习和大部分编码教学附加尽可能少练习的两个小组在获取动手技巧后，转移到新的手动程序中测得的，通过减少组装时间而获取的速度增益（秒）。这是两组学员分别对照相应接受测试前和测试后的组（摘自Cox，1933）

以同样的方式，在将目标材料转变成有意义单元的策略中给予明确教学指导，可以提高学习重复话语中长段落的能力。例如，相比运用死记硬背式训练或复杂的强化记忆模式，专业演员经常围绕扮演角色的特征和情况组织线索。通过这种有意义的处理，给业余演员以明确指导，比那些全靠自己死记硬背的演员能更快提取信息（Noice&Noice，2006；Noice 等，1999）。

复杂决策的批判性思维能力

进行装配、拆卸的技术员和逐字回忆的演员都是反复出现的 KSAs 例子（van Merrienboer，Clark，& de Croock，2002；van Merrienboer，Kirschner，& Kester，2003）。即他们在每个场合下的表现应该是一致的。然而，其他的非经常性的 KSAs 必须在场合变换的情况下更加灵活，这是优秀军事领导应具备的重要特征。此外，军事领导人几乎总是在充满大量不确定性的情况下做出决定，如克劳塞维茨的《战争之雾》。尽管军事领导人学习历史案例，参加训练，但制订一个行动计划必须具备批判性思维来厘清带有偏见、存在矛盾的情报，并且能适当地使用以前的解决方案。与 Cox（1933）提出的类似，对批判性思维技能的明确指导，可以用来提高决策过程中历史实例和实践的价值（Bednall & Kehoe，2011；Freeman & Cohen，1996）。

最近一次证明批判性思维的训练价值，是在军事方面。荷兰军官进行的对空防御或海上反地面情景模拟训练（Helsdingen 等，2010）。情景模拟训练总时长为 45～120 分钟，在数天内完成。半数的军官接受了在批判性思维技能方面的初步指导，包括四个部分：(a) 创建"故事"情景；(b) 测试故事中的冲突或丢失的信息；(c) 评估其合理性并寻找替代计划（即应急计划）；(d) 考虑做即时决定的必要性或在批判性思维过程中花更多时间的必要性（这些元素在军事评判过程中并行，也教给了澳大利亚军官，参见 Hoskin，2009）。在他们情景训练中，对军官们在批判性思维技能的使用情况给予反馈和提示。另一半的军官们运用传统指挥控制型方法进行情景训练，其间，他们会受到对其计划质量和结果做出的反馈。在最后的测试情景中，指导人员的评估结果显示，先前的批判性思维训练总体提高了军官们的表现和成果。

样例

本章的读者可能都经历过困惑：无论是怎样明确地说明，还是试图将一个新的数学公式应用到一组训练问题中。同样，计算机用户经常发现，在屏幕的"帮助"界面中描述的程序，对于解决当前的问题毫无帮助。相反，面对一个不熟悉的问题时，许多人发现一个样例可以阐明一个更通用的原则，并能成为学习的起点。在形成合格的概要之前，样例能在解决问题时，减少初学者大量的外在工作量（Atkinson 等，2000；Renkl, Hilbert, & Hilbert, & Schworm, 2009; Schwonke 等, 2009; Sweller, van Merrienboer, & Paas, 1998）。

初学者

对于初学者来说，学习样例能比传统的问题解决训练模式产生更好的学习和转化效果（Paas, 1993; Paas & can Merrienboer, 1994）。例如，在一次学习中，三组学生接受统计方面的训练。一个模块分为四个周期。对于每个周期，全部三组学生都被给定一个通用原则（如一个均值的定义）和一个简单的例子。然后第一组将分配两个传统的问题，每个问题都提供初始值和目标，例如，计算平均温度。第二组分配了两个完全解题，除最后一步外所有计算都已提供，例如，利用样本量将数量总和分解。最后，第三组分配到两个样例，所有的计算都已提供。在每个周期的末期，三组都就一个传统的问题进行了测试。

在训练阶段，利用传统解决问题模式的小组平均花费 42 分钟通过四个周期，利用完全解题模式的小组花了 40 分钟，样例小组只花了 32 分钟。样例小组不仅在训练阶段花费较少的时间，而且在解决包含传统问题的最终测试中表现优越。图 8-6 显示了两种类型测试问题的正确答案平均百分比：与训练阶段相类似的问题和与训练阶段不太相似的问题。样例小组对于这两种类型的问题，显示出较高的水平，利用完全解题模式的小组显示出中等水平，而利用传统解决问题模式的小组显示出了较低的水平。

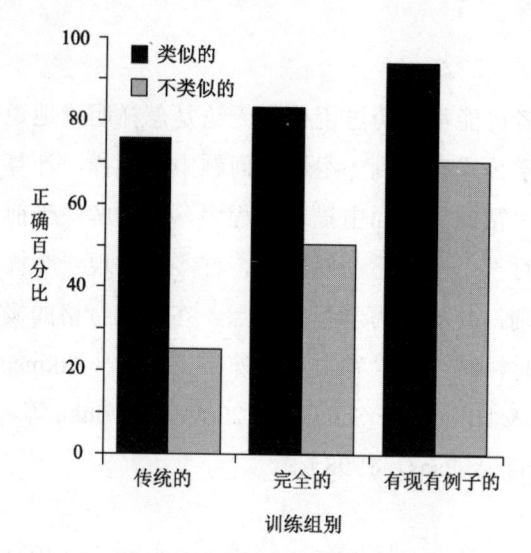

图8-6 向与初始训练中使用的问题类似和不类似的新统计问题的转化,初始训练涉及了传统解决问题训练(传统的)、完全训练问题最后一步的训练(完全的)、完全研究现有例子训练(有现有例子的)

样例在促进学习上所达到的效果已经延伸到团队协作学习中去了(Kirschner, Paas, & Kirschner, 2009; Retnowati, Ayres, & Sweller, 2010)。例如,给几组能力各异的四人学生团队分配几对几何问题:一个已经完全解决,另一个还未解决。其他团队被分配了两个都没有解决的问题。随后单独测试时,接受过样例训练的学生比仅仅参与解决问题的学生高出 40%的答题正确率。与单独接受过样例训练的学生相比,在团队环境下,并不能改变个人的成就(Retnowati Ayres & Sweller, 2010)。

专业知识的反向效果

一旦概要模式正在形成,样例就会逐渐失去它相对传统的解决问题方法的优势。图 8-7 显示了一项研究的成果,其中两组学员首先给定设计工业控制器的初始指令。在样例组中,样例和传统问题比例参半,而控制组仅接收要解决的传统问题。整个研究包含五个周期的训练和测试。每个周期包含的原则将越来越复杂。在图 8-7 中可以看到,样例组在早期的周期中表现优越。然而,在随后的周期中,传统问题解决组比样例组表现优越。因此，为最大限度地提高训练效益，必须在训练开始时应用高比例的样例，并且伴随学习的进行，逐步减少样例比例，而以传统问题取代它们。

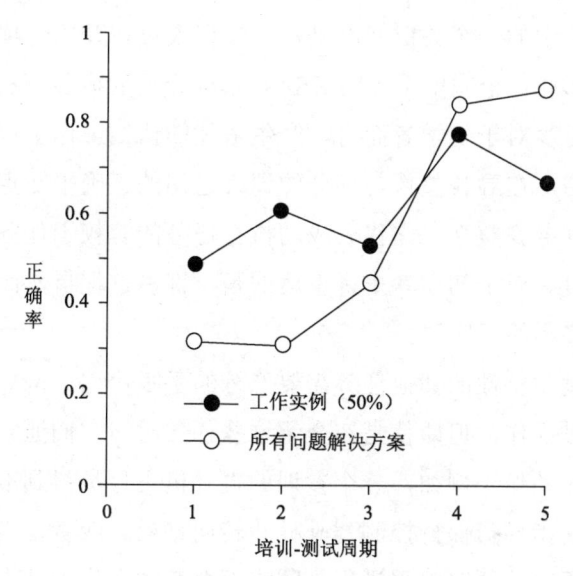

图8-7 专业知识反向效果。在每次教学周期使用50%的样例或全部传统问题后，所做测试得到的正确答案数量（源自Kalyuga等，2001）

建模

对于不太容易采用书面表达的过程，指导人员往往会本能地利用物理演示来提供信息，例如样例（Ferrari，1999）。通常地，对演示要加以口头解释。例如，示范如何拆卸机器可能需要强调其中关键步骤。对于初学者来说，全速的示范对活动提供了有用的概述。尽管如此，这种概述几乎一定会引起认知的超负荷。伴随的解释可以帮助初学者理解所用的概要，但也可能增加初学者的负担。因此，除任务的总体方向外，从全速入门演示中很难获得详细的知识。

受训人员以自定进度的方式学习视觉演示的机会正在迅速增加。在手册中的系列照片和线条图已被广泛用于自定进度学习。如今数码相机和计算机播放器（带解释或不带解释）让受训人员更有能力去为他们自己选择和重复一部分的演示。对于军事训练管理人员，主要目标是要确保有足够的时间和技术可用于自定进度学习。

整体学习对比部分学习

教学设计中的一个关键问题是有关参训人员在开始一项新任务时是否应该尝试形成一个完整系列的 KSAs。形成合适的概要有利于整个任务的学习，但至少对于初学者而言，产生最佳的认知工作量似乎有利于部分任务的学习。在寻找整体与部分的训练之间的正确平衡点时，一个关键的变量是任务完整性，它代表成功执行任务的有赖于任务元素之间相互依赖的程度。对于初学者来讲幸运的是，许多过程自然而然地将自身分解成了许多小的子序列。

具备高度完整性的其他任务需要熟练的手眼协调，例如，机动车辆和飞机的驾驶操作。但即使是在介绍这些任务时，它们通常也可以暂时被分解为分步动作。例如，一个参训的直升机飞行员得到准许控制总距杆和油门，而指导员保持控制驾驶杆和转向踏板。或者，当这样的分工控制是不可行时，暂时放缓进程是防止超负荷和允许受训人员协调控制动作的正常途径。

组件流畅性

分解任务时，有几种策略可以解决整体—部分问题。但这些策略并不是在任何情况下都行之有效。传统的策略是基于组件的流畅性假设。这个策略运用了先部分再整体的解决方案。即，在进行子任务训练后将子任务整合，例如，在进行数学表或外语词汇表训练后再将其加以应用。通过使组件 KSAs 自动化，短时记忆应该采用更多的策略。然而，这一战略有两个已知的风险。首先，单独组件的训练可能促进那些不易整合的概要生成。其次，当重新整合组件时，组件 KSAs 的自动性可能被打乱，因此要求对其进行重新学习，常有难度（Carlson, Khoo, & Elliott, 1990; van Merrienboer, Clark, & de Croock, 2002）。

复杂性不断提高的整体训练

在针对整体—部分问题的最新解决方案中，认知工作量首先通过最简单的实例（包含所有关键 KSAs）来控制，然后逐渐增加实例的复杂度。在许多情况下，最简单的整体任务将包含带有 KSAs 组件的充足训练，从而更有效地进行学习。然而，如果受训人员开始获取特定 KSA，那么整体任务训练可以暂停，以便集中精力进行纠正缺点的练习。如果整体任务训练不能被立即停止，那么在整体训练的各阶段，对有缺陷的 KSA 进行早期修复，以确保 KSA 能较好地融入整体任务中。最近，在针对电子表格计算器的两个小时训练课程中，研究表明先部分再整体相比先简单再复杂的整体任务的训练方式要更具优势（Lim，Reiser & Olina，2009）。本课程专注受训人员在其广泛工作中所要用到的电子表格，特别是学校老师在记录和计算成绩时要用到。一半的受训人员进行了部分任务训练，在训练过程中，他们接受了从基本程序（如输入数据）到更高级程序（比如，用公式求平均值，创建一个图表）的全部 22 个子技能的指导，并对其加以训练，然后创建简单的成绩册。相反，整体任务训练的小组从一开始就被训练去使用基本程序创建一个简单的成绩册，然后用更高级的程序完成整个成绩册的创建。在随后的测试中，整体任务训练的小组在创建新成绩册的正确率（89%）和转换任务创建电子预算表格的正确率（86%）都明显高于部分任务组（80%、68%）。

8.3.5 建构过程

鼓励互动

有效学习的关键在于受训人员积极组织材料，并将其转化成概要。几乎没有人是通过不动脑筋的重复或被动观看来学习的。如果受训人员是在教学指导或测试的激励下，来通过样例进行系统学习，那么样例才起作用。运用受训人员自身的详细阐述和解释也可以对建构过程起到促进的作用。

详细阐述

专注于建构过程的一个重要方法是给受训人员机会，让他们将现有的 KSAs 与训练素材联系起来（Anderson & Reder，1979；Haberlandt，

1994)。实验研究不断表明，要求参训人员去详细阐述学习素材可以提高记忆水平。在这种效应最早的论证中，Slamecka 和 Graf（1978）向受训人员提供了在"只读"和"生成"两种状态下的词组激励。在只读状态下，受训人员大声朗读两个列表（例如，MORNING-AFTERNOON）。在生成的条件下，词组中的第一个单词显示出来，而第二个单词抠出一个或多个字母（例如，MORNING_FT_RN__N），并要求受训人员填写这些字母。相对于只读状态下，受训人员对生成状态下产生的每对词组中第二个单词的记忆要更深刻一些。

这种促进积极专注于学习素材的填空方法，已经证明其对术语教学以及对程序训练都有效。Catrambone 和 Yuasa（2006）进行了查询人事档案数据库的入门训练。受训人员对数据库语言陌生，但并不对计算机陌生。一半的学员收到一本含有填空练习的使用手册，而另一半学员则阅读具备完整例子的使用手册（册子里填空练习的正确答案可以在下一页中找到）。通过填空练习来阅读手册的受训人员相比阅读未经改动手册的学员（17 分钟），花了更多的时间来完成学习（22 分钟）。

在一项有关陈述性知识的测试中，两组首次尝试都取得了平均超过 90%的正确率，之后对所有错误进行了纠正。然而随后对数据库查询实践能力进行的测试表明，进行填空练习的受训人员完成查询所需的时间（21 分钟）要快一些，并且要求的自动提示次数（1 次）相对于其他受训人员（29 分钟，2.7 次）也要少一些。测试中所获得的速度提高弥补在阅读含有练习的手册中所花费的时间绰绰有余。

自我解释

另一种促进详细阐述的可行方法是给阅读任务附加问题（Anderson & Biddle，1975；Holliday & McGuire，1992）。这些问题有助于读者处理样例，从中提取隐含的概要。Schworm 和 Renkl（2007）表明附加问题有助于批判性思维的形成。大学生们收到一份介绍可靠论证形成的书面指南。他们还会收到两套有关参与者对争议问题进行讨论的录像，例如，性别差异在学业成绩上的体现。每一次讨论都可以播放两次，一次直接播放完毕，第二次可以依据论证过程中不同元素自己控制进度播放。

在第二次的观看过程中，一些参与者收到了就促进快速学习辩论过程而设计的附加问题（例如，"这部分包含哪些辩论元素呢？"）。其他学生收到了就辩论具体内容而设计的问题（例如，"对于引起女孩和男孩在数学成绩上差异的原因，Kirsten 有什么看法？"）。第三组的学生则同时接收到了这两种问题。为了确保学生能积极处理问题和材料，他们需要对每一个问题写一个简短的回答。最后，控制组不会收到任何附加问题，但鼓励他们去给录像带做注释。

训练前、后的测试表明所有组对于辩论方法的陈述性知识都有所增长。然而，在实际应用辩论方法上，只有接受了两种类型问题的学生组有了明显的提高。控制组在应用辩论技巧上提高甚微。因此，通过附加问题促进积极处理问题和材料有助于受训人员掌握辩论技巧。

有指导的发现学习

附加问题的应用就是一个有指导的发现学习的例子（van Merrienboer，Clark & de Croock，2002）。当受训人员被单独辅导时，可以为他们专门设置附加问题，以便帮助他们把新素材和已有的图式联系在一起。例如，当军用罗盘导航的初学者在首次使用被划分成 6400 密位的军用罗盘时，通常会努力在空间上定位自己。对于可能已经熟悉传统 360 度罗盘的受训人员来说，教练员可以采用归纳式探究问题。教练员可能会问："你能把军用罗盘上的北、南、东、西方向数字化方位与传统罗盘上的数字化方位对应起来吗？"这种类型的问题旨在促使受训人员自己来进行解答。例如，南方向（单位为度）=180=360/2。类似地，6400/2=3200=南方向（单位为密位）。

如果一个归纳式探究问题未能引发预期的推理，那么说明性探究问题就可能显示出它的用处。在这种类型的问题中，指导员首先提供了一个明确的例子，比如，"在一个普通罗盘中，南方向=180，它是 360 的一半，所以，对于军用罗盘的 6400 密位划分中，南方向的数值应该是怎样的呢？"如果这种方法失败，受训人员可以利用一个表格来进行学习。

8.3.6 练习策略

扩展练习

训练确实可以熟能生巧，但是大量重复训练让人生厌，也很难吸引受训人员积极地去处理训练工作。但是，适当地拉开重复训练之间的间隔时间，这些训练就可以促进受训人员积极地参与处理训练工作。一般来说，当一个项目与其他项目混合的情况下重复训练，而不是大量单一的连续重复时，该项目的训练将有助于受训人员学到更多知识（Balch，2006）。当与该重复项目混合的项目数量逐步增加时，间隔产生的效果就会加强（Baddleley，1997）。但是，目前没有固定的规则来引入有效的间距。就经验来说，在每一项目经过最长时间的间隔（仍能确保正确提取信息情况下）后进行重复训练，能达到最大的学习效果（Baddleley，1997）。

扩展练习策略可以通过以下的方式来实施：首先，在训练素材的每个新项目引入之后要对其尽快进行测试。如果受训人员能正确执行，那么应该在一个较长时间间隔后再进行下一次重复，在此期间可以进行其他任务训练。如果受训人员不能正确地回忆，那么就应该缩短在下一次重复之前的间隔时间。在集体课堂期间，这种策略可能很难实施，但在基于计算机的训练（采用智能辅导软件）中，它是更能实施的。此外，在以几天或几周来计算的长时间间隔中，可以通过逐步增加一组 KSAs 练习之间的天数来进行扩展练习。

日训练量

对于小组训练来说，间隔训练的效率可以通过在几天内分派不同期数的训练任务来提高（Shea 等，2002；Shebilske 等，1999）。例如，Baddeley 和 Longman（1978）展示了邮政工作者在学习使用新的分类机过程中分布式训练的价值。训练期间，工人们被分成四组。第一组训练分配最为广泛：每天接受为期一个小时的训练任务。第二组每天有两个为期一小时的训练任务。第三组每天只有一个训练任务，但持续两个小时。最后，第四组的训练量最集中，每天接受两个任务，每个任务两个小时。

图 8-8 显示每一个小组在达到每分钟能做出 70 次正确的键盘敲击之前，在新机器上训练所需的平均小时数。每天接受一小时训练的组只需要 45 小时就能达到标准。每天有两个小时训练的第二组和第三组，需要超过 50 小时才能达到标准。最后，在训练量最集中的第四组，即每天总共练习 4 个小时的小组，需要 65 小时才能达到标准。

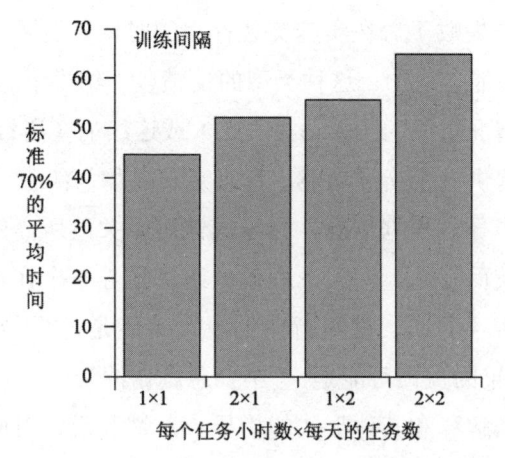

图8-8 在学习键盘技能的过程中训练分派的影响。水平轴表示4个不同的训练条件，其中训练任务按照：（a）一个小时或两个小时的任务时长；（b）每天一个或两个任务来进行分派。纵轴显示达到每分钟70%正确击键标准的平均训练小时数
（源自Baddeley & Longrnan，1978）

适度增加训练间隔能使分布式训练在课堂环境中产生积极效果。Rohrer 和 Taylor（2006）的一项研究中，学生们首先接受一个在数学公式方面的教学。一半的学生在一个星期内每隔两天接受五个训练。另一半的学生在一天集中接受 10 个相同的训练。在他们最后一次训练的一个星期或者四个星期之后进行测试。在间隔一周后的测试中，接受间隔训练的学生所得出的正确答案（70%），比那些接受集中训练的学生（75%）所得出的正确答案要少。然而，在四周后的测试中，间隔训练表现出了优势。接受间隔训练的学生显示出相比接受集中训练的学生（32%）两倍（64%）的记忆优势。

8.3.7 反馈

对学习的指导

普遍认为,反馈对于学习是非常重要的(Ghodsian 等,1997)。然而,很少有人能认识到反馈可以实施的两个功能:第一,在其最熟悉的形式下,反馈可以提供一个"评论者"的功能,意思就是它告知受训人员其行动是成功还是失败了。在实施奖惩行为的时候,这种反馈形式就会出现。在发动机技能学习中,这种类型的反馈以"结果信息"的形式出现,可以是由两种情况组成的(成功与失败)或连续的(离目标的距离)。第二,反馈可以提供一个指导功能,意思是它对如何纠正或改进 KSAs 提供了更详细的指导。根据情况,指导反馈可以关注所需的行为和期望的结果,或两者兼而有之。例如,假设教练员指导一个在恢复失速过程中俯冲太急的受训飞行员。注重行为的反馈可能是,"不要太向前推操纵杆",而注重结果的反馈可能是,"不要急剧俯冲"。

类似样例、解释和其他形式的指导,反馈和反馈时间的结合必须适应受训人员现有的 KSAs。评论反馈和指导反馈可以结合起来以充分利用其各自的优点。一方面,评论反馈能清楚地反映学员行动成功或失败,但无法在提供更合适的行动上给予指导。另一方面,指导反馈可以提供更明确的指导,但它对于受训人员之前的行动距离预期标准还有多远只能给出一个模糊的反馈。一个结合结果信息和指导反馈的例子:"上一次回升太急速。下一次,不要太向前推操纵杆"。

反馈频率

虽然反馈对于学习而言是至关重要的,但它还遵循收益递减的规律。作为一个经验法则,在学习的初始阶段,应进行及时和相对经常性的反馈。随着学习的深入,可以减少反馈的频率(Pithers & Champion,1979)。持续的反馈会成为受训者在对他(她)的响应与标准概要进行比较时的外部干扰。更糟糕的是,当持续的反馈被取消时,甚至可能导致不恰当的概要和影响性能。当教学人员强制实施的反馈用于增强自然反馈时,这个问题就有可能发生。例如,在训练飞行员的过程中,当他们偏离期望的飞行路径时就可以给予信号，这样的反馈将提高训练绩效。然而，如果反馈是持续的，而且学员学着去依赖这些信号来排除自然信号，当取消人工反馈时飞行绩效会退化（Schmidt，1991；Schmidt & Wulf，1991）。

测试效果

随着 KSAs 的建立，可以延迟反馈以利用测试的优势，测试可以使受训人员在提取自身记忆的过程中进行学习。用测试来促进学习的想法比较老式。1620 年，培根写道："一段文字哪怕你通读 20 遍，也不会很容易地用心记住它，而如果一段文字你读 10 遍，并且在阅读过程中不断尝试去背诵、在记不起时去查阅原文，则很容易用心记住它。"（Bacon，2000：143）在课堂教学中，一个单一的测试可以提高最终成绩。此外，尽管每日测试在最初遭到拒绝，但后续经过验证是有效的，而且已得到了学生的认可（Roediger & Karpicke，2006）。

成功提取记忆所产生的积极作用已通过使用大量的学习任务和测试中得到验证（Roediger & Karpicke，2006）。例如，两组学生学习关于一般科学主题的文本。一组进行连续两次学习（学习—学习）。另一组只学习一次，然后进行设计好的测试，在测试中他们被要求尽可能多地回忆文本（学习—测试）。为了进行试验，后一组的这些学生没有接收到成绩反馈。两组分别经过 5 分钟、2 天、7 天的保持期后进行了测试。5 分钟后，连续两次学习的组（81%）回忆的效果略好于学习完再测试的组（75%）。然而，经过 2 天后连续两次学习的组（68%）回忆的效果优于学习完再测试的组（54%）。这种影响仍然持续。7 天之后，学习完再测试的组显示出 56%的成绩，而连续两次学习的组只有 42%。在其他的研究中，时间延伸到 6 个月，重复测试依然对内容保持产生了有利的影响（Larson，Butler，& Roediger，2009）。

测试的积极影响不仅仅因为给予一个测试就会产生，它的效用只在受训人员成功从记忆提取信息的 KSAs 中出现。即在需要做积极处理的测试中，努力回忆学习效果较弱的内容，并因此加深对该内容的记忆。然而，如果在测试时无法回忆起某项内容，那么无论花费多少努力，都不可能在提取记忆的数据处理过程中获益。所以，任何在测试中发现的缺陷都需要进行教学反馈、进一步学习和（或）进一步练习。

8.4 关键信息

本章的目的是将心理学研究和理论与教学设计的实用性联系起来。总之，可以确定八个关键原则：

1．耐心成就完美。大多数学习曲线是 S 形的。因此，最初的教学和实践可能无法带来行为表现提升，如果有的话，也只是少量的提升。然而，随着时间和经验增加，行为表现会迅速提高。

2．优化认知工作量。短时记忆只能一次性记住四个或更少的项目。随着概要的逐渐形成和更多的 KSAs 集合被编码成的单一项目，有效的工作量将会增加。

3．帮助初学者组织素材。在组织素材方面，需给予初学者初步指导，使用循序渐进的菜谱式指南、样例和有指导的探索等方法。

4．以受训人员已有的经验为基础。在可能的情况下，帮助新受训人员将新 KSAs 整合到他们已有的图式中。

5．鼓励建构流程。概要形成后，设置练习以便受训人员组织、比较和详细解释素材。

6．定期的反馈是关键，但不必仓促进行。在初学者尝试获取新 KSAs 时，评论反馈和教学反馈都是必不可少的。

7．允许测试效果运作。在受训人员刚刚开始获取 KSAs 时，给他们充足的时间来从记忆里提取他们所能提取的内容，再使用反馈来帮助他们弥补 KSAs 中的不足。

8．采取有间隔的训练。在无法确定怎样的时间间隔是对特定的 KSAs 最优时，逐步扩大连续训练之间的时间间隔，能观察到取得的进展。

参考文献

Anderson, J.R. and Reder, L.M. 1979. An elaborative processing explanation of depth of processing, in *Levels of Processing in Human Memory*, edited by L.S.Cermack and F.I. Craik. Hillsdale, NJ: Lawrence Erlbaum, 385-403.

Anderson. R.C. and Biddle, W.B. 1975. On asking people questions about what they are reading, in Psychology of *Learning and Motivation (Vol. 9)*. edited by G.H. Bower. New York: Academic Press, 89-132.

Atkinson, R.K., Derry, S.J., Renkl. A., and Wortharn, D. 2000. Learning from examples: Instructional principles from the worked examples research. *Review of Educational Research*, 70, 181-24.

Bacon, F. 2000. *Novum organum*. edited by L. Jardine and M. Silverthorne (original work published 1620). Cambridge. UK: Cambridge University Press.

Baddeley, A.D. 1997. *Human Memory*: Theory and Practice (Revised Edition).Hove, UK: Psychology Press.

Baddeley, A.D. and Longman. D.J.A. 1978. The influence of length and frequency of training session on the rate of learning to type. *Ergonomics*, 21, 627-35.

Balch, W. 2006. Encouraging distributed study: a classroom experiment on the spacing effect. *Teaching of Psychology*, 33, 249-52.

Bednall, T. and Kehoe. E.J. 2011. Effects of self-regulatory instructional aids on the acquisition of critical thinking skills. *Instructional Science*, 39, 205-26.

Bransford, J.D. and Schwartz. D.L. 1999. Rethinking transfer: A simple proposal with multiple implications. *Review of Educational Research*. 24, 61-100.

Carlson. R., Khoo. B., and Etliott, R. 1990. Component practice and exposure to a problem-solving context. *Human Factors*. 32, 267-86.

Carroll, J.M. 1997. Toward minimalist training: Supporting the sense-making activities of computer users. in *Training for a Rapidly Changing Workplace: Applications of Psychological Research*. edited by M.A. Quinones and A. Ehrenstein. Washington, DC: American Psychological Association, 303-28.

Carroll. J.M., Smith-Kerker, P.L., Ford, J.R., and Mazur-Rimetz. S.A. 1987. The minimal manual. *Human-Computer Interaction*, 3, 123-53.

Catrambone, R. and Yuasa, M. 2006. Acquisition of procedures: The effects of example elaborations and active learning exercises. *Learning and Instruction*, 16, 139-53.

Chandler. P. and Sweller, J. 1991. Cognitive load theory and the format of instruction.

Cognition and Instruction, 8, 293-332.

——. 1992. The split-attention effect as a factor in the design of instruction. *British. Journal of Educational Psychology*, 62, 233-46.

——. 1996. Cognitive load while learning to use a computer program. *Applied Cognitive Psychology*, 10, 151-70.

Chinnappan. M. and Lawson. M.J. 1996. The effects of training in the use of executive strategies in geometry problem solving. *Learning and Instruction*, 6, 1-17.

Cowan, N. 2001. The magical number 4 in short-term memory: A reconsideration of mental storage capacity. *Behavioral and Brain Sciences*, 24, 87-185.

——. 2010.The magical mystery four: How is working memory capacity limited, and why? *Current Directions in Psychological Science*, 19, 51-7.

Cox, J.W. 1933. Some experiments on formal training in the acquisition of skill. *British Journal of Psychology*, 24, 67-87.

Darabi, A.A., Nelson, D.W., and Palanki, S. 2007. Acquisition of troubleshooting skills in a computer simulation: Worked example vs. conventional problem solving instructional strategies. *Computers in Human Behavior*, 23, 1809-19.

Ferrari. M. 1999. Influence of expertise on the intentional transfer of motor skill. *Journal of Motor Behavior*. 31, 79-85.

Freeman. J.T. and Cohen. M.S. 1996. Training for complex decision-making: A test of instruction based on the recognition/metacognition model. *Proceedings of the 3rd International Command and Control Research and Technology Symposium*. Monterey. CA. 25-28 June 1996.

Ghodsian, D., Bjork. R.A., and Benjamin, A.S. 1997. Evaluating training during training: Obstacles and opportunities. in *Training for a Rapidly Changing Workplace: Applications of Psychological Research*. edited by D. Ghodsian et al. Washington. DC: American Psychological Association, 63-88.

Haberlandt. K. 1994. *Cognitive Psychology*. Boston: Allyn & Bacon.

Halford, G.S., Bain, J.D., Maybery M.T., and Andrews, G. 1998. Induction of relational schema: Common processes in reasoning and complex learning. *Cognitive Psychology*. 35, 201-45.

Halford. G.S., Wilson. W.H., and Phillips, S. 1998. Processing capacity defined by relational complexity: Implications for comparative. developmental, and cognitive psychology. *Behavioral and Brain Sciences*. 21, 803-64.

Helsdingen. A.S., van den Bosch. K., van Gog, T., and van Merrienboer. J.J.G. 2010. The effects of critical thinking instruction on training complex decision making. *Human Factors*, 52, 537-45.

Holliday. W.G. and McGuire, B. 1992. How can comprehension adjunct questions focus students' attention and enhance concept learning of a computer-animated science lesson? *Journal of Research in Science Teaching*. 29, 3-15.

Hoskin. R. 2009. *The Ghost in the Machine: Better Application of Human Factors Process*. Canberra, Australia: Land Warfare Studies Centre.

Jang. J., Schunn, C.D., and Nokes, T.J. 2011. Spatially distributed instructions improve learning outcomes and efficiency. *Journal of Educational Psychology*, 103,60-72.

Kalyuga, S. 2011. Cognitive load theory: How many types of load does it really need? *Educational Psychology Review*, 23,1-19.

Kalyuga, S., Chandler. P., Tuovinen, J., and Sweller, J. 2001. When problem solving is superior to studying worked examples. *Journal of Educational Psychology*, 93,579-88.

Kehoe. E.J., Bednall. T.C., Yin. L., Olsen. K.N., Pitts. C., Henry J.D., and Bailey. P.E. 2009. Training adult novices to use computers: *Effects of different types of illustrations. Computers in Human Behavior*. 25, 275-383.

Kirschner, F., Paas. F., and Kirschner, P.A. 2009. Individual and group-based learning from complex cognitive tasks: *Effects on retention and transfer efficiency. Computers in Human Behavior*, 25, 306-14.

Kirschner, P.A.. Sweller, J., and Clark, R. 2006. Why minimal guidance during instruction does not work: An analysis of the failure of constructivist, discovery, problem-based. experiential and inquiry-based teaching. *Educational Psychologist*, 41, 75-86.

Larsen, D. P., Butler, A.C., and Roediger, H.L., III. 2009. Repeated testing improves long-term retention relative to repeated study: A randomized controlled trial. *Medical Education*, 43, 1174-81.

Lim, J., Reiser, R.A., and Olina, Z. 2009. The effects of part-task and whole-task instructional approaches on acquisition and transfer of a complex cognitive skill. *Educational Technology Research and Developmen*t, 57, 61-77.

Mayer, R.E. 2004. Should there be a three-strikes rule against pure discovery learning? The case for guided methods of instruction. *American Psychologist*, 59, 14-19.

——. 2008. Applying the science of learning: Evidence-based principles for the design of multimedia instruction. *American Psychologist*. 63, 760-69.

Noice. H. and Noice. T. 2006. What studies of actors and acting can tell us about memory and cognitive functioning. *Current Directions in Psychological Science*, 15, 14-18.

Noice, H., Noice, T., Perrig-Chiello, P., and Perrig, W. 1999. Improving memory in older adults by instructing them in professional actors' learning strategies. *Applied Cognitive Psychology*, 13, 315-28.

Paas, F.G.W.C. 1993. Training strategies for attaining transfer of problem-solving skill in statistics: a cognitive load approach. *Journal of Educational Psychology*, 84, 429-34.

Paas, F.G.W.C., Renkl, A.. and Sweller, J. 2003. Cognitive load theory and instructional design: recent developments. *Educational Psychologist*, 38, 1-4.

Paas, F.G.W.C. and van Merrienboer, J.J.G. 1994. Variability of worked examples and transfer of geometrical problem-solving skills: a cognitive-load approach. *Journal of Educational Psychology*, 86, 122-33.

Pithers, R.T. and Champion, R.A. 1979. Differential delay of reinforcement effects in human learning. *Australian Journal of Psychology*, 31, 169-79.

Pollock, E., Chandler, P., and Sweller. J. 2002. Assimilating complex information. *Learning and Instruction*, 12, 61-86.

Renkl, A., Hiibert, T., and Schworm, S. 2009. Example-based learning in heuristic domains: A cognitive load theory account. *Educational Psychology Review*, 21, 67-78.

Retnowati, E., Ayres. P., and Sweller. J. 2010. Worked example effects in individual and group work settings. *Educational Psychology*, 30, 349-67.

Roediger, H.L. and Karpicke, J.D. 2006. The power of testing memory: Basic research and implications for educational practice. *Perspectives on Psychological Science*, 1, 181-210.

Rohrer, D. and Taylor, K. 2006. The effects of overlearning and distributed practice on the retention of mathematics knowledge. *Applied Cognitive Psychology*, 20, 1209-24.

Schmidt. R.A. 1991. Frequent augmented feedback can degrade learning: Evidence and interpretations, in Tutorials in *Motor Neuroscience*, edited by G.E. Stelmach and J. Requin. Dordrecht: Kluwer Academic Publishers, 59-75.

Schmidt R.A. and Wulf. G. 1997. Continuous concurrent feedback degrades skill learning: Implications for training and simulation. *Human Factors*. 39, 509-17.

Schneider. V.I., Healy. A.F., and Barshi. I. 2004. Effects of instruction modality and readback on accuracy in following navigation commands. *Journal of Experimental Psychology: Applied*. 10, 245-57.

Schwonke. R., Renkl. A., Krieg. C., Wittwer, J.R., Aleven. V., and Salden. R. 2009. The worked-example effect: Not an artefact of lousy control conditions. *Computers in Hu-*

man Behavior. 25, 258-66.

Schworm. S. and Renkl. A. 2007. Learning argumentation skills through the use of prompts for self-explaining examples. *Journal of Educational Psychology*: 99, 285-96.

Shea. C., Lai, Q., Black. C., and Park. J.-H. 2000. Spacing practice sessions across days benefits the learning of motor skills. *Human Movement Science*. 19,737-60.

Shebilske. W.,Goettl. B.P., Corrington, K., and Day, E.A. 1999. Interlesson spacing and task-related processing during complex skill acquisition. *Journal of Experimental Psychology: Applied*, 5, 413-37.

Slamecka. N.J. and Graf: P. 1978. The generation effect: delineation of a phenomenon. Journal of Experimental Psychology: *Human Learning and Memory*. 4, 592-604.

Sweller. J. 2010. Element interactivity and intrinsic. extraneous. and germane cognitive load. *Educational Psychology Review*. 22, 123-38.

Sweller. J., van Merrienboer. J.J.G., and Paas, F.G.W.C. 1998. Cognitive architecture and instructional design. *Educational Psychology Review*, 10, 251-96.

van Merrienboer, J.J.G., Clark, R., and de Croock. M.B. 2002. Blueprints for complex learning: The 4C/ID-Model. Educational Technology, *Research and Development*, 50(2), 39-64.

van Merrienboer. J.J.G., Kester, L., and Paas. F. 2006. Teaching complex rather than simple tasks: Balancing intrinsic and germane load to enhance transfer of learning. *Applied Cognitive Psychology*, 20, 343-52.

van Merrienboer. J.J.G., Kirschner, P.A., and Kester. 1. 2003. Taking the load off a learner's mind: Instructional design for complex learning. *Educational Psychologist*, 38, 5-13.

van Merrienboer, J.J.G., and Sweller, J. 2010. Cognitive load theory in health professional education: Design principles and strategies. *Medical Education*, 44, 85-93.

Chapter 9
第9章 综合学习环境中适应性训练的八项基本原则

James A. Grand 和 Steve W. J. Kozlowski
密歇根州立大学

9.1 引言

　　现代军事领域的特点是：先进的技术系统、信息的快速积累以及简捷地整合多种多样（有时是相互冲突的）情报来源的需求。在这样工作环境中的成功表现要求个人能够迅速和有效地利用可用资源来实时评估各种情况，对可能采取的行动进行判断和划分优先顺序，确定并执行适当的任务策略。由此，个休军事操作人员的专业知识方面就面临了巨大的挑战，要求他们能够制定和执行能够解决新的、不确定的或模糊的任务问题的明智决定（Kozlowski & DeShon，2004）。因此，用设计好的知识和技能来武装军事成员和领导者，使之在面对不可预知的情况下具备灵活的自适应能力，几乎是所有主要国防训练计划的一个关键指标。然而，在训练个体的过程中使之适应"未知"的情况，并且同时对与其个人角色相关的基础和高级职责提供指导方面所面临的明显的困难，给传统的训练方法提出了独特的挑战。如何设计教学环境结构（如讲座、模拟、观察等）去促进适应性？提供给受训人员怎样的学习目标和动机（如尽力做到最好、无失误地完成任务、达到一定程度）？什么样的指导性训练（如错误管理、主动学习、绩效反馈等）更能促进针对性的专业知识学习，而不会压垮受训者？

以上以及其他类似的一些问题在科研界引起了广泛关注，判断适应能力是否可以通过训练予以提高以及具体的方法成了大家的主要关注点。十年前，曾经有人指出，我们对于"如何培养、开发和提高个人和团队的适应能力的看法仍处于起步阶段"（Kozlowski，1998）。从那时起，指导性训练和综合学习环境（Synthetic Learning Environments，SLEs）有了前所未有的发展，促使帮助和评估复杂技能学习的更简便的方法也得到了发展。伴随在自适应学习原则和系统方面重新兴起的研究热潮（如 Bell & Kozlowski，2008；Kozlowski 等，2001），以及对这些问题的理解的加深和提出的解决方案的成熟度不断提高，大大增强了提供成功的适应性训练的能力。

本章的目的是提供一个广泛的关于提高学习者适应性的研究文献综述。我们将在所有方面提供一些基本原则，这些原则总结了我们关于应用这些实证支持的技术和方法去进行适应性训练所提供的建议。我们以定义适应性及其基本心理过程开始，并概述了进行适应性训练的一些基本注意事项。随后，我们简要讨论了 SLEs 的独特属性，并且使用该方式来培养适应性思考能力。具体来说，我们关注的是可促进受训者的适应性的训练设计和训练方法的三个重要组成部分。最后，我们通过提供一些深层次阅读和与适应性训练相关的话题来进行章末总结。

9.2 什么是适应性

9.2.1 概念综述

尽管适应性已经通过多种方式得以验证（例如，Neal 等，2006；Ployhart & Bliese，2006；Pulakos 等，2000；Smith, Ford, & Kozlowski，

1997），但大多数训练方法把它的概念描述为：调节人员响应力以根据一个或多个条件的改变来有效解决任务需求的能力。然而，高效的自适应能力需要的不仅仅是在环境变化时极端被动的改变，同样重要的是，适应性也意味着针对新任务和行动所学知识进行成功归纳（Holyoak，1991）。例如，Wong（2004）提到在伊拉克自由行动中，许多初级美军士官意识到最成功的适应性领导者不仅仅包括那些能够在已知情景变量的基础上识别突发事件并制定战略决策的人（也就是说，根据预演中的知识识别和实施适当的解决方案），还包括那些在以前未曾考虑的机会出现时能够有效地予以利用的人（也就是说，针对不可预知的事件提出新的解决方案）。

因此，在指导性训练设计的背景下，将适应性看作一个思考和解决问题的过程，而不是离散的能力和知识要素的某个特征或结果（Kozlowski 等，1999），是非常有用的。以这种方式来理解，训练设计和评估的终极目标不应是简单地确保受训者能够在训练结束时通过一个技能测试；相反，训练系统的目的是通过下述途径来提高受训者的效率和有效性：

- 在特定情景中提取、评估和组织信息。
- 制定、选择和（或）采用可行的解决方法应对即将发生的问题。
- 权衡行动的不同决策/路线的可行性及可能的后果。
- 对与选择过程实施相关的反馈进行搜集和解释。

在这些差别的基础上，我们首先提出了设计适应性训练干预措施的基本原则。

原则 1：训练系统应该加强体现适应性思考的重要性，而不是将知识和技能的达标作为受训者的关键性的终极目标。

如上所述，适应性思考涉及环境变量的动态情景分析、持续监测和对期望目标进展的评估，以及对个体认知和物理资源分配的主动控制与优化（DeShon 等，2004；Smith，Ford，& Kozlowski，1997）。因此，有效的适应性行为，反映了个体对目前正在发生的事情以及接下来应采取的措施来解决当前的问题或情况的理解能力（Kozlowski，1998；Kozlowski Si Bell，2007；Kozlowski & DeShon，2004）。适应性的潜在顺应机制与两种心理过程密切相关：自我调节和元认知。自我调节理论描述的是内心控制的基本机制，个体利用这一过程来指导其情绪、行为和思想朝着期望目标前进（Boekaerts，Pintrich，Si Zeidner，2005；Vohs Si Baumeister，2011）。如图 9-1 所示，自适应系统通常会遵循一种周期性模式，在这种模式下个体参与某些可能产生行为表现发生变化的活动（即个人努力、行为、策略等）。然后检查与当前表现相关的反馈（来自外部因素或由个体的内部因素），并与所需的情景目标进行比较。比较评估的结果促使个体去努力实施进一步的行动（与之前相同或不同），以减少任何确认的当前态势和期望的目标状态之间的差距。元认知，一般被定义为"基于思考的思考"，一般指个体对与目标获取相关的知识、意识以及思想的管理（Flavell，1979）。在自适应系统的更广泛框架内，元认知包括了促进个体思维过程的内部差异减少的能力，如行为规划、监测和改变，以及理解适当的任务策略和比较目标状态的能力（Kraiger，Ford & Salas，1993）。

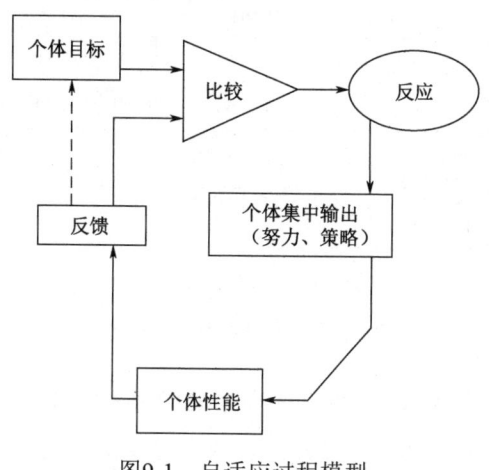

图9-1 自适应过程模型

9.2.2 促进适应性的基本训练设计考虑

由此，适应性思考是以积极的自我调节和元认知意识为特征的，这些特征使人们能理解情景干扰和新型事件（即从个体目标的角度适当地解释环境反馈）和寻求解决问题的新方法。在寻求通过训练提高受训者适应性思考的过程中，无论如何都必须注意，适应性是一种通常只会发生在某种实际的训练项目中的先进教学目标（如有，则还要取决于训练的时间和目标）（Kozlowski 等，2001）。适应性思考和专业知识的发展是逐步累积的，需要在其实际显现出来之前予以注意并关注学习过程中的干预步骤（Kozlowski & Bell，2007）。尽管这意味着在复杂环境中提高适应性是一个长期的过程，但也表明，可以通过训练经验的定序、聚焦和呈现来促进未来有效的适应性思考能力的出现。图 9-2 展示这种训练结构的梗概，并在随后作了简要说明；对于基本训练设计要点方面的进一步学习，读者不妨咨询 Carliner（2003）、Goldstein 和 Ford（2002），Piskurich、Beckschi 和 Hall（2000），或 Kozlowski 和 Salas（2010）。

教学目标	陈述性 知识/技能	陈述性 知识/技能	战略性 知识/技能	战略性 知识/技能
针对性的 知识/技能	论据、概念、规则； 定义、含义 （什么？）	任务准则； 规则应用 （怎样？）	任务偶发事件； 选择性应用 （何时、何地、为什么？）	任务规则、准则和 偶发事件的归纳 （现在是什么， 下一步是什么？）
教学传授技术	背诵 静态练习 持续映射 自动化	←	→	实验 动态练习 可变映射 控制性处理

基础　　　　知识和技能复杂性　　　　高级

图9-2　基于针对性知识/技能复杂性的教学设计和传授焦点
（摘自Kozlowski & Bell，2007）

在早期阶段的训练中，重点应在帮助受训者记住基本的陈述性论据、概念和有关某事件含义的专业知识。可以通过使用包含重复记忆、预演、静态展示的完全标准化训练过程（如讲座、阅读等）来达到这一目的。由于受训者面临更复杂的陈述性知识应用，其可以开始构建表示事物之间关联性的程序性知识（即，"如果 A 发生，那么 B 发生"）（Ackerman，

1986，1987；Anderson，1982，1993）。在中间阶段的训练中，向受训人员提供观察性学习和结构化体验的机会，这些机会可用于诱导潜在的特征、策略和技能，继而达成训练目标受训者（Zimmerman，2005）。通过持续的体验和实践，过程性知识块可以集成到互联和符合实际的关系网中，这种关系网能使受训者理解何时、何地以及何种知识或行为是合适的。在更高级的知识获取阶段，训练经历应当鼓励受训者体验和利用要求应用相关任务环境的策略和反应性推理的动态任务环境（Bell & Kozlowski，2002；Kozlowski 等，2001）。基于前述，我们提出适应性训练的第二条原则。

原则 2：自适应技术应该作为一种先进的教学目标，通过相关陈述性、过程性、策略性知识经验的获得来进行长期培养。

需要注意的是，提供促进战略任务方式/方法所需的陈述性和程序性知识并不能保证适应性。研究表明，拥有必要的专业知识的个人，在其通常遇到的问题领域需求有大幅改变的时候，也会在执行其任务角色时遇到巨大的困难（Devine & Kozlowski，1995；Sternberg & Frensch，1992）。为了促进适应性思考能力，教员必须准确地创造能够积极介入受训者自我调节和元认知过程的学习机会（Hesketh，1997）。这需要对学习环境进行高度的控制并且有设计灵活的教学干预的能力——而这正是综合训练工具的优势，也正是我们当前所关注的话题。

9.3 适应性训练与综合学习环境

9.3.1 综合学习环境中的保真度

尽管定义多种多样，我们把 SLEs 当作用来创建一个虚拟学习环境的任何类型的基于计算机的指导性训练（Bell，Kanar，& Kozlowski，2008；Cannon-Bowers & Bowers，2008，2010）。这种技术应用跨度范围很大，包括被动（如 CD/DVD、基于 web 的训练、视频）和高度交互式（计算机游戏、虚拟世界、高保真模拟器）手段（Salas 等，2002）。如上所述，SLEs 有一些独特的优势，使其特别适合习得复杂技能和适应性训练工作（Bell，Kanar，& Kozlowski，2008；Kozlowski & Bell，2007）：

- 对内容呈现、步调和传授具有更大的灵活性和控制力，有助于使受训者在意义建构上面做出的努力实现最大化。
- 专注于更复杂的任务可以促使与现实世界相关的智力激发、参与和行为/思维过程的能力的培养。
- 能够有效地设计现实人与人之间或与角色与关键技术系统间的交互和交流。

不幸的是，在虚拟学习计划中固有的较差的可定制性自由度，使得实现这样的系统的任务令人望而却步。这就引出了我们针对 SLEs 的适应性训练的第三个原则。

原则 3：选择、设计和制作一个 SLEs 的单一最重要考虑因素应该是系统的心理保真度。

相比物理保真度（或训练环境忠实地再现现实执行环境实际情形的程度）而言，心理保真度关注于学习环境引起的心理方面变化的程度和对所期望的性能特征最关键的过程（Kozlowski & DeShon，2004）。所有训练系统（综合的或非综合的）的基本原则是，成功的学习环境应以能够提供完美执行一项任务/工作所需的知识、目标、技能和能力为目标。无论所执行的任务是什么，都通过让受训者参与和提高推动真实世界中相关应用执行的潜在心理机制，确保 SLEs 中的心理保真度实现这样的目标。例如，如果一个训练项目所要求的是提高无人机飞行员的多任务性能（UAV），那么 SLEs 所反映的无人机操作方面的逼真程度与训练系统允许受训者练习管理其在多样的、同步的和相互矛盾的需求下注意力的程度相比，就相对不那么重要了——这个结果可以通过与无人机控制站的多种不同方式来实现。请注意，这并不是说物理保真度在 SLEs 中应该被忽视，因为它同样有许多可取的特性。相反，这一原则是为了强调，建立虚拟训练方法大部分的设计要点应关注学习环境如何激活所需的行为、受训者的认知和态度经验，而不是环境本身的外在表现形式。

针对 SLEs 的适应性训练，我们提出第四个基本原则。

原则 4：SLEs 设计的宗旨是促使适应性可以推进积极参与自适应和元认知活动。

9.3.2 培养综合学习环境适应性的技术

SLEs 具备很多可取的特性，使其能够更好地训练适应性思考能力，包括创建动态信息需求的能力，这一需求要求有持续的监控/理解，使其能轻易地提供可定制反馈信息和前馈信息，实时监控受训者的知识和策略掌握程度（或近似如此），并创建可以帮助塑造受训者的情感和认知属性的"智能的"而隐性激励。前面总结了自适应和元认知过程并且在图 9-1 中重申了三个最关键的要素，利用这三个要素可以在 SLEs 中培养适应性思考能力，即：教学目标、任务实施和提供反馈。在下面的章节中，我们将简要介绍这些要素，并讨论如何将它们纳入以培养适应性为核心的 SLEs 中。对于这些以及与此类似过程的更详细处理方案，建议读者参考 Bell 和 Kozlowski（2008，2010）和 Kozlowski 等（2001）的相关文献。

9.3.3 教学目标

教学目标是指向学习者提出的明确指导，并为其训练期间采取的行为和处置方式提供指导。为此，研究人员习惯上划分了两种类型的教学目标：表现性目标和掌握性目标。表现性目标指的是达到目标后的理想最终状态，它是熟练度的一种客观的、可识别的标准（如正确地完成 90% 的目标）；相对而言，掌握性目标指的是达到目标后的理想最终状态，它是一种可以促进任务完成的途径、技术、胜任力或者过程。（如为确认目标而开发最有效的策略）。这种区别也被描述为在鼓励受训者演示能力（表现性目标）与开发能力之间的差别（掌握性目标）（Ames & Archer，1988）。大量的研究表明，教学掌握性目标在复杂而困难的环境中促进元认知活动、适应性思考和表现方面具有很大的优势（Bell & Kozlowski，2010；Kozlowski，

1998；Smith，Ford，& Kozlowski，1997）。与表现性目标截然相反的是，掌握性目标也被证明能提高陈述性、程序性和策略性知识的掌握程度；能提高面对训练失败时的恢复能力；能激励受训者增强对训练的兴趣和积极的态度，还可以促进受训者之间的合作（Kozlowski 等，2001）。

在训练中，可以通过降低量化性能/完成评级的重要性替代促进受训者掌握要求的任务活动来激励掌握性目标的实现。在适应性训练早期灌输掌握性目标尤为重要，因为它可以帮助受训者增强自调整能力和树立持之以恒的信心。同时，考虑到高心理逼真度/低物理逼真度 SLEs 的预期目的可能对受训者来说不是显而易见的，在教学中使用掌握性目标可以为受训者的期望和行为带来更强的使命感并且使其迅速融入训练环境。

原则 5：能促使学员寻求任务策略、开发胜任力并进行更深层次的专业知识学习的教学掌握目标应尽早并经常性地使用在适应性训练中。

9.3.4 任务参与

除了鼓励专业知识的掌握，受训者领会训练内容的方式对激发自适应思考能力也是至关重要的。虽然对训练实施方法中的许多微妙差别进行了简单化，但是大体上将任务参与方法分成被动式学习方法和主动式学习方法是有益的。被动式学习方法，包括熟悉的训练方法如讲座、观察、演示和程序式实践。它的特点是具有结构紧凑的学习环境，通过提供有关任务程序、概念和策略的详细的分步指导，有意限制受训者在训练期间的自我努力（Iran-Nejad，1990）。相对而言，主动式学习方法更强调受训者对训练环境的控制，并要求受训者通过探索和试验来推导与高效的任务表现有关的关键概念、程序和策略（Frese 等，1991）。采用主动式学习方法的目的是鼓励个体找出事物的工作原理、如何解决问题和如何积极主动地自主应用知识和技能。因此，不同于通过外部手段（如教练员、教材）调节学习活动的被动学习，主动学习鼓励受训者通过适当的指引对重要学习事件（如选择专注点，监控和判断任务进程等）做决断来进行自我调整（Smith，Ford，& Kozlowski，1997）。因此，主动式学习方法相比被动式学习方法更能有效地锻炼受训者的自我适应能力（如，Bell & Kozlowski，2008；Keith & Frese，2005；Heimbeck 等，2003）。

研究文献探究了许多有关主动式学习的具体方法（例如，发现学习、引导探索、错误管理、掌握训练、情感控制等），其细节超出了本章的讨论范围。然而，主动学习的两个方面一定要重点关注。第一，尤其是在 SLEs 的应用情形中，主动学习方法需要的远远不止是"勇闯火线"或从做中学；教员依旧通过提供下述内容而扮演着一个中心角色：①合理地排列学习目标；②解释成功/失败的教学框架；③缓和情感障碍/挫折的激励框架（如，Bell & Kozlowski，2002；Chillarege，Nordstrom, & Williams，2003；Kanfer & Ackerman，1990；Mayer，2004）。第二，尽管被动式学习方法存在适应性训练的不足，但仍然是静态环境下开发常规专业知识的有效方法（Frese，1995）。假若某个任务十分简单或是必须以特定方法手段完成，被动式学习方法可能是合适的选择。

原则 6：主动式学习方法应作为适应性训练的一部分，鼓励学员用最少的过程性指导来发现和推断任务的关键概念、基本要求和策略。

9.3.5 训练反馈

最后，也可以说是最重要的，提高受训者适应性思考能力的设计要密切关注同训练反馈。反馈对训练系统来说是十分必要的，尤其是那些自调整元素，因为它为受训者提供了衡量优势/劣势和影响未来认知、行为以及在学习环境中寻求的情感的能力（Carver & Scheier，2011）。得益于强大的计算能力和对信息报告的灵活控制能力，SLEs 是设计并利用几乎所有反馈类型组合的强大工具。然而，从更深层次的分析来看，把关注点聚焦于反馈的两个基本特征是有益的：即，反馈的信息属性（即受训者成绩的描述性特征，如正确回答的数量）和反馈的解释特性（即帮助受训者理解其训练工作、活动和成果的那些特征）（Kozlowski 等，2001）。虽然在大多数反馈系统中划分的这两个类别中找到这些要素并不难，但是说明反馈特性对于进行适应性训练仍有着巨大的意义。

关于如何将解释性反馈特质引入训练适应性训练的方法有许多细微差别；关于设计此类要素的详细描述，读者可查阅 Kozlowski 等（2001）；或查阅 Bell 和 Kozlowski 的相关 SLEs 文献。作为这个过程一个基本的总结，解释性反馈因素还是应该提供一些信息来帮助受训者准确描绘出发生了什么（评估），为什么发生（属性）和下一步会发生什么（指南）。请注意，尽管前面关于教学掌握性目标和主动式学习方法的原则是基于鼓励个体去探索其学习环境和得出有关这些问题方面的结论，但在这样的环境中构造良好的解释性反馈已被证明对在训练期间维持不断地努力，确保受训者对期望目标的持续关注以及提高自信心，都是至关重要的。

原则 7：帮助受训者在训练中评估、归因和指导他们的行为、思想和情感的解释反馈应该被纳入适应性训练。

9.4 结论

前述的在 SLEs 中进行适应性训练的基本原则已归纳于表 9-1 中。这些建议应该被视为适应性训练的基本问题研究的广义说明。使用 SLEs，军事训练教员提高受训者的适应性思考能力的潜能比以往更高。但是，有效的自适应能力的开发不可能通过一个甚至几个训练课程就可以实现。虽然这样的训练工作标志着我们迈出了重要的（而且往往错过！）第一步，但适应性主要是一种"野外"的技能磨炼；其必须通过适应性技能的教员在外部环境中予以使用和加强。因此，我们提出关于适应性技能的开发的最后一个原则，该原则扩展到了正常训练环境之外进而成为野外实践。

原则 8：在训练期间学到的适应行为和思想必须在野外得到促进和加强。

在训练后期继续培养适应性的一个特别重要的考虑是一旦个体承担了他的正常工作角色就给其提供机会来执行活动和任务。为个人提供练习角色活动的机会显然对促进事实性和过程性知识向工作中的转化是至关重要的（Ford 等，1992），但提供机会去学习、探索，并参与超出任务之外的相关活动（例如，一个人在某个特定的工作也许不能正常执行但又分享了某些通用功能的任务）对于提高个人对结果、变通方案和与他们的决定/行动及适应性专业知识开发相关的结果的感知学习是重要的（Blickensderfer，Cannon-Bowers，& Salas，1998；Cannon-Bowers 等，1998；Marks 等，2002）。此外，领导者可以在确保适应性思考能力被激励和奖励，而不是惩罚。对于训练之外如何促进适应性的知识，感兴趣的读者可以查阅对团队适应（Burke 等，2006；LePine，2003，2005；Kozlowski 等，1999）和动态领导（Kozlowski 等，2009）理论方面的研究文献。

表 9-1 综合学习环境中适应性训练的八个基本原则

1. 训练系统应该加强体现适应性思考的重要性，而不是将知识和技能的达标作为受训者的关键性的终极目标
2. 自适应技术应该作为一种先进的教学目标，通过相关陈述性、过程性、策略性知识经验的获得来进行长期培养
3. 选择、设计和制作一个 SLEs 的单一最重要考虑因素应该是系统的心理保真度
4. SLEs 设计的宗旨是促使适应性可以推进积极参与自适应和元认知活动
5. 能促使学员寻求任务策略、开发胜任力并进行更深层次的专业知识学习的教学掌握目标应尽早并经常性地使用在适应性训练中
6. 主动式学习方法应作为适应性训练的一部分，鼓励学员用最少的过程性指导来发现和推断任务的关键概念、基本要求和策略
7. 帮助受训者在训练中评估、归因和指导他们的行为、思想和情感的解释反馈应该被纳入适应性训练
8. 在训练期间学到的适应行为和思想必须在野外得到促进和加强

参考文献

Ackerman, P.L. 1986. Individual differences in information processing: An investigation of intellectual abilities and task performance during practice. *Intelligence*. 10, 109-39.

———. 1987 Individual differences in skill learning: An integration of psychometric and information processing perspectives. *Psychological Bulletin*, 102, 3-27.

Ames, C., and Arche, C. J. 1988. Achievement goals in the classroom: Students' learning strategies and motivational processes. *Journal of Educational Psychology*, 80, 260-67.

Anderson, J.R. 1982. Acquisition of a cognitive skill. *Psychological Review*, 89,369-406.

——. 1993. *Rules of the Mind*. Hillsdale, NJ: Erlbaum.

Austin, J.T. and Vancouver, J.G. 1996. Goal constructs in psychology: Structure, process, and content. *Psychological Bulletin*, 120(3), 338-75.

Ausubel, D.P. 1963. Cognitive structure and the facilitation of meaning verbal learning. *Journal of Teacher Education*, 14, 217-21.

Bandura. A. and Cervone. D. 1983. Self-evaluative and self-efficacy mechanisms governing the motivational effects of goal systems. *Journal of Personality and Social Psychology*, 45, 1017-28.

Barnes. M., Warner. J., Hillis. D., Suantak. L., Rozenblit. J., and McDermott.P. 2006. Visualization tools to adapt to complex military environments, in *Advances in Human Performance and Cognitive Engineering Research (Vol.6)*. edited by C.S. Burke et al. Oxford, UK: Elsevier, 73-113.

Bell. B.S.. Kanar. A.M.. and Kozlowski. S.W.J. 2008. Current issues and future directions in simulation-based training in North America. *The International Journal of Human Resource Management*, 19, 1416-34.

Bell. B.S. and Kozlowski. S.W.J. 2002. Adaptive guidance: Enhancing self-regulation. knowledge. and performance in technology-based training. *Personnel Psychology*, 55, 267-306.

——. 2008. Active learning: Effects of core training design elements on self-regulatory processes, learning, and adaptability. *Journal of Applied Psychology*, 93, 296-316.

——. 2010. Toward a theory of learner centered training design: An integrative framework of active learning. in Learning, Training, and Development in Organizations, edited by S.W.J. Kozlowski and E. Salas. New York: *Routledge Academic*, 261-98.

Blickensderfer, E., Cannon-Bowers, J.A., and Salas. E. 1998. Cross training and team performance, in *Making Decisions Under Stress: Implications for Individual and Team Training*, edited by J.A. Cannon-Bowers & E. Salas. Washington, DC: APA Press. 299-311.

Boekaerts. M., Pintrich. P.R., and Zeidner, M. (eds). 2005. *Handbook of Self Regulation*. Burlington, MA: Elsevier Academic Press.

Burke. C.S., Stagl, K.C., Salas. E., Pierce. L., and Kendall, D. 2006. Understanding team adaptation: A conceptual analysis and model. *Journal of Applied Psychology*, 91, 1189-207.

Cannon-Bowers, J.A., and Bowers. C.A. 2008. *Synthetic learning environments, in Handbook of Research on Educational Communications and Technology*, edited by J.M. Specter et al., New York: Lawrence Erlbaum Associates, 317-27.

———. 2010. Synthetic learning environments: On developing a science of simulation. games. and virtual worlds for training. in *Learning, Training, and Development in Organizations*, edited by S.W.J. Kozlowski and E. Salas. New York: Routledge Academic. 229-61.

Cannon-Bowers. J.A., Salas. E., Blickensderfer. E., and Bowers. C.A. 1998. The impact of cross-training and workload on team functioning: A replication and extension of initial findings. *Human Factors*, 40, 92-101.

Carliner. S. 2003. *Training Design Basics*. Alexandria, VA: American Society for Training and Development Press.

Carver, C.S., and Scheier. M.F. 1981. Attention and Self Regulation: *A Control-Theory Approach to Human Behavior*. New York: Springer-Verlag.

———. 1998. *On the Self-Regulation University Press of Behavior*. New York: Cambridge University Press.

———. 2011. Self-regulation of action and affect, in *Handbook of Self-Regulation: Research, Theory and Applications (2nd ed.)*, edited by K.D. Vohs and R.F.Baumeister. New York: Guilford, 3-21.

Chillarege, K.A., Nordstroin. C.R., and Williams, K.B. 2003. Learning from our mistakes: Error management training for mature learners. *Journal of Business and Psychology*, 17, 369-85.

DeShon, R.P., Kozlowski. S.W.J., Schmidt, A.M., Milner, K.R., and Wiechmann, D.2004. A multiple goal, multilevel model of feedback effects on the regulation of individual and team performance. *Journal of Applied Psychology*, 89, 1035-56.

Devine, D.J. and Kozlowski. S.W.J. 1995. Expertise and task characteristics in decision making. *Organizational Behavior and Human Decision Processes*, 64, 294-306.

Dweck, C.S. 1989. Motivation. in *Foundations for a Psychology of Education*, edited by A. Lesgold and R. Glaser. Hillsdale, NJ: Lawrence Erlbaum Associates, 87-136.

Flavell, J.H. 1979. Metacognition and cognitive monitoring: A new area of cognitive-developmental inquiry. *American Psychologist*, 34,906-11.

Ford. J.K., Quinones, M.A., Sego. D.J., and Sorra. J.S. 1992. Factors affecting the opportunity to perform trained tasks on the job. *Personnel Psychology*, 45, 51-27.

Frese. M. 1995. Error management in training: Conceptual and empirical results, in *Organizational Learning and Technological Change*. edited by C.Zucchermaglio et al.

New York: Springer-Verlag, 112-24.

Frcse, M., Brodbcck, F., Heinbokel. T., Mooser, C., Schleif-fenbaum, E., and Thiemann, P. 1991. Errors in training computer skills: On the positive function of errors. *Hunan-Computer Interaction*, 6, 77-93.

Glaser, R. 1989. Expertise in learning: How do we think about instructional processes now that we have discovered knowledge structures?, in *Complex Information Processing: The Impact of Herbert A. Simon.* edited by D. Klahr and K. Kotovsky. Hillsdale, NJ: LEA, 269-82.

Goldstein. I.L., and Ford, J.K. 2002. *Training in Organizations (4th ed.)*. Belmont, CA: Wadsworth.

Heimbeck, D., Frese, M., Sonnentag, S., and Keith, N. 2003. Integrating errors into the training process: The function of error management instructions and the role of goal orientation. *Personnel Psychology*, 56, 333-61.

Hesketh, B. 1997. Dilemmas in training for transfer and retention. *Applied Psychology: An International Review*, 46, 317-39.

Holyoak, K.J. 1991. Symbolic connectionism: Toward third-generation theories of expertise, in *Toward a General Theory of Expertise*, edited by K.A. Ericsson and J. Smith. New York: Cambridge University Press, 301-35.

Iran-Nejad, A. 1990. Active and dynamic self-regulation of learning processes. *Review of Educational Research*, 60, 573-602.

Johnson-Laird. P. 1983. *Mental Models*. Cambridge, MA: Harvard University Press.

Kanfer, R. and Ackerman, P.L. 1990. *Ability and Metacognitive Determinants of Skill Acquisition and Transfer (Air Force Office of Scientific Research Final Report)*. Minneapolis: Air Force Office of Scientific Research.

Keith. N. and Frese, M. 2005. Self-regulation in error management training: Emotion control and metacognition as mediators of performance effects. *Journal of Applied Psychology*, 90, 677-91.

Kozlowski, S.W.J., 1998. Training and developing adaptive teams: Theory, principles. and research. in *Decision Making Under Stress: Implications for Training and Simulation*. edited by J.A. Cannon-Bowers and E. Salas. Washington. DC: American Psychological Association, 115-53.

Kozlowski, S.W.J., and Bell, B.S. 2007. A theory-based approach for designing distributed learning systems. in *Toward a Science of Distributed Learning and Training*, edited by S.M. Fiore and E. Salas. Washington. DC: APA Books. 15-39.

Kozlowski, S.W.J., and DeShon, R.P. 2004. A psychological fidelity approach to simulation-based training: Theory, research, and principles. in *Scaled Worlds: Development, Validation and Applications*. edited by S.G. Schiflett et al. Burlington. VT: Ashgate Publishing. 75-99.

Kozlowski, S.W.J.,Gully, S.M_Nason. E.R., and Smith. E.M. 1999. Developing adaptive teams: A theory of compilation across levels and time. in *The Changing Nature of Performance: Implications for Staffing, Motivation, and Development*. edited by D.R. Ilgen and E.D. Pulakos. San Francisco. CA: Jossey-Bass. 240-92.

Kozlowski, S.W.J. and Salas, E.(eds). 2010. *Learning, Training, and Development in Organizations*. New York: Routledge Academic.

Kozlowski, S.W.J., Toney. R.J., Mullins. M.E., Weissbein. D.A., Brown, K.G., and Bell, B.S. 2001. Developing adaptability: A theory for the design of integrated-embedded training systems, in *Human/Technology Interaction in Complex Systems (Vol.10)*. edited by E. Salas. Greenwich. CT: JAI Press. 59-123.

Kozlowski, S.W.J., Watola, D., Jensen, J.M., Kim, B., and Botero, I. 2009. Developing adaptive teams: A theory of team leadership. in *Team Effectiveness in Complex Organizations: Cr-oss-Disciplinary, Perspectives and Approaches*. edited by E. Salas et al. New York: Routledge, Academic, 113-55.

Kraiger, K., Ford. J.K., and Salas, E. 1993. Application of cognitive, skill-based, and affective theories of learning outcomes to new methods of training evaluation. *Journal of Applied Psychology*, 78, 311-28.

LePine, J.A. 2003. Team adaptation and postchange performance: Effects of team composition in terms of members' cognitive ability and personality. *Journal of Applied Psychology*, 88, 27-39.

——. 2005. Adaptation of teams in response to goal difficulty and team composition in terms orientation. *Journal of Applied Psychology*. 90, 1153-67.

Marks, M.A., Sabella. M.J., Burke. C.S., and Zacarro, S.J. 2002. The impact of cross-training on team effectiveness. *Journal of Applied Psychology*, 87, 3-13.

Martocchio, J.J., and Dulebohn, J. 1994. Performance feedback effects in training: The role of perceived controllability. *Personnel Psychology*, 47, 357-73.

Mayer, R.E. 2004. Should there be a three-strikes rule against pure discovery learning? The case for guided methods of instruction. *American Psychologist*, 59, 14-19.

Mueller-Hanson, R., White, S., Dorsey, D., and Pulakos, E. 2005. *Training Adaptable Leaders: Lessons from Research and Practice (DTIC No. ADA440139)*. Alexandria,

VA: US Army Research Institute.

Neal, A., Godley, S.T., Kirkpatrick, T., Dewsnap, G., Joung, W., and Heskath, B. 2006. An examination of learning processes during critical incident training: Implications for the development of adaptable trainees. *Journal of Applied Psychology.* 91, 1276-91.

Office of the Under Secretary of Defense. 2010. *Enhancing Adaptability of US. Military Forces (DTIC No. ADA536755).* Washington, DC: Defense Science Board.

Piskurich, G.M., Beckschi, P., and Hall, B. (eds). 2000. The ATSD Handbook of Training Design and Delivery: *A Comprehensive Guide to Creating and Delivering Training Programs-Instructor-Led, Computer Based, or Self-Directed.* New York: McGraw-Hill Professional.

Ployhart, R.E., and Bliese, P.D. 2006. Individual adaptability (I-ADAPT)theory: Conceptualizing the antecedents, consequences, and measurement of individual differences in adaptability. in *Advances in Human Performance and Cognitive Engineering Research (Vol.6)*, edited by C.S. Burke et al. Oxford. UK: Elsevier. 3-39.

Pulakos, E.D., Arad, S., Donovan, M.A., and Plamondon, K.E. 2000. Adaptability in the workplace: Development of a taxonomy of adaptive performance. *Journal of Applied Psychology*, 85, 612-24.

Rouse. W.B., and Morris. N.M., 1986. On looking into the black box: Prospects and limits in the search for mental models. *Psychological Bulletin*, 100, 349-63.

Salas, E., Kosarzycki, M.P., Burke, S., Fiore, S.M., and Stone, D.L. 2002. Emerging themes in distance learning research and practice: Some food for thought. *International Journal of Management Reviews*, 4, 135-53.

Smith, E.M., Ford, J.K., and Kozlowski, S.W.J. 1997. Building adaptive expertise: Implications for training design strategies, in *Training for a Rapidly Changing Workplace.* edited by M.A. Quinones and A. Ehrenstein. Washington, DC: American Psychological Association, 89-118.

Sternberg, R.J., and Frensch, P.A. 1992. On being an expert: A cost-benefit analysis. In *The Psychology of Expertise*, edited by R.R. Hoffman. New York: Springer-Verlag, 191-203.

Tennyson, R.D. 1980. Instructional control strategies and content structures as design variables in concept acquisition using computer-based instruction. *Journal of Educational Psychology*, 72, 225-32.

Tennyson. R.D. 1981. Use of adaptive information for advisement in learning concepts and rules using computer assisted instruction. *American Educational Research Journal*,

18. 425-38.

Tucker. J.S., and Gunther. K.M. 2009. The application of a model of adaptive performance to Anny leader behaviors. *Military Psychology*. 21, 315-33.

Vohs, K.D. and Baumeister, R.F. (eds). 2011. Handbook of Self Regulation: Research. *Theory and Applications (2nd ed.)*. New York: Guilford.

Winters. D. and Latham, G.1996. The effect of learning versus outcome goals on a simple versus a complex task. *Group and Organization Management*. 21, 236-50.

Wong. 1. 2004. *Developing Adaptive Leaders: The Crucible Experience of Operation Iraqi Freedom* [online]. Carlisle. PA: US Army War College. Available at: <http://www.strategicstudiesinstitute.army.mil/pubs/display.cfm?pubID 411> [accessed: 30 July 2012].

Zimmerman. B.J. 2005. Attaining self-regulation: A social cognitive perspective. In *Handbook of Self-Regulation*, edited by M. Boekaerts et al. Burlington, MA: Elsevier Academic Press. 13-39.

第 10 章 在虚拟环境中训练军事团队的教学特征

Rebecca Grossman 和 Eduardo Salas
中佛罗里达大学心理学院和仿真训练研究所

当今,军事团队需要在日益复杂的环境中进行作战(Salas 等,2006a)。其环境特点可概括为:存在结构不良的问题、动态不确定的环境、不断改换且错误定义或竞争性的目标、行动/反馈回路、时间限制、高风险、多方参与者,以及组织的目标和规范(Orasanu & Connolly,1993)。为了在这样苛刻的环境中保持有效性,国防队伍必须针对一系列的知识、技能和能力(KSAs)进行训练。因此,在通常情况下,训练干预的复杂度应随着领域转换复杂度的增加而增加。应对这一目标的通常策略是对虚拟环境投入更多的训练积极性(Salas 等,2002)。这种类型的训练,通常称为基于仿真的训练(Simulation-Based Training,SBT)或基于事件的训练方法(Event-Based Approachto Training,EBAT),它通过使用仿真来反映训练技能所依托的实际环境的形式,采用一种系统的方法来开发目标能力(Salas,2006b)。然而,"单靠引进技术并不能保证训练的有效性"(Oser 等,1999:441)。事实上,训练的设计与实施应该根植于训练科学,应该吸收对 SBT 有效性具有关键作用的各种教学特征。因此,本章的目的是提供有关如何才能将虚拟环境最好地应用于训练军事团队在国防环境中进行作战的信息。首先，我们将解释 SBT 为何是帮助受训者应对复杂环境的一个有价值的工具，以及 SBT 对于团队的训练为什么尤其有效。然后，我们将描述能够对这类训练进行优化的各种教学特征，并总结出有关如何对这些干预进行最优实现的一些最终构想。

10.1　为什么虚拟环境把复杂环境作为有效目标

近年来，研究人员在理解个人和团队如何在复杂环境中进行有效的作战方面已经取得了长足的进步。特别是自然决策（Naturalistic Decision-Making，NDM）方法认为，复杂环境本身的动态性和制约性将不允许决策者在每一行动之前进行认真的计算或筹划（Klein 等，1993）。相反，在这样的环境下进行作战，必须使用以往的经验来理解当前的情形并确定一套合理的行动方案。这种方法的本质特征重点强调了过往经验或专业知识。具体而言，决策者将当前环境中的线索与以往的经验进行匹配，这个过程称为模式识别，随后将通过对行动如何产生可能的结果进行思维模拟，从而挑选和评估一套备选行动方案。因此，以往经验是复杂、动态环境中训练单人作战能力的根本。

使用虚拟环境或者仿真来对这些领域进行训练是获取这些专业知识的一种首要机制。仿真可使受训人员在训练环境中保持安全的同时获取真实的经验。这些经验随后可形成有助于在变化环境中执行任务的模式识别和思维模拟过程基础。此外，Salas 等人（2006a）为 SBT 确立了几个特点，使其特别适合于军事领域。具体而言，仿真建立的真实经验能够加快对 KSAs 的获取，并提供对于获取对军事作战行动中必要的复杂技能具有关键意义的实践机会。此外，SBT 具有诊断性，在场景中可植入一些线索和触发事件，从而能更加容易地对动态环境中受训人员的绩效进行评估和改进。

10.2 为什么应该使用虚拟环境来训练团队

毫不奇怪，大多数的复杂任务都非单人能够完成，而是需要调用团队或更大的组织单位。然而，成功的团队表现需要的不仅仅是每位团队成员胜任其任务。相反，一组专家作为一个专家组进行有效的运作，必须建立起共同的认知和看法，并反过来执行关键性的协调进程（Salas，Cannon-Bowers & Jonnstor，1997）。如上所述，复杂环境往往无法在选择行动过程之前进行广泛的策略定制或公开的交流。因此，团队成员必须在对他们的任务是什么、每个角色由谁承担并对其负责，以及哪些是完成任务的必要资源等形成一种共识的基础上进行工作（Lipshitz 等，2001）。这种共识通常称为共享心智模型（SMMs），它使团队成员以一种相似的方式对形势进行评估，并且在没有明确沟通的情况下预测其他成员的行动和需求。

SBT 对于训练团队尤为有效，因为它为团队成员在进入真实世界的环境之前提供了发展 SMMs 的机会。不同于通过其他训练方法所做的那样去简单地学习或讨论团队任务，模拟训练使各团队成员正如他们在其自然环境中所做的那样，能对同时执行一系列的团队合作进行练习。例如，通过虚拟环境，团队成员可以练习信息交换、沟通交流、提供支持，以及自发地获取领导权，而这被认为是区分专业团队与非专业团队的四个关键性指标（Cannon-Bowers & Salas，1998）。此外，可在仿真中植入特定的触发事件或线索，这将促使受训人员协同他们的队友处理非常规或模糊性的事件。在安全的虚拟环境中作为一个团队来开发任务执行能力和协同工作能力，将使团队能发展专业的和具有自修正特征的能力与技能，这些能力和技能将在回归到转换环境中后极大地促进团队的表现。

10.3 使用虚拟环境增强团队训练的教学特征

在虚拟环境中提升团队训练的效果可采用各种不同的策略。这些策略的主旨在于 SBT 应该根植于训练科学，采取系统的方法去设计和执行训练方案（Salas 等，2006b）。具体而言，根植于训练科学的训练设计"涉及由一系列训练目标所驱动的工具使用（如任务分析）、胜任能力（如 KSAs）、交付方法（如基于实践）和教学策略（如 SBT）"（Salas 等，2006a:46）。此外，训练开发者还应采取一种系统的方法来关注训练之前、训练期间及训练之后上述事件发生的周边环境。虽然对组织环境进行讨论超出了本章的范围，但对于训练策略我们仍将采用一种相似的讨论方法，即依照与其最为相关的训练进程的阶段来对其进行组织。

10.3.1 训练之前

在训练开始之前，应该就工作任务、受训人员和转换环境的特点执行一些关键性的程序并对其进行斟酌。与虚拟环境中团队训练尤为相关的因素讨论如下。

（1）明确清晰的学习目标

在开始训练设计之前，必须建立对训练目标的清晰理解。这包括罗列技能清单或改进已有的性能数据，从而确认哪些是受训人员在当前确实具备以及并未具备的技能（Salas 等，2006a；Salas 等，2002；Salas 等，2009）。此外，还应采取措施来正式确定训练期间所针对的任务和能力（Salas 等，2006a；Salas 等，2002）。其实现可通过对工作或任务进行分析，采用一种系统化的步骤来明确有关特定行为或作业操作性能的 KSAs（Salas 等，2006a）。坦言之，需要对任务和圆满完成该任务所需的技能有清晰的理解。进而核心能力将成为训练目标的基础。这些目标应该着眼于有助于促进与行动需求相关的任务执行和团队工作的 KSAs。

（2）考虑谁是受训对象

在设计介入之前，除了确定任务和能力之外，还应该考虑即将受训的团队的特点。例如，根据团队组建时间的长短可以判断从模拟训练中需要获取的能力类型和经验程度。此外，Salas 和他的同事（2002）认为，当构建学习环境的时候还应考虑几个关键性的团队特点。这些包括团队成员和他们的任务及队友之间的共识程度、团队的组织结构、团队成员相互间的亲近度。

(3) 考虑转换环境条件

同样，应该考虑目标胜任力所应用的环境，尤其是在设计模拟训练的阶段。虽然更高的逼真度并非总能产生更好的训练成果（Salas 等，2009），但当转换环境尤为复杂时，在高度体现这种复杂性的模拟训练中受训人员将受益更多。因此，对于国防训练和许多其他的训练环境，虚拟环境应该尽量贴切地反映实际的操作环境，从而为受训人员提供可用于真实问题领域的相关经验。就其本质而言，应该以任务和转换环境在认知和行为方面的要求为驱动来赋予仿真的逼真度。

(4) 精心设计训练场景

SBT 的一个显著特点在于相对于其他一些教学特征，仿真本身将充当为训练课程（Salas 等，2006a）。这意味着构成场景的事件将成为取得目标学习成果的首要机制。因此，在设计训练场景时必须深思熟虑，以确保通过虚拟环境来引导出关键性的 KSAs。具体而言，可在整个仿真过程中植入特定的触发事件或条件来促进对各种目标能力的应用（Salas 等，2002；Salas & Burke，2002）。应该基于一种对任务或工作的分析来获取场景的脚本，这种分析可对转换环境中所期望的条件以及执行这些条件所需的能力加以鉴定。就国防团队而言，仿真应该引发与任务绩效直接相关的行为，以及在圆满完成任务当中视为具有关键作用的那些相关的团队合作过程。进一步而言，总体目标应定为培养受训人员在复杂环境中进行作战的一系列团队经验。

10.3.2 训练期间

一旦开始仿真，还可创建其他的教学特征来进一步将学习经验增加到最大程度。虽然这些特征必须提前付诸实施，但我们仍然将其囊括在训练期间这个范畴，因为它们将随着仿真的推进而出现于虚拟环境的背景之下。

（1）嵌入式绩效诊断指标

训练工作只有在其能对目标能力进行检测和诊断时才会具有价值（Satish & Streufert，2002；Salas & Burke，2002）。虚拟环境提供了一种独特的契机来建立自动化的绩效指标，这些指标能够系统地植入整个仿真过程之中，也因此为那些负责检测任务的人员减轻了负担（Salas & Burke，2002）。绩效指标十分关键，它不仅可用来判定训练效果，还能用来获取关于受训人员在面向 KSAs 时其优势和劣势方面的诊断信息。因此，指标在设计上应能获取绩效结果和绩效过程（Salas 等，2009）。除此以外，应该使用绩效指标在训练目标、期望的 KSAs 和受训人员的绩效之间建立清晰的关联（Salas 等，2006a）。在这些方式下，可找到绩效方面的问题与 KSAs 或任务中可能存在的缺陷，以及团队处理过程的关系。最后，绩效指标应该植入整个模拟训练过程中的多个节点，最好是与每一触发事件或条件保持一致。就国防团队的训练而言，应当能获取单人层面和团队层面的绩效。

（2）提供指导和反馈

诚然，仿真被认为是筹备复杂环境团队的最为有效的策略，但要重点注意到"练习或绩效本身并不等同于获知"（Salas & Burke，2002：120）。如果没有为练习提供指导和反馈，受训人员可能会关注于或者在实际上获取错误的行为和技能（Frese & Altman，1989）。因此，应该通过使用如上文所述的经过仔细设计的训练场景，以及通过从绩效指标中获取的实时诊断反馈将仿真与指导相结合。然而，反馈不应具有随机性，其组织构造应当围绕学习目标和所设计的触发事件，进而引导出目标 KSAs（Salas，2006a）。不仅如此，反馈的时机应该尽量紧密地与绩效相结合，以确保训练环境是动态的、能强化相应的能力并允许受训人员就地修正其行为（有关反馈调度的内容详见第 8 章）。虚拟训练环境的一个优点是在许多实例中都能以一种自动化的迅捷方式来提供反馈——仿真在设计上应该发挥这个特点。最后，与绩效指标相似，为了最好地促进团队绩效，反馈应该能针对单个团队成员和更为大型的组织单元。

10.3.3 训练之后

为了实现最佳训练效果，在正式训练周期之后还应采取一些额外的举措。这些措施着意于确定当前的训练效果以及了解将来训练规划的发展趋势。

（1）评估

如前所述，如果不能确定训练是否具有实际效果，那么不论其具有何种形式，它都不具备特殊的价值（Salas 等，2009）。因此，最终的步骤应该包括对训练项目进行一个系统的评估。应该通过将训练前检测的绩效与完成训练后采集到的绩效进行比照来直接评估学习成果。这类比照应该围绕前期预定的学习目标为中心，以此来评估在目标能力方面的改进。具体而言，学习成果可归纳为三种类型——知识、技能和态度（Kraiger，Ford & Salas，1993）。为了全面审视训练对关键胜任能力的影响，应该对每种类型都进行单人层面和团队层面的评定。

（2）修正将来的训练项目

与训练评估紧密相连的是基于在评估过程中揭示的潜在缺陷对将来的训练规划进行修正。仿真允许对受训人员正在进行的正确行为，以及技能尚属欠缺的地方进行精确诊断（Salas 等，2006a）。这些诊断可作为经验教训并应在将来训练的开发中加以利用。绩效指标能为以后着眼于相似能力的训练项目在有关如何去进行设计和交付方面提供深入的信息。例如，当评估表明某种特定的 KSAs 没有得到提升时，那么就能修正将来的场景以更好地着眼于该种能力。因为虚拟训练环境有能力产生丰富的绩效数据，Salas 和他的同事们（2002）建议采用一种有意义的方式来开发一个获取这些数据的系统，以促进对训练规划进行评估和修正。

10.4 结论

现代，军事团队需要在日益复杂的环境范围内执行越来越复杂的任务（Salas 等，2006a）。为保持有效性，训练规划也必须增加复杂度，从而使他们获取当前有效行动所需 KSAs 的变动范围。着眼于这些领域的一种训练方法涉及了虚拟环境的使用，通常称为基于仿真的训练（SBT）。SBT（Simulation-Based Training）对训练团队在复杂环境中进行作战特别具有价值，因为它在一个有意义的环境下担负着通过提供受训人员在返回到转换环境后所获得的经验，来锻炼任务执行和团队工作专业知识方面的技能。

本章的目的是为训练国防团队描述各种能用于优化 SBT 效果的策略（这些策略的概要见表 10-1）。现在，我们提出当执行训练时应该额外考虑的两点内容。第一，仅进行一次 SBT 是不够的（Salas 等，2006a）。团队随着时间的推移会产生变化和演进——一个训练项目随后的绩效水平不太可能保持静止。因而 SBT 应该用于多种场合，强化以往学得的 KSAs 并同时着眼于新的 KSAs。这个训练将使受训人员发展出一套经验体系并利用其指导他们在真实世界中的行为。第二，尽管 SBT 能具有独立的效果，它不应作为唯一的训练方法，尤其是在筹备复杂环境的时候（Salas 等，2006a）。另外，还存在一些其他可用的训练方法能用来增补在虚拟环境中所学到的东西，比如团队协作训练或团队自校正训练。进一步而言，这些方法所着眼的能力能够植入构成 SBT 干预的场景之中。这些额外的训练方法与训练团队尤为相关，因为它们着眼于关键性的团队协作能力，这些能力对于在复杂国防环境中进行作战至关重要。总之，仔细考虑和实施本章中罗列的一些或全部策略能极大地提高旨在使用虚拟环境进行国防团队训练的措施的有效性。

表 10-1　用于在虚拟环境中提升团队训练的教学特征

教学特征	
训练之前	
明确清晰的学习目标	使用技能清单和工作/任务分析来确立训练需求并建立清晰的学习目标。学习目标应该着眼于任务工作和团队工作
考虑谁是受训的人员	设计训练场景时考虑团队的特点（如任期、结构）
考虑转换环境条件	应该由转换环境的需求来驱动仿真逼真度的设定
仔细地设计练习场景	场景中应植入为了引导出与学习目标相关联的 KSAs 所设计的触发事件。触发因素应该促进任务技能和团队工作胜任能力

续表

教学特征	
训练期间	
植入绩效诊断量具	植入为了捕捉进程和结果所设计的自动化绩效量具。在单人级和团队级对绩效进行测量
提供指导和反馈	仿真应该与围绕学习目标和触发事件所构建的指导和实时反馈相结合。指导和反馈应以单人和团队为导向
训练之后	
评估	对单人和团队的 KSAs 进行系统评估,确定训练效果
修正将来的训练项目	利用评估中的发现改进将来的训练规划
额外建议	
运用训练科学	采用一种系统的方法来对训练进行设计和交付,这蕴含着工具的使用(如任务分析)、能力(如 KSAs)、交付方法(如基于实践)以及教学策略(如 SBT)。通过考虑训练之前、期间以及之后的情境采纳一种能通观全局的系统
仅使用一次 SBT 不够充足	多次采用 SBT,强化以前学到的 KSAs 并着眼新的 KSAs
吸收其他训练策略	吸收其他训练策略(如团队协作训练、团队自校正训练)以将训练规划的效益最大化

参考文献

Cannon-Bowers, J.A., and Salas, E. 1998. Individual and team decision making under stress: Theoretical underpinnings. In Making *Decisions Under Stress: Implications for Individual and Team Training*, edited by J.A. Cannon-Bowers and E. Salas. Washington. DC: APA. 17-38.

Frese, M. and Altman, A. 1989. The treatment of errors in learning and transfer. In *Developing Skills with New Technology*, edited by L.Bainbridge and S.A. Quintanilla. Chinchester. UK: Wiley. 65-86.

Klein, G.A., Calderwood, R., and Clinton-Cirocco. A. 1986. Rapid decision making on the fireground. *Proceedings of the Human Factors and Ergonomics Society 30th Annual Meeting*, Dayton. OH, 29 September-3 October 1986.

Klein, G.A., Orasanu, J., Calderwood. R., and Zsambok, C.E. (eds). 1993. *Decision Making in Action: Models and Methods*. Norwood, CT: Ablex.

Kraiger, K., Ford. J.K., and Salas, E. J 993. Application of cognitive, skill-based, and affective theories of learning outcomes to new methods of training evaluation. *Journal of Applied Psychology*, 78, 311-28.

Lipshitz, R., Klein, G., Orasanu. J., and Salas, E. 2001 . Focus article: Taking stock of naturalistic decision making. *Journal of Behavioral Decision Making*, 14, 331 -52.

Orasanu. J. and Connolly, T. 1993. The reinvention of decision making. In *Decision Making in Action: Models and Methods*. edited by G.A. Klein et al. Norwood. NJ: Ablex. 3-20.

Oser, R.L., Gualtieri, J.W., Cannon-Bower, J.A., and Salas, E. 1999. Training team problem solving skills: An event-based approach. *Computers in Human Behavior*. 15,441-62.

Salas, E., Almeida. S.A., Salisbury M., King, H., Lazzara, E.H., Lyons, R.. Wilson. K.A., Almeida, P.A., and McQuillan, R. 2009. What are the critical success factors for team training in healthcare? *The Joint Commission Journal on Quality and Patient Safety*, 35 (8), 398-405.

Salas, E. and Burke, C.S. 2002. Simulation for training is effective when… *Quality and Safety, in Healthcare Journal*, 11, 119-20.

Salas. E., Cannon-Bowers, J.A., and Johnston. J.H. 1997. How can you turn a team of experts into an expert team?: Emerging training strategies, in *Naturalistic Decision Making*, edited by C.E. Zsambok and G. Klein. Mahwah, NJ: Lawrence Erlbaum Associates, 359-70.

Salas, E., Oser, R.L., Cannon-Bowers, J.A., and Daskarolis-Kring, E. 2002. Team training in virtual environments: An event-based approach. In *Handbook of 14rtual Environments: Design, Implementation, and Applications*, edited by K.M. Stanney. Mahwah, NJ: Lawrence Erlbaum Associates. 873-92.

Salas, E., Priest, H.A., Wilson, K.A., and Burke, C.S. 2006a. Scenario-based training: Improving military mission performance and adaptability. In *Minds in the Military: The Psychology of Serving in Peace and Conflict(Vol. 2: Operational Stress)*, edited by A.B. Adler et al. Westport, CT: Praeger Security International, 32-53.

Salas, E., Wilson, K.A., Burke, C.S., and Priest, H.A. 2006b. What is simulation- based training? *Fonun*, 24, 12.

Salas, E., Wilsont K.A., Lazzara, E.H., King, H.B., Augenstein, J.S., Robinson, D.W., and Birnbach. D.J. 2008. Simulation-based training for patient safety: 10 principles that matter. *Journal of Patient Safety*, 4(1), 3-8.

Satish, U. and Streufert, S. 2002. Value of a cognitive simulation in medicine: Towards optimizing decision making performance of healthcare personnel. *Quality and Safety in Healthcare*, 11, 163-7.

Schaafstal, A.M., Johnston. J.H., and Oser, R.L. 2001. Training teams for emergency management. *Computers in Human Behavior*, 17, 615-26.

Weaver, S.J., Bedwell, W.L., and Salas, E. 2011. Team training as an instructional mechanism to enhance reliability and manage errors. In *Errors in Organizations: SIOP Frontiers Series*, edited by D. Hofmann and M. Frese. New York: Routledge, 143-76.

第 11 章 集体训练的关键原则

Heather M. McIntyre 和 Ebb Smith
国防科技实验室

11.1 背景

本章对十多年以来集体军事训练分布式仿真实践应用方面的专门研究的结果进行了总结；本章列举了许多重要原则，作者们认为这些原则可以提高训练效果，并可为实现当前最佳实践奠定基础。

军事任务的性质变得日益复杂和多样化，常常涉及联合（多重任务）和联盟（多国）部队。如果这些不同部队需要共同执行任务，他们还需具备共同训练以及军演的能力。然而，现场训练的诸多限制不利于提供必要的现场训练机会。这些限制包括：

- 削减预算
- 缺乏"实际地域"，包括空间训练所需的空域
- 环境因素
- 可用物力/人力

如果要使一线人员保持恰当的战备水平，训练机会的缺乏就会成为一大挑战，而且这一挑战会日趋严重。为应对这一挑战，许多国家发起了分布式仿真等先进仿真技术开发计划。"分布式仿真"一词指一个联结在一起、用以提供一个共同训练空间的模拟网络。这种分布式仿真技术

应用于训练参与者在个人模拟训练时与其他参与者在同一网络受训的情况。这种分布式网络不仅可以将同一地理位置（集中）的所有模拟仿真实践联系起来，还可将不同地理位置（分散）的模拟仿真实践联系起来。在后一种情况中参与的个人和（或）团队将处于不同的地理位置，而且还有可能在他们自己的主要军事基地使用模拟器。这种将训练受众打散的局面带来了一系列挑战，这些挑战已不再仅仅局限于网络设置和运行等技术性问题。分布式网站的应用使得训练管理更加复杂，并且给训练参与人员带来一些后果，这些训练参与人员不再为汇报情况或听取汇报情况[1]而进行正式面对面交流，也不会在休息时间等非正式场合为临时或特别互动进行面对面交流。

到目前为止，军事领域尚不存在分布式训练公认的最佳实践指南。然而，个别国家开展的研究和国际合作研究（The Technical Cooperation Program，2003）[2]有助于我们领会有效利用分布式训练的方式。英国自1999年以来一直实施着一项类似研究计划，该计划由英国国防部（MoD）国防科技实验室（Dstl）的一个团队管理。他们的工作主要是使用网络化模拟技术进行空中作战训练[3]。本章把这项研究的主要研究成果归纳成了分布式仿真背景下有效训练的五条关键原则。

11.2　集体训练的五条关键原则

这五条原则对于成功的分布式训练必不可少。

---

[1]　"汇报"是在英国空军系统最常用的术语。这有时也被称为事后审查。
[2]　在技术合作项目（TTCP）下设的两个工作组，人力资源和行为部技术专家2组（HUM TP-2 训练技术）与航空航天系统部技术专家1组（AER TP-1，航空航天军事行动分析与仿真）的赞助下，在2003年设立一项英、美、加的长期合作项目以推进该项研究。
[3]　这项工作，包含了空军和地面设施之间火力的协调要求，是英国国防部用于机组人员训练的能力演习空域（CAP TA）研究项目的一部分。这项工作通过提供联合战场空间环境支撑了英国的分布式训练能力发展。这项以前被称为分布式仿真任务训练（MTDS）的工作，现在称为防御行动训练能力（空军）或DOTC（A）。

11.2.1 第一条原则：采用以用户为中心的设计方法

为了给使用者设计最优的训练能力，充分了解目标受众的训练需求是至关重要的。这需要终端用户（包括训练人员和受训人员）全程参与能力的设计和开发阶段。对于分布式集体训练而言，可能会涉及大规模军事演习，让受训人员扮演多个角色，甚至在某些情形下还能代表许多公共服务机构或国家的成员。潜在用户可能会发现很难对他们所认为的训练能力给出一个清晰明确的看法，特别是在他们不了解技术能带来什么好处的情况下。然而，如果在早期阶段就让潜在用户参与进来，那么，开发一个使用灵活、反应灵敏的设计程序是可以实现的，这种程序能使技术能力更加满足训练需求。新训练方法的任何实验、试验或概念演示验证可以把终端用户作为测试环节的一部分放到整个系统的背景环境中，这一点同样也是十分重要的。在真正将整个系统以现实军事方式运行之前，是难评估解决方案（过程）或子组件是否是确实有效的。

11.2.2 第二条原则：创建一个完整的训练环境

在使用仿真技术过程中，很容易全神贯注于"模拟器"花费的时间，而忘记其他任务阶段的重要性，尤其是计划和听取汇报阶段。再造完整的任务周期有助于"暂时缓解受训人员间的不信任"并让他们更容易感觉到他们是一个集体，继而全身心投入到训练活动中去（Smith & McIntyre，2001）。研究表明，如果参训人员能够参与所有的任务阶段，那么他们就能通过训练项目取得更多的收获，因为每个阶段对获得总体任务的成功都是至关重要的，而且每个阶段都依赖于不同组合的团队协作技巧和能力（Bergondy 等，1998）。轶事证据表明，参与大规模、复杂的军事训练，无论是现实还是仿真的，高达 80%到 90%的收获来自参与计划过程。计划的既定目标是生成一个产品，即一项计划。事实上，计划最重要的一个好处是提供一个内容严谨、结构合理的方式来了解一个问题领域，继而进行判断（Guzzo & Shea，1992）。在训练期间，执行任务甚至可以被简单地视为一个测试和探索计划的有效性的方法。

因此,需要开发一套技术解决方案,并将其在脑中与所有的任务阶段进行衔接配置,特别是在实施跨地域分布式的训练过程中,网络就需要支持一套类型多样、要求严格的交互措施。例如,在所有网站进行同步听取汇报的能力是非常重要的。这就需要兼容且同步地听取汇报工具和流程。

对于成功的分布式训练来说,为了使各大网站之间能形成高水平的交互能力并支持所有参与者的训练要求,所有参与网站形成相同的训练概念也是很重要的。这可能是直接的或可能需要广泛的讨论和协调,特别是在训练涉及多元文化的情况下,因为此时的训练涉及多个公共服务机构或是多个国家。

在规划和编写训练演习的过程中,所有利益相关各方之间的密切合作是很重要的。这可能需要将外部专家融入现有的、经验丰富的训练设计和管理人员中去。在训练观众涉及多个公共服务机构或多个国家的演习中,需要将两个或两个以上具有同等状态和经验的团队聚集在一起,如此一来,会造成一些需要谨慎处理的协调问题。有必要决定是否需要对训练进行评议商定,或者是否单独训练的优先事项需要对训练成功进行单独的、类似的判断。

技术解决方案和训练策略都必须支持演习训练的所有任务阶段。许多当下的模拟训练系统和训练中心不支持同步的听取汇报和任务重演,这往往是因为它们没有成为最初的合同要求的一分子。此外,听取汇报系统公认技术标准的缺失意味着这些中心有自己专用的、单独的听取汇报解决方案。如果未来要实现跨地域分布式网站集体训练最优化,那么这是必须解决的一个问题。还应该建立通用标准和流程,确保未来的分布式任务训练系统关键组件能够与其兼容。

11.2.3 第三条原则:不要低估共置的好处

尽管某些元素必须保持地理上的分散状态,当然这里是指在联合训练活动中,但是分布式模式对集体训练效益的真正影响还未被完全理解。

先前的研究表明，当共处一地的团队成员在同一地理空间一起工作时更容易建立信任和信心（Gibson & Cohen，2003）。

共置的优势似乎是显而易见的，如可以通过闲暇时间的非正式汇报这一形式带来的友情和强化的战术理解。

在正式和非正式的场合与不同角色/文化进行面对面的接触具有优势，因为这些场合允许更大的跨角色理解的形成。观察高速喷气式飞机组人员的规划过程并提出问题的陆地人员能够阐明用于描述目标空域的专业术语，这些术语在之前的较早任务中曾经引起了混淆。也有可能是这种情况：地面人员站在配有驾驶员的高速喷气式飞机模拟器边上观察机组人员利用其他地面设施进行工作的情形。这种情形带来了对飞行角色及其信息需求与限制方面很有价值的观察。

分布式训练的缺陷同样也是显而易见的。分散的团队之间沟通是很困难的，而且不仅仅只有演习训练管理团队才会有这种困扰。当分布式站点之间的通信严重依赖技术时，在国际事件中跨地域分散的缺陷表现尤为明显（McIntyre，Smith & Bennett，2002）。任何技术故障都将导致演习训练管理团队难以保持态势感知，并将影响他们提供最佳的训练解决方案的能力。这一发现证实了早期的研究中有关技术故障会对训练表现产生副作用的论点（Gibson & Cohen，2003；Jarvenpaa & Leidner，1998）。对训练的潜在影响更是难以量化。几乎没有证据表明：当训练参与者跨地域分散时，那么军事人员的军事行动经验越少，训练的收获就越不显著。依赖技术来调解人际互动会加剧文化差异，削弱建立信任关系的能力。

在 Dstl 的研究过程中进行了大量实验，其中部分参与者在地理上是共置的，而另一部分则是跨地域分布式的。地理上共置的参与者的集体表现得到了提升，包括扮演特定角色和采用程序技能的方式。值得注意的是，在一些难以感知但却很重要的方面也看到了提升，其中最明显的是：

- 对战术势态的感知水平
- 角色内与角色间的沟通和协调
- 对其他团队能力的自信心

个人的人际互动和团队之间的协作能力都是任务成功的关键。因此在某一行动不同元素之间形成一种理解与融洽的氛围也同样至关重要。实验结果表明，协作能力的自我评估有所提高，因为共置的参与者声称他们对其他角色能力的理解已得到提升，而且，他们更加信任和坚信，他们能与其他角色进行合作（McIntyre & Smith，2000）。

如果训练参与者能够进行面对面的规划、作简报和听取汇报（PBD）活动，那说明面对面训练的好处是尤其显著的。虽然研究还在继续改进分布式的 PBD 技术和克服人们不愿使用这些技术的途径，但是有必要设计其他策略，以便打破文化障碍并在分布式训练受众之间建立更加融洽的关系，例如，每天任务结束时，组织一个"虚拟的酒吧"活动，这会有一定的好处，如，帮助分布式参与者参与一个更加非正式的听取汇报会议。

最后，所有的战术环境组件的共置[即计算机生成兵力（CGF）、人工接入模拟威胁实体和训练管理]对于形成完全紧密结合的训练是十分重要的。对敌方部队活动的监管是训练管理的一个重要方面，因为错误的敌方行为会导致许多训练目标失效，并使训练人员吸取错误经验。共置还有助于缩减技术管理经费和支持分布式战术环境元素的基础设施费用。共置和分布式训练系统相结合可能将提供最优的解决方案。这有可能采取卓越中心的形式，即主要行动基地在合适的时候允许接入较小的任务训练中心。

11.2.4　第四条原则：提供一个灵活的和动态的训练环境

Dstl 研究项目使用一个预设综合测试基础来进行一系列实践性训练实验或试验。安全模拟网络被创立出来用于支撑对动态训练环境中的复杂军事现实性训练事件进行技术和战术管理。每一个模拟都提供了一个对现实世界地理区域的综合的自然环境描述。模拟网络支持的训练参与者与角色扮演者、人工介入的模拟与 CGF（同时代表了友方兵力和敌方兵力）。该研究凸显了灵活性作为训练效能关键影响因素的重要作用

（McIntyre & Smith，2008）。

对灵活性的需要有很多方面。首先是在训练活动期间需要灵活性。这包括灵活性和在 CGF 能力方面的易用性，CGF 用于表示友方兵力和敌方兵力，以便帮助军事战术专家指挥和编排 CGF 行为符合不断变化的任务需求，保持现实性，优化注入和触发的应用来促进学习。

更重要的是，灵活性对于应用战术可靠的触发事件是很关键的。触发事件训练参与者不期望发生的偶发事件，并且会慎重地加入任务周期的计划和实施阶段。对于机组人员训练来说，触发事件包括任务计划过程中的情报更新、无线电通信干扰、弹药不够用、系统故障，以及与遭受预先未知的地面防空站点的打击等事件。在执行期间，事件被注入仿真过程以便触发特定类型的响应，要求团队协作达成成功的决议。这些触发器为观测数据搜集提供了一个焦点，目的是促进任务临界或时间临界区域的训练任务。然而，用于支持在执行阶段注入的分布式合成训练环境的复杂性不可被低估。它需要高度的技术和程序的灵活性。它还需要一个灵活、反应灵敏的仿真支持团队（技术人员），这个团队要能够对战术指令做出快速反应，要么是战前（由于对机组人员的专家军事分析规划和头脑风暴活动），要么是"在飞"（如实施由任务速度和表现分析所引发的合成训练环境改变）。

以往开发的用于设计和评估团队训练的方法，以事实为依托，并应用了"紧密结合训练预设场景事件的嵌入训练目标，并以过程为依据的绩效测评系统"。例如，目标方法（Dwyer 等，1997），由美国海军空战中心（NAWC）与舰载作战信息中心团队首创，它使用一个五步程序，其中包括：训练目标转化为代表性场景事件；确定代表每个事件指定目标获得成就的绩效标准；由绩效标准向开发绩效流程和结果的基于事件的评估方法转变，以评估训练效果。然而，决定使用一种方法，比如目标法就限制了可用于场景设计的其他方法，因为特定的触发"事件"需要预设相应的"可接受的反应"。使用目标法在评分者之间建立了高度的信赖，而且它还被用于区分团队进程的好坏。然而，据称该方法也难以使用，而且也不可能迅速进行分析，给训练参与者做出及时反馈。对于以任务为主的集体训练来说，通常涉及不止一个团队进行协作，会使用一些评估方法，如目标法，这些方法与自由操练的概念和允许实时执行自由任务的要求不符；并且即使结果与其说是由参与者所决定的，不如说是早已内定。

灵活性的概念还包括对于技术与协议灵活性的需求，这对模拟训练继续延伸以满足其他用户的需求并支持任何新兴军事任务规则来说是很重要的。模拟训练工作需要有持续的升级路径，因为技术在不断进步，用户需要能够自由接触市场并集成目前最好的解决方案来满足训练的需要。

11.2.5　最后且最重要的一条原则：使用军事专业知识作为训练管理功能的一部分

当参与研究的人员是前线、战备人员时，旨在评估军队训练潜力的研究将增加其可信度。Dstl 研究不仅包括一个监控模拟的技术团队，而且还包括用来指导、编排敌方空军与地面设施的行动，并评估参与者在网络仿真环境中共同执行任务水平的战术专家团队。这个被称为白色部队（WF）的团队，也经常帮助实施英国空军演习。在这些现实演习训练中 WF 确保军事行动相关的经验教训在汇报中被总结记录。参加演习的人员是经验丰富的机组人员，而不是学员，并且演习目标往往被设置在一个较高的水平（例如，在一个敌方环境中实践过程"x"和"y"采用设施"a""b"和"c"）。汇报的形式为在具有经验的教员指导下进行自我评估，而不是参与者被评分或者被告知他们"做错"了什么。没有采用明确的手段来测评集体绩效，但是 WF 会使用他们的军事战术知识对集体表现的优劣进行细致的诊断性评估。

训练质量最重要的决定因素可能是 WF 的质量。因此，WF 必须有许多重要的特征。首先，WF 必须得到受训者的信任。要达到这样的信任程度，WF 需要有既深刻又广泛的、适当的知识基础和经验。深入了解影响战斗的作战指挥情况和战术知识是很重要的。WF 要能够在训练中协调和控制事件，但是集体训练永远无法完全照本宣科，因此 WF 能够透彻理解发展中的战术情况并采取相应措施是至关重要的。在训练演习结束后，WF 必须能够从一组复杂的事件中获得一定的训练经验教训。

WF 听取汇报扮演着一个复杂而微妙的角色，WF 必须能够鼓励参与者提出重要的训练经验教训，还必须能够提供一个更广泛的视角以巩固对事件正确的解释。最后 WF 以坚定的热情致力于训练是极其重要的。这意味着 WF 几乎全部由现役或退役军事人员组成；这个角色可能不适合由工程师或者技术人员担任。

11.3 结论

本章突出强调了当前对使分布式集体训练有效进行的最好方法的看法。尽管这仍然是一个活跃的研究领域，但是可以从目前的研究获得一套能最大限度地利用此类训练的基本原则。本章讨论的建议是基于上述的五个关键原则，概括为：

1. 采用以用户为中心的设计方法。
2. 创建一个完整的训练环境。
3. 不要低估共置的好处。
4. 提供一个灵活的和动态的训练环境。
5. 使用军事专业知识作为训练管理功能的一部分。

参考文献

Bergondy, M.L., Fowlkes, J., Gualtieri. J., and Salas, E. 1998. Key team competencies for navy air wings: A case study. *Proceedings of the 20th Interservice/Industry, Training, Simulation and Education Conference (I/ITSEC)*. Orlando, FL, 30 November-3 December.

Dwyer, D.J., Oser, R.L., Foxvlkes. J.E., and Lane, N.E. 1997. Team performance measurement in distributed environments: The TARGETs methodology, in *Team Performance *Assessment and Measurement: Theory, Methods and Applications*, edited by M.T. Brannick et al., Hillsdale, NJ: Erlbaum, 137-53.

Gibson, C.B. and Cohen, S.G. 2003. *Virtual Teams That Work: Creating Conditions for Virtual Team Effectiveness*. San Francisco: Jossey-Bass.

Guzzo, R.A. and Shea, G.P, 1992. Group performance and intergroup relations in organizations. In *Handbook of Industrial and Organizational Psychology*. edited by M.D. Dunnette and L.M. Hough. Palo Alto, CA: Consulting Psychologists Press, 269-313.

Jarvenpaa, S.L. and Leidner, D.E. 1998. Communication and trust in global virtual teams. *Journal of Computer-Mediated Communication* [online], 3 (4), available at: <http://jcmc.indiana.edu/vol3/issue4/jarvenpaa.html> [accessed: I December 2005].

McIntyre, H.M, and Smith, E. 2000. Training in a synthetic environment for improved operational effectiveness in collective air operations. *Proceedings of the 22nd Interservice/Industry, Training Simulation and Education Conference (I/ITSEC)*, Orlando, FL. 27-30 November 2000.

McIntyre, H.M, and Smith, E. 2008. Distributed simulation and mission training in a joint. multinational. network era. *Proceedings of the Royal Aeronautical Society, Flight Simulation Group Conference on "Military Flight Simulation, Where Do We Go From Here?"* London. UK. 12-13 November 2008.

McIntyre, H.M., Smith, E., and Bennett, W. 2002. Exploiting high fidelity simulation for coalition mission training. *Proceedings of the 24th Interservice/Industry Training, Simulation and Education Conference (I/ITSEC)*, Orlando, FL, 2002.

Smith, E, and McIntyre, H.M. 2001. Simulation and collective training – creating a total experience. *Proceedings of The Royal Aeronautical Society: Flight Simulation Group Conference on 'Aircrew Training-Time to Take Stock'*, London, UK, 16-17 May 2001.

The Technical Cooperation Program. 2003. Coalition mission training development using distributed simulation. *The Technical Cooperation Program (TTCP)Project Arrangement (PA)No. 03/02/AER*.

Chapter 12
第 12 章 模拟训练中的经济因素

J. D. Fletcher
国防分析研究所

12.1 背景

模拟可大致定义为设备、条件、流程和/或环境的一种交互式模型。从使用伊始,模拟便被用于进行军事训练和评估军事行动的准备程度。今天,为应对日益扩展的操作需求所产生的挑战和要求,模拟被广泛地用于向个人、群体、团队和单位提供其需要的技能。

使用模拟训练的优势可归结为四个方面(改编自 Raser,1969):
- 安全:模拟的生命和健康可以根据训练要求遭受任何程度的危险。
- 经济:模拟的材料、设备及其他物理或财政方面的资源,可以根据需要进行使用、误用以及/或者过度使用。
- 可见性:模拟可以化无形为有形,并且控制特征,从而使初学者既能见树木而识森林,也能见森林而识树木。
- 时间控制:模拟时间能进行加速、减速或是暂停。它也能完整地进行回溯,从而允许初学者能反复地对特定的难题、事件或是操作问题进行处理。

一旦记忆并理解了基本的事实、术语、概念以及简明的过程,模拟能将几年才能获得的经验压缩到几天、几周或是几个月。它能提供真实的、沉浸式的并且常常是强烈的体验,这些体验要求运用于解决现实问题所需要的、更加抽象的过程——分析、评估和创造性的综合。模拟能为数量庞大的、价格适中的训练提供逼真的反馈,这些反馈可将个人、全体人员、团队和/或单位融入在真实世界的环境中不可行甚至不可想象的情形之中。

尽管模拟具有重要的价值意义,但训练项目的设计不应该从对将要使用的模拟假设开始着手。研究强有力地表明,对基本事实、术语、概念和简明的过程进行最经济有效的教授,需通过个性化的、基于计算机的训练和实践(Fletcher,2010),而非模拟。研究进一步表明,合理地运用这些基本原理来解决现实世界中的问题,其最为有效的教授方式是通过基于模拟的和以目标为导向的训练。应提前确定作战需求,并从中确定训练目标,再验证包括模拟在内的、所选择的任何一种训练方法。

12.2 模拟训练

训练研究中最共同的发现之一,是在训练中应用反馈确实会有效——大量的经验研究已经表明个人、群体、团队和单位能从中得到学习。由于这个原因,所有训练都已被简单地描述为带有反馈的训练。模拟训练的首要目标是为关键性训练提供反馈,同时不对实际军事环境产生开销(资金和/或危险)。模拟训练可划分为相互关联的两大类:战斗模拟和系统模拟。两种方式都可用来训练各级的军事行动:战略级、战役级和战术级。这里集中讨论战役级和战术级的训练。

12.2.1 作战模拟训练

今天,所有在演练场进行无武装作战的练习都可被视为模拟。作战模拟着重于集体训练(群体、小组和单位)。国防规划人员通常将作战模拟训练区分为三种形式:现场模拟、虚拟模拟和构造模拟(Gorman,1991)。

现场模拟包括利用真实材料和装备(如飞机、坦克、舰船、无线电通信、雷达、声呐等）的陆基（或空基或海基）体验。它通常要涉及包括：配备繁杂的仪器对演习进行记录，并能为行动后的回顾精确地重建事件。现场模拟中一个特别显著的范例是美国海军的"壮志凌云"历练，其将越南战争期间空对空作战的失联率从 2.5% 提高到 12.5%，并在所有的军事机构当中刺激了作战开发中心的发展。

  虚拟模拟的实施采用载人模拟器和计算机生成兵力，两者在电子生成的地形和环境中进行相互交战。由于网络体系的存在，参与者可位于地球上的任何一个位置。进而，虚拟模拟的一个重要问题是关注演习参与人员的联合区域集中或是分散。两种途径在成本和效益上都有其优势与不足。

  构造模拟其最好的例证是计算机控制的战争游戏。参与者应用所建立的场景和设定的参数，在观察结果的同时让计算机演示出整个交战过程。许多该类型模拟都依赖于控制模拟的底层模型的有效性。

  这三种形式的模拟相互依存，催生了将实况、虚拟和构造模拟在单独和联合交战中的主要研究活动。该领域已取得了一些成就，比如，将现场模拟与陆地实战以及指挥中心进行的构造模拟联系起来。

  通过不同形式的交战模拟可对军事效能的不同方面进行最经济有效的训练和评估。与现场模拟相比，虚拟模拟可对演习进行更为精准的训练和评估：现场模拟中，调遣可能受到高速公路、建筑物或是航道的限制，而在虚拟模拟和战斗紧急状态中这些都可以避免。而相较于用作虚拟和构造模拟的空调建筑内，领导技能在雨雪天或是高温天气的实况演练中将会受到更为严峻的考验。对于控制大规模的军事行动（如：军团及以上的部队），也许只有通过构造模拟才能进行成效显著、成本适中的训练。

  图 12-1 显示了作战模拟的三种形式——该图表明了以下内容：

- 作战模拟的每种形式都对作战效能的一些方面进行了训练和评估，但并不全面。
- 这些模拟功能对军事效能的一些方面无法进行训练或是评估。从某种程度上来说，在真实世界中的交战经验至关重要。
- 对于军事效能某些方面的训练和评估，可用的作战模拟形式不止一种。
- 任何一种形式的作战模拟都无法对战备情况进行全面和最终的评估。
- 采用何种形式或哪种联合方式的模拟，依赖于训练的目标。

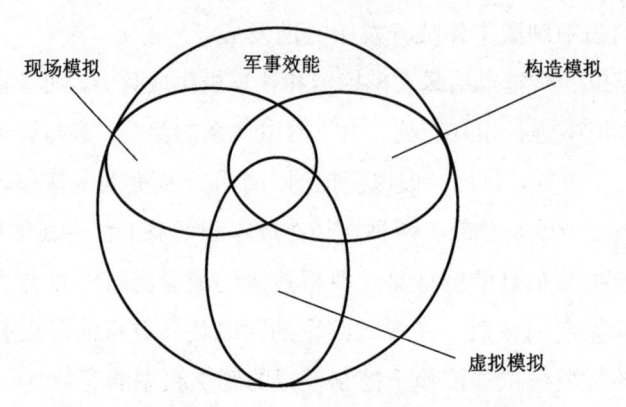

图12-1　三种模拟形式之间及其与军事效能的相互关系

在模拟的这些形式中，构造模拟通常最为经济，其次是虚拟模拟，而现场模拟通常最为昂贵。表 12-1 为现场模拟、虚拟模拟和构造模拟提供了一个概念映射以及三者可提供训练的任务区域。这张表格的细节具有概念性并明显存在争议，因为训练目标范围广阔，可存在于各个运作区域中。然而，该表格为在这三种模拟形式中进行最具成本—效益的训练资源分配提供了一个基础。

表 12-1　构造模拟、虚拟模拟和现场模拟训练资源在军事任务领域中的概念性分配

军事领域	模拟类型		
	构造	虚拟	现场
调遣	第三位	第一位	第二位
机动	第一位	第二位	第三位
情报	第一位	第二位	第三位
监视	第一位	第三位	第二位
侦察	第一位	第二位	第三位
火力	第三位	第一位	第二位
后勤	第一位	第二位	第三位

续表

军事领域	模拟类型		
	构造	虚拟	现场
保障	第一位	第三位	第二位
命令	第三位	第二位	第一位
控制	第一位	第二位	第三位
部队防护	第二位	第一位	第三位
大规模杀伤性武器应对	第一位	第二位	第三位
网络	第二位	第一位	第三位

要考虑的另一个问题是多国训练中对指挥所作战模拟的集中与分散。Moses 和 Fletcher（2011）总结道：若仅仅是考虑总的开销，应选择分散而不是集中。然而，他们也指出其他需要考虑的事项，比如生活质量和延迟的母站任务，暗示了一种更为联合的途径。该报告建议，应更加频繁地使用分散，但在部署前面对面的组队建设中，可能需要集中。

12.2.2　系统模拟训练

系统模拟通常关注于对材料和设备的操作、维持和配置方面的训练，但这种情形下"系统"可能还包括过程和组织。关键点在于所有系统均是由人工操作的。任何一个军事系统的军事价值是受训个人、全体人员和团队操作、维持和配置该系统的关键所在。系统模拟提供了许多这样的训练。

系统模拟的经典观点（如 Shannon，1975）关注于为进行训练和实验而可以进行操作的实际装备、过程和组织的模型。对模型进行操作的期望得出了交互式模型（模拟和模拟器）的概念——能为其内部结构和即将进行的的操作提供充分的细节描述以迎合特定的训练目标的需要（Towne，1995）。

模拟装备可从诸如手工工具和私人武器等简单实体延伸至复杂的装备组，如雷达转发器、飞机及指挥控制中心。一个模拟过程可以是车辆调配管理、损害控制规程或者是一个战斗群的战术行动。模拟组织包括复杂的人类表现（如他们的行为和交互）以及他们对环境的反应（Rouse & Boff，2005）。所有这些系统模拟都在当今非常规战争环境的训练中具有重要意义和使用价值。

系统模拟是现场模拟、虚拟模拟和构造模拟中一个明显且重要的组成部分，需要相关、精确的系统描述以确保训练有效进行，并将获取的知识和技能完全应用于战场之上。

12.3　模拟逼真度

模拟提供的现实性是模拟为主的训练中一个不可避免且长期存在的问题。对现实性的需求可演化为对逼真度高低的争议。现实性非常珍贵，若不用付出代价，很容易会选择可能存在的最高逼真度，但这并不寻常。相反的是，必须连同逼真度所带来的军事效能一道在成本与逼真度之间达成平衡。

通过对所追寻的训练目标进行仔细考虑，可找到这种平衡。如果不需要使用开关和仪表盘来执行某些任务，是否需要使用除了图纸或"挂图"之外的任何东西来对其进行描绘？如果一些环境因素的物理现象不影响输出结果，是否需要开发并引入算法来精确地对其进行描述？我们是否需要在汽车模拟中加入手势以对导航进行训练？

不幸的是，为任何超越基本的事实、概念和规程而需要进行判断、分析、评估和综合，并因此可能需要模拟的训练确定诸如明确的任务、标准以及将要获得的条件等训练目标，这个过程并不简单。更为复杂的是，首次设计和开发时无法预知的模拟器和模拟通常被投入使用。最后，逼真度水平与其通过训练可能产生的军事效能之间的关系既不准确，也不确定。

对于这些问题的处理，至少存在一条实用的建议。那就是在建造模拟器和进行模拟时坚持模块化和基于对象的流程，这样就能以更少的代价且更为迅速地做出更改。这种方法虽非万能，但会有所帮助。

12.4 游戏和模拟

在训练中使用游戏已经逐渐普及。它是目前讨论的一个热门话题。它是基于 John Dewey（1913）首次提出的一个经典概念。他指出，当学生对学习任务感兴趣时，相较于不感兴趣的时候，他们将会更加努力地去理解所呈现的材料，并因而学习得更为深入。因此，他们对于采用以计算机为主的、交互式游戏来进行训练兴趣日浓，因为初步证据表明了这些因素是初学者学习的强劲动力。

游戏和模拟之间并没有标准化的和广泛认可的区别。表 12-2 给出了一些概念上的差别。Randel、Morris、Wetzel 和 Whitehill 顾问公司（1992）把游戏更加简洁地定义为实现可能取决于技巧并涉及机会、竞争，和/或虚构环境的具体目标的互动活动。更简单地说，根据表 12-1，当前观点是所有游戏都为模拟游戏。

表 12-2 对比模拟和游戏

模拟	游戏
牺牲娱乐性为了真实度	牺牲真实度为了娱乐
考虑情节和任务	考虑故事性和任务
强调任务完成	强调竞技
非必须交互	必须交互
强调细节（规则）的精确	强调（规则）程序化的清晰
并不是所有仿真都是游戏	所有游戏都是仿真

使用游戏进行训练的争议可以列举如下：

a. 游戏是强制激励。

b. 人们自愿坚持玩游戏的时间长于他们从事非游戏类学习的时间。

c. 如果游戏具有教育性意义，那么这种参与游戏式的训练将增加个人花在训练上的时间。

d. 延长以游戏为主的训练，会使任务学习的深度和时间均有所进步。

简单地说，如果人们坚持玩游戏，并不是因为他们花了钱，而是因为他们想玩游戏，然后他们可能会以同样的毅力用他们所拥有的训练材料来玩游戏，并且正如 Dewey 所建议的，这些材料让他们学习得更加深入。有实证支持这个论点（Tobias & Fletcher，2011）。人们可以从打游戏的过程中学到东西，这一点已毋庸置疑。而要实现具体的训练目标，缺少的是一组设计游戏的有效程序。目前，这个过程与其说是科学或者技术，不如说是一门艺术。

12.5 效能和成本

12.5.1 效能

军事训练的目的和目标是增强执行军事行动的成功率。这种训练观点曾被柯克帕特里克一再强调，他总结了长期以来关于训练效率和评估的四个等级的观点。如下是一些适合军事训练的观点：

- 等级 1：调查。等级 1 评估学习者、教员和管理者的观点和信仰。它并非没有价值，这是最容易和便宜的评估形式。然而，它告诉我们更多的意见是有关衡量训练效能的。
- 等级 2：训练结果衡量。等级 2 评估确定训练是否达到其目标——如果训练能形成在指定条件下执行目标任务达到规定的标准所需的知识、技能和能力。
- 等级 3：转移到工作绩效。等级 3 评估确定通过训练所获得的知识、技能和能力是否转移职责岗位绩效。
- 等级 4：对发起机构的益处。等级 4 评估确定所获得的知识，技能和能力是否能提高组织效能、生产力以及成功的可能性。

基本上，等级 1 和等级 2 专注于把事情做好。等级 3 和等级 4 专注于做正确的事情。他们直接强调我们做训练的原因。这些等级可以用于所有训练，包括模拟训练。

12.5.2 成本

决策的特点不仅仅体现在选择最有效的方法，也包括确定必须放弃什么，因为考虑到成本。计算成本需考虑时间、设备、生活质量，甚至生活本身等因素。其最常见的评估方式是货币成本。

例如，在预算中，决策者必须在购买更多的航空燃料或进行更多模拟训练之间做出选择。他们需明确购买多少航空燃油和进行多大程度训练。他们也清楚地知道在航空燃料上的投资可以使多少架飞机飞行和/或带来多少单位效益。另外，决策者将会决定训练成本，但对这些成本带来的单位效益进行客观、量化的评估会较为困难。不是无法进行评估，而是很少有人这样去做。简而言之，决策者非常清楚 1 英磅的燃油所带来的价值，但 1 英磅能够带来什么样的训练呢？如果这一问题没有答案，决策者一定会坚定不移地投资训练，但现在答案却显而易见，因而这使得训练在与定量经济和其他方案或活动所需的具体作战设备竞争时，处于一种劣势地位。

成本和效率关系到模拟训练评估是否要采用一个中肯和负责任的方式来告知国防预算和决策。表 12-3 列出了决策空间。如表所示，决策可能寻找要么以最小成本产生期望性能，要么保持成本不变时产生最好的性能。表 12-3 所示的四种可能性中，这种决策在两种情况下似乎是明确的。如果有一种选择的成本少且效率高，而其他都相同时，应该选择它。如果另一种成本越来越不太有效，那么，在其他条件不变的情况下，它应该被丢弃。

表 12-3 成本—效益评估的基本决策空间

		花费	
		增加	减少
效率	增加	??	接受
	减少	拒绝	??

以上表格中有两种情况不够明确，这看起来似乎更像现实生活中的

决策。其中一种选择意味着更高的成本和更好的表现。另外一种选择意味着低成本和较差的表现。应该考虑单位成本的表现比率或单位表现的成本比率，同时也需考虑所提供的表现效果和价值。无论其成本多少，问题越与实际军事行动和武装作战相关越有价值。这两种情况的决策权最好留给军队指挥官。训练分析师和规划师的工作是公布这些决策以及可用成本和有效数据。

成本模型

成本分析最好基于成熟的成本模型。任何可执行分析中都包含一个能确定、罗列和定义成本要素的成本模型。具体性和明确性对于成本分析来说至关重要，它们能便于决策者和分析师了解并清楚地表达他们正在谈论的内容。具体性在帮助那些咨询分析以做出决定的人群中也发挥着重要作用。成本要素中应明确表述其所不涵盖的项目和所涵盖的项目。表 12-4 为普遍通用的训练分析框架。标准系统工程的基本问题，如分析、设计、开发、执行和评估都被罗列其中，而成本的一般类别——人力、设施、设备、材料，消耗品及间接成本也被一一列在表中。成本数据将用于填充由行和列构成的单元格。

表 12-4　教学用成本模型框架

	人力	设施	设备	材料	消耗品	间接成本
分析						
设计						
开发						
实现						
评估						

大多数成本模型的四种通用类别分别是：研究和开发、初始投资、运营和支持、处理和回收（Mishan & Quah, 2007）。研究和开发成本包括创建、测试和评估一种教学方法所必需的所有硬件、软件、其他材料、人员和设备。初始投资成本包括采购和配置满足预期要求的资源，这一过程所产生的一次性成本。运营和支持成本包括在实施教学后所需的教

学管理、运营和维护费用。处理和回收成本包括从运行使用中移除该模型的一次性成本。

很多分析省略了处理和回收成本,因为它们只是一次性的,很难准确估计,而且通常影响不大。许多研发成本以及初始投资成本也只是一次性成本,但它们可能广为人知并且较为重要。当一个程序被视为现有程序的替代品时,其研发成本和初始投资成本都可能纳入分析之列,即使它们可能不包含在其替代项目之中。分析师或许会将现有程序的成本定为"沉没"成本,即无论如何都无法改变的成本。这些成本不会纳入决策中,但替换程序成本却经常纳入其中。

12.5.3 模拟训练的成本和效益分析

评估训练效果的技术基本上都适用于模拟训练。文章篇幅有限因而无法一一讨论这些技术。但在模拟训练评估中,笔者对其中两个特别感兴趣,那就是转化效果分析和标准化表现分析。

转化有效性分析

模拟的一个关键问题是在模拟训练中获得的知识、技能和能力转化到现实世界任务性能中的程度。一些解决这个问题的尝试在数量上依赖累积转化效率比率或转化效率比率(TER;例如,Roscoe & Williges,1980)。这些比率被发展用于评估从飞机模拟器到飞行器飞行的转化。它们适用于任何仿真系统,但在搜集足够数据上的困难使其不太可能用于评估从模拟训练到实际操作的转化。

模拟训练中的 TER 可以定义为:

$$\mathrm{TER} = \frac{T_C - T_X}{X}$$

式中,TER = 转化效率比率;

T_C = 一个控制/基础组达到标准性能所需的时间或试验;

T_X = 在应用模拟的 X 时间或试验后,一个试验组达到标准性能所需的时间或试验;

X = 应用模拟的试验组花费的时间或试验。

TER 告诉我们把经验（如时间、试验）和实际系统联网所能为每单位模拟使用投资节省的数量。它提供的经济信息能够达到了解真实系统和仿真系统（在试验或时间）投资的程度。当实际系统比仿真更昂贵时，TER 越大模拟训练的经济情况就越好。然而，即使实际系统时间更便宜，模拟可能由于其他原因（如安全、可见性和时间控制）而被应用。

Orlansky、Knapp 和 String 使用 TERs 比较了军用飞行器飞行成本和模拟器操作成本。他们发现飞行器模拟器运行成本约为军用飞行器运行成本的十分之一，因此，如果 TER 等于 0.10 或更高，使用飞行器模拟器通常可有效节省成本。

这一发现是有用的，也是重要的。然而，三个观察数据是有先后次序。首先，必须注意的是，并非所有的模拟训练时间都是相等的——前期的模拟时间可能比后期节省更多实时系统时间——曲线通常是负加速曲线，并且模拟效果随着时间而呈现消退趋势。这种因素导致了采用增量（ITER）评估法测量的学习曲线存在差异。ITER 比率被定义如下：

$$\text{ITER} = \frac{T_{X-\Delta X} - T_X}{\Delta X}$$

式中，ITER = 增加转化效率比率；

X = 模拟时间或试验；

ΔX = 在 X 时间或 X 试验各自开始后的模拟时间或试验；

T_X = 使用模拟达到标准性能所需的时间或试验；

$T_{X-\Delta X}$ = 在应用模拟完成 $X-\Delta X$ 时间或试验后，到标准性能所需的时间或试验。

ITER 完美地表现出了效果随时间变化而逐渐消退，Roscoe 和 Williges 对这一观点进行了更加完整的讨论。泰勒等人列举了一个关于 IETR 用于飞行模拟训练的例子（2003）。

其次，转化不是模拟器自身所独有的特点。它与获得特定技能或成绩水平紧密联系。基于模拟器或模拟环境的转化评估也必须考虑这个训练试图完成什么,即训练目标。Holman(1979)通过引入一架CH-47直升机模拟器对这个问题进行了阐述,Holman发现如果把兴趣技能简单地看作驾驶直升机的全部能力,那么TER等于0.72。然而,他同时指出为满足驾驶一架CH-47直升机的特定技能要求,其24个TERs值变化范围为2.8到0.0。具体选择哪个TER,取决于它想要分析的对象。

最后,因为他们专注于模拟和模拟器,TER主要关注分配多少模拟给一组学习者,以将完成特定训练目标所需要的总成本降到最低,即在保持效果不变的同时将成本最小化。统计结果明确表明个性化的教学减少了达到特定成绩阈值的时间(Fletcher,2010)。如果包括模拟训练在内的各种训练是基于个人而不是群体差异,则模拟训练相比实际系统的成本可能会减少四分之一。

然而,对大型军事组织来说,为完成训练而在不同的时间发布后期同步训练命令可能非常困难。对于现有组织机构来说,他们可能更易于处理那种在保持发布命令日期不变以便于使训练适应军事人事系统的需求时,仍允许每一位学习者"做一切他们能做的"的项目。Cohn和FLetcher(2010)的报告表明对此类实践的投资获得了极大的回报。

标准化性能分析

标准化性能分析与两个或两个以上的输入量相关,它产生一个输出量表示保持某些预期值或水平。通常假设每一个输入仅由它自身便可以产生预期的结果,尽管一些输入可能对结果独具贡献,但至少在某些程度上有将其包括的必要性。

标准化性能可用于在训练的相同功能分析中解释成本和转化效率。这样的分析以所需的表现水平开始并且源于曲线,如图12-2所示,该图改编自Morrison和Holding的研究成果(1990)。这些理论曲线显示了不同的训练输入组合,例如,使用模拟训练和真实设备训练产生等同的绩效。剩下的问题就是确定标准化表现曲线上成本最低的点。

如同TER分析,标准化性能普遍应用于评估在保持性能不变的条件下,不同模拟组合和真实系统训练的成本。它能够识别所有所需输入的组合，并输出一个确定的性能水平。通常在连续区上进行此类识别，最终会生成一条有两个输入变量的标准化表现曲线（见图 12-2），或者在输入量为三个或更多输入量的多维情况下产生一个标准化"曲面"。

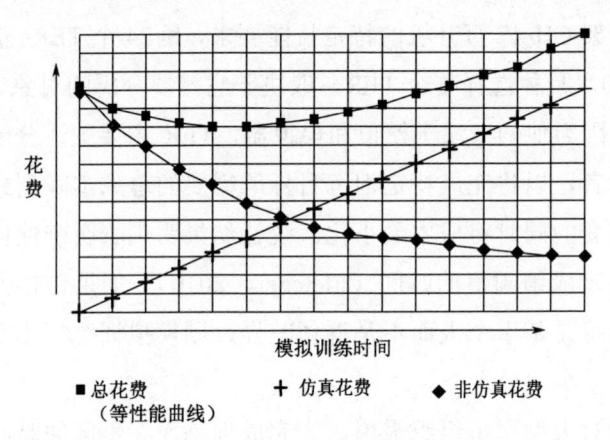

图12-2　根据仿真和实际的设备成本作为函数绘制的理论标准化性能曲线

如图 12-2 理论曲线表明，由于使用目标系统的真实时间代替模拟时间，因而总成本首次下降。但随着实际系统时间的减少，需要使用模拟器进行训练的时间会相应增多，因而总成本又会有所增加。刚开始时真实系统训练的时间成本与总成本处于相同位置，但会随着模拟训练的增加而逐渐降低。这些成本之所以从未降低到零，是因为训练项目终究会包含一些实际系统训练的课时或试验。模拟的成本起始于零，会随着它使用次数的增加而逐渐升高。

在此公式下，可以看出最有效的成本解决方案由上图中顶部的总成本标准化性能曲线的最小值确定。这样，它就可以用来分配模拟训练、真实系统训练或所考虑的任何输入的训练课时或试验。事实上，它使得表现（或效果）不变并试图将成本降低到最低。也可以使用标准化性能分析做完全相反的事情。Carter 和 Trollip（1980）使用了一种在数学上等价的方法，以设计一种使得性能（或效果）最优化的最佳策略（注：该性能或效果源于固定成本——标准成本曲线）。

Morrison 和 Holding（1990）列举了一个关于射击训练的例子，他们意在使用模拟来节省训练弹药。其他例子如，Bickley（1980）致力于研究模拟器时间与陆军 AH-1 直升机飞行时间。Jones 和 Kennedy（1996）探讨了使用标准化性能分析评估人员合适度与训练时间。

或许是时候以一种更加认真的投资态度对待标准化性能方法。但在转化数据的搜集上仍存在问题。用于使标准化性能分析有效的数据表明产生同等性能输出的输入训练组合，很容易使训练开发人员超出时间和资金预算。Morrison 和 Holding（1990）提出了解决这个问题的方法，就是用专家判断代替经验数据。另一种方法是将经验数据在几个关键点结合。Morrison 和 Holding 对这种方法的可行性进行了评估，并指出这两种方法中，无论单独使用哪一种都不够充分。实证研究的发现虽有效但花费较高。专家的判断花费相对较少，但其有效性却不确定。而两者结合却又可行。或许可以通过提供有限但有效的经验数据来增加专家判断的有效性。我们可以进行试点研究，用来确定模拟器（或模拟训练）时间或必要试验的大致范围，然后利用少量不同的模拟确定模拟"用量"。

12.5.4 进行经济分析

经济分析的目的是由评估可选活动或非活动（例如，不做任何事）方式为决策提供依据的。经济分析评估每种可选方案所带来的预期收益的数量和可能性，并且平衡项目成本、结果及约束条件，从而实现分析目的。

收益—成本分析

在多种备选方案中决策时通常降低收益和成本之比，即每单位成本获得的收益大小。收益—成本分析，简单来说就是成本—收益分析的倒数，是用于确定是否在一些活动过程中收益回报比投资其中的成本更有价值。收益与成本之比的计算是简单的。它将一项活动所有成本减少成为一个独立单元。对所有收益都是这样做的。收益和成本之比计算被用于确定对于每单位成本可以获得多少收益。

我们可以通过选择任意的度量标准计算一个收益/成本之比，但条件是输入和输出的量必须相称——两者评估时必须使用相同的计量单位。在任何投资资源领域和产生回报的领域货币单位都是最易换算的。基于这个原因，这些比例几乎都以美元、英镑、欧元或其他决策者易理解或常用的货币单位所表示。

投资回报率（ROI）与收益/成本之比密切相关。它也是一个比率，正如它的命名所暗示的计算它也是明确的。正如 Phillips（2003）所讨论的，ROI 是一个比率，用来表示每单位投资返回了多少净收益（收益减去投资成本）。

投资回报必须计算一段时间周期，比如一年。计算所包括的时间长度应该由那些倾向于使用分析结果的决策者分析会商决定。

ROI 方法通常假定一次性注入现金资金——净现值（NPV）分析常被用来确定不同的投资中那些将在未来数年时间内提供最大的回报。它是按照收益贴现少于成本贴现定义的。它表示当前的美元的现金价值可能是一种在今后数年的投资。

在这些情况下，考虑到投射到未来的利率可能带来的收益，成本会打折扣。当然，这些利率带来的折算比率是不确定的，但政府机构每年都要为所有潜在投资者对它们进行评估。投资者寻找最大净现值的投资。科恩和弗莱彻（2010）提供了这样一个训练分析的例子。

NPV 可以这样计算：

$$\frac{C_1}{(1+i)} + \frac{C_2}{(1+i)^2} + \cdots + \frac{C_n}{(1+i)^n} = \sum_{t=1}^{n} \frac{C_t}{(1+i)^t}$$

式中，C 是在 t 年中的现金流，i 是折扣率或利率。

通过将新的替代训练的成本与继续现有训练系统的成本做比较，问题就变成这样：在可供选择的训练中找到我们所寻求的最低净现值。在这种情况下，以现有最低成本的货币单位（即现金）来考虑问题更好。

成本—效益分析

对公度性所提出的要求可能是分析所面临的一大问题，分析中常见度量因子的减少可能是假象并会使决策者产生困惑，成本—效益分析为此提供了一个解决方案。它允许收益，如工作知识、工作技能、生产力和操作效率能在各自单位得到评估。

成本—效益的计算是投资成本除以效益——作为收益与成本的直接比率。基于此，在决定成本效益时，在所有被考虑的选择中将成本或效益视为恒定并分别观察效益或成本的变化成了普遍的做法。成本被隐性地假设成为在所有选择中都是常数，这是因为它在许多训练评估中都是缺失的。这种假设可能是合理的，但分析师应该提供数据或信息来支持这种假设。

成本—效益是一个相对的术语，相关的决策可选项必须指定评估它。且不说它的共同用途，但我们不能就此说投资对于它本身，是或者不是成本—效益，尽管它对于计算成本—效益的比率是无影响的。

成本—效益分析完成之后，为实现目标添加的选择可能改变它的结论和建议。如果基于成本—效益分析的一个行动过程被选择，那么可供选择的设置必须尽可能被定义得完善而全面。

成本—效益分析的一种形式是成本—效用分析，回报是以投资受益人收到的效用或价值的形式进行评估的。成本—效用分析经常被推荐但极少用于除了医疗方面以外的部门，医疗部门着重关注改善生命年质量（Drummond & McGuire，2001）。成本—效用分析可能对于评估军事人员的生活质量问题特别重要。

军事上两个使用成本—效用分析的特殊领域，是对家属的教育和训练位置的集中与分散的规定。成本—效用分析在评估家属教育服务的价值上发挥了作用。另一个例子是通过分散练习产生的成本—效用给服役人员更多在家的时间。

总结： 考虑对基于模拟的训练进行经济分析的步骤包括以下：

- 确定目标。进行经济分析，像任何评估一样，对决定作支撑分析。如果对分析结果支撑的决定没有一个清晰的理解，那么决策的使用是受限的。
- 确定规模的要求。分析关注过程，每年训练10个人的过程及达到的定性结论与每年训练 2000 个人时不同。由分析师根据训练的时间，预算和生产力所拟定的训练规模需要明确定义。

- 确定要使用的成本模型。即使很少有成本分析能做到完美，但也应该明确，这样其他人就可以为自己，以及他们的目的、价值和相关性进行判断。成本元素的定义应当清晰表明成本具体包括什么、不包括什么。
- 为成本—效益分析确定一组全面的备选方案。备选方案在分析师和决策者的讨论和会商过程中被认为是重要因素。添加一个新的替代方案或重新定义现有的元素会轻易地改变分析的结论和建议。
- 设计分析。经济分析可能涉及为评估搜集数据专门设计的试验，或者它可能利用已有的经验数据。在任意一种情况下，都需要找到并应用系统校正方法。应选用固定成本或固定收益方法。首次引入五个缺陷的 Kazanowski（1968）经典文章似乎特别值得关注：
  - 比率谬误是因为决策者单独考虑成本与效益之比或效益与成本之比，或者忽略、误解它们中任意一个的重要性而产生的。例如，如果它只适用于训练一个人或训练数千人的案例，又或者它涉及价值 1000 美元对 10000000 美元的模拟器，那么不同的比率可能会使决定变得完全不同。仅依靠比率进行方案选择需要谨慎对待，这是因为它允许成本和效益的绝对量级可随意变化。
  - 类似于比率谬误，量化谬误是假设所有与分析相关的事情可以被量化，例如，通过增加模拟器的使用减少飞机飞行时间可能会有经济价值，但是我们如何量化这种方法对入伍驾驶高性能飞行器而不是驾驶模拟器的军事人员的士气和飞行经验带来的影响？
  - 相互关系的谬误是假设所考虑变量之间的关系是单调和线性的——所有的因素在同一个方法，单一、整体的比率下相互关联。这一谬误变得越来越重要，因为我们根据现有经验发现加入了对量化影响的权衡量级。
  - 溢出谬误可以被视为外部类似于相互联系谬误。然而，后者关心的是在分析范围内的关系，溢出谬误关注分析范围外的那些能潜在产生意想不到结果的被忽视的因素。

◆ 唯一标准谬误与量化谬误和相互关系谬误都有关。唯一标准谬误是选择一个标准作为唯一的品质因数。虚假的经济体，比如通过初始投资成本和/或资本支出生命周期成本，在这种谬误中是明显而普遍的例子。类似的，如短期改变居住训练的质量以满足"训练预设"的要求，以及短暂通过训练负担而在随后的任务分配中积累职场经验。

- 执行分析。分析应该在时间、预算和环境允许时进行技术方法校正。
- 进行灵敏度分析。所有的分析都需要假设的值分配给它的组分。灵敏度分析确定其调查结果受制于这些假设变量的程度和这些变量相关的范围。
- 报告结果。决策者应该被告知有关分析的优势和劣势。假设应该尽可能地便于识别和描述。成本和效率的潜在模型应该被记录下来。来自不同时间周期的成本数据应该调整以便于对它们进行比较。资本设备（如计算机、课本、模拟器）应该按实际摊销。

12.6 结论

本章提出了有关模拟在训练中使用的基本概念。模拟在训练个体、小组、团队和单位执行一个全范围的军事任务或作战时，它的成本—效益是可选择的。作战和系统仿真任何一个都不应被视为实际装备训练的缩水版。训练目标是只能在模拟环境下完成，这是因为模拟降低了成本并增强了安全性、可视性和全局控制。尽管如此，训练中模拟器的使用应该坚决依据操作要求和训练目标执行。

在所有训练中，学习的转换对于职责站点任务和操作环境是至关重要的。对已完成训练的目标（把事做对）和工作表现的改进（把事做好）进行评估有相应的成本和效益模型。这两种技术看起来相当有关联，因为对于评估基于模拟训练的效益是转换效益和标准化性能分析。

成本效益、投资回报、净现值和成本效果分析似乎都适于模拟训练。在模拟训练中经济因素尤其重要，因为在投资资金紧张的情况下，投资模拟、模拟器及其所衍生的仪器仍需要与许多领域争夺投资资金，包括物资、设备和供给品领域，它们与成本和军事行动效果的关系更为直接和明显。专家很少对模拟训练进行经济分析，它应该变得更加普遍。

参考文献

Bickley, W.R.1980. Training Device Effectiveness: *Formulation and Evaluation of a Methodology (Research Report 1291)*. Alexandria. VA: US Army Research Institute for the Behavioral and Social Sciences.

Carter. G. and Trollip, S. 1980. A constrained maximization extension to incremental transfer effectiveness. or, how to mix your training technologies. *Human Factors*, 22 (2), 141-52.

Chatham, R.E. and Braddock, J.V. 2001. *Training Superiority: and Training Surprise*. Washington. DC: Defense Science Board, Department of Defense.

Cohn. J. and Fletcher. J.D. 2010. What is a Pound of Training Worth? Frameworks and Practical Examples for Assessing Return on Investment in Training. *Proceedings of the InterService/Industry, Training Simulation and Education Conference (I/ITSEC)*. Orlando, FL, 29 November-2 December 2010.

Dewey. J. 1913. *Interest and Effort in Education*. Cambridge, MA: Houghton-Mifflin.

Drummond, M. and McGuire. A. 2001. *Economic Evaluation in Health Care: Merging 7heory with Practice*. Oxford. UK: Oxford University Press.

Fletcher, J.D. 2009. The military value of expertise and expert performance. In *Development of Professional Expertise: Toward Measurement of Expert Performance and Design of Optimal Learning Environments*, edited by K.A. Ericsson. Cambridge, UK: Cambridge University Press. 449-69.

——. 2010. *Research Foundations of the Advanced Distributed Learning Initiative (IDA Document D-4118)*. Alexandria, VA: Institute for Defense Analyses.

[9] Gorman. P.F. 1990. *The Military Value of Training (IDA Paper P-2515)*. Alexandria. VA: Institute for Defense Analyses.

——. 1991. The future of tactical engagement simulation. *Proceedings of the 1991 Summer Computer Simulation Conference*, Baltimore, MD, 22-24 July 1991.

Holman. G.J. 1979. *Training Effectiveness of the CH-47 Flight Simulator (ARI-RR-1209)*. Alexandria, VA: US Army Research Institute for the Behavioral and Social Sciences.

Jones. M .B. and Kennedy, R.S. 1996. Isoperformance curves in applied psychology. *Human Factors*, 38 (1), 167-82.

Kazanowski, A.D. 1968. Cost effectiveness fallacies and misconceptions revisited. In *Cost-Effectiveness: The Economic Evaluation of Engineered Systems*, edited by J.M. English. New York: John Wiley, 151-65.

Kirkpatrick, D.L. 1987. Evaluation, In *Training and Development Handbook (3rd ed.)*, edited by R.L. Craig. New York: McGraw-Hill, 301-19.

Mishan. E.J. and Quah, E. 2007. *Cost Benefit Analysis*. London: Routledge.

Morrison. J.E. and Holding, D.H, 1990. *Designing a Gunnery Training Strategy (Technical Report 899)*. Alexandria, VA: US Army Research Institute for the Behavioral and Social Sciences.

Moses, F. and Fletcher, J.D, 2011. *Cost Estimates for Command Post Training Using Distributed vs. Centralized Synthetic Environments (IDA Document D-4453)*. Alexandria. VA: Institute for Defense Analyses.

Orlanksy, J., Knapp, M.I., and String, J. 1984. *Operating Costs of Military Aircraft and Flight Simulators (IDA Paper P-1733)*. Alexandria. VA: Institute for Defense Analyses.

Phillips, J.J. 2003. Return on Investment in *Training and Performance Improvement Programs (2nd ed.)*. Oxford. UK: Butterworth-Heinemann.

Randel. J.M., Morris B.A., Wetzel. C.D., and Whitehill, B.V. 1992. The effectiveness of games for educational purposes: A review of recent research. *Simulation and Gaming*. 23. 261-76.

Raser, J.R. 1969. *Simulation and Society: An Exploration of Scientific Gaming*. Boston: Allyn and Bacon.

Roscoe, S.N. and Williges, B.H., 1980. Measurement of transfer of training, in *Aviation Psychology*, edited by S.N. Roscoe. Ames, IA: Iowa State University Press. 182-93.

Rouse, W.B. and BoFf, K.R. 2005. *Organizational Simulation*. Hoboken, NJ: John Wiley & Sons.

Shannon, R.E. 1975. *Systems Simulation: The Art and the Science*. Englewood Cliffs, NJ:

Prentice-Hall.

Taylor, H.L., Talleur, D.A., Emanuel, T.W., and Rantanen, E.M. 2003. Incremental transfer of training effectiveness of a flight training device. *Technology Enhancements for Aviation Classrooms Seminar: University Aviation Association Fall Education Conference*, Dayton, OH, 22 October 2003. Available at: https: //www. hf.faa.gov/docs/508/docs/FTD102203.pdf [accessed: 30 July 2012].

Tobias, S. and Fletcher, J.D. (eds). 2011. *Computer Games and Instruction*. Scottsdale, AZ: Information Age Publishing.

Towne, D.M. 1995. *Learning and Instruction in Simulation Environments*. Englewood Cliffs, NJ: Educational Technology Publications.

第三部分 仿真技术

第13章 训练技术：实行状况和新兴概念

Robert A. Sottilare
人类研究与工程局 美国陆军研究实验室

"技术是我们的朋友"，你听到这句话多少次了？通常，技术的确是我们的朋友，尤其是进行合理的设计以满足我们的需求与期望的技术。它使我们的工作更加简单，它可靠并且使我们事半功倍。对技术的一个最简单的定义是"工具和方法"。工具使做事更加容易，而方法能指导我们并促进标准化的流程。训练技术正同支撑其成熟的交叉学科一样在不断发展。训练技术可以复杂，有如完美融合了人类与计算机的全浸式三维仿真；也可以简单如斯，譬如一纸清单。本章的目的，是对当今正在使用的训练工具和方法，以及由创新研究所导向、可能体现未来实践状况的新兴概念进行一次基本概况的描述。

本章概述了当前具有代表性的和新兴的训练技术，以及它们对军事训练的影响。我们将讨论训练的基本原理，并考察训练技术的需求以及推动训练研究的构想。现场的、虚拟的和可构建的仿真域的使用十分广泛，但对于将分配到各个仿真域的训练时间进行最优配置并无任何启示。

国家的经济状况正在有关训练方法的抉择中发挥更大的作用。许多联邦国家开始评估能够潜在支持"自我调节"或"自我导向"式学习的技术，该技术使每位学生主要负责他或她自己的学习，并接受人工智能代理（如作为导师或教练员）的指导。

现在，由于我们大部分的军事训练都是基于计算机，人机交互成为了训练系统设计中的又一重点。在人员训练中采用高保真度的模拟，其收益和代价依然存在争论。仿真技术在持续地提供更具针对性和现实性的互动，同时娱乐产品（游戏，视觉感官技术）也在不断支撑参与性和学识性之间的协同联系。在训练科学里，现实性主要涉及促进因素（仿真环境和场景事件）与学习对象之间的关系，但是现在，训练技术中参与性与学识性效率的联系正促使科学家将娱乐科技的确切含义评估为训练工具。

从第 14 章开始，我们将讨论在实时仿真事件和虚拟环境之间分配训练时需要考虑的因素。第 15 章具体关注虚拟环境训练的设计，在第 16 章，我们来评估众多训练模拟器中的一个关键组成部分的作用：教练员操作站。在第 17 章，我们将探讨需求条件的应用，以及在广为人知的训练应用领域中的一个设计：医疗训练。第 18 章开始从实践状态过渡到新兴的训练技术，我们将考察虚拟世界的应用与潜力，以及作为训练环境的严肃游戏程序。在第 19 章和第 20 章，我们将分析训练技术的潜力，并讨论人工智能和基于计算机的自适应教学系统。最后，在第 21 章，我们将展望虚拟现实训练如何才能激励和影响学习者，并以此结束全书。

那么，一位从业人员（如训练工作人员或教学系统设计师）应如何使用这部分的内容？首先，每章都为"良好的"训练系统设计原则提供了相关范例。遵循"以用户为中心"的设计原则，对学习技术进行了着实有效的探讨，并配备了绝佳的练习。考虑了学习人员的需求，并且与读者进行了互动。使用这部分内容的第二种方式，是作为从业者的参考指南。每一章都是基于从文献中提炼出的合理的设计原则，章节中的参考文献可作为从业新人发展自身有关训练技术和训练系统设计的知识切入点。最后，正如对技术的讨论，作者也考察了每项技术对训练开发、交付和/或有效性的影响。这对于想要了解新兴训练技术的潜在影响力的从业者将有所裨益。

Chapter 14

第14章 现实和虚拟场景下训练分配

Stuart Grant 和 Slawomir Wesolkowski
加拿大国防研究与发展中心

对国防和安全人员进行训练,是为执行许多不同的任务。例如,一名飞行员可能被用于在中队里管理金融资源、使用计算机制定一项任务、驾驶战机作战,以及在高度紧张情景下指挥一支小分队。这项训练科目涵盖了所有教学媒介,如教科书、讲座、模拟器和真实演练。幸运的是,教学系统设计方法(美国国防部,1997;加拿大国防部,1999)提供系统化的方法来分类整理这些教学媒介,以便建立高效率的训练项目。结果通常是一个或多个训练媒介的混合或组合;然而,训练技术多任务性和多动态性使得指导系统方法技术有关各种媒介课程的平衡难以给出详细的指导。特别是,在混合虚拟和现实场景下配置训练任务,这是一大挑战。

虚拟和现实场景的组合训练,借助一个场景的优势和/或避免其他场景的缺陷,通常是用来达到训练管理者的目的。也许最明显的目的是提高学习能力(Muller 等,2006)。对某一特殊任务而言,某种场景可以提供比其他场景更好的训练经验。使用可操作的设备进行现实场景下的训练将提供高度逼真的"训练装备"(尽管系统配置和教学支持可能是有限的）。当然，成本是另一个因素。一个训练系统的固定成本有房屋、训练装备、场地和核心教员队伍，如果采用混合训练环境的话预计成本将会增加。但是，通过降低边际成本相关的开支，如燃料、弹药、训练靶、装备磨损、行军、野餐和增加的工作人员等方面，组合训练可能会带来整体的成本节约。另一个目标可以减少现场训练的机会成本。虚拟环境下训练可以将操作人员和设备从中解放出来并用于需要的地方。安全和环境问题是混合环境训练的另一个目标。很明显，模拟场景下的事故不会造成设备损坏和人员受伤，而是提供学习机会。更隐蔽的安全问题，如听力损失和铅暴露，也可以被改善。同时，也可以减少环境噪声和火灾范围及土壤污染。减少训练时间也可能是一个目标。视任务情况而定，受过训练的人员可能会提前通过使用大量实操系统（如步枪和车道范围）或者通过运行更快的模拟器（例如，在一个训练单元为飞行员提供很多四对四空对空作战）。最后一个例子，组合环境可能会提供安全保障。在看不见的虚拟场景中训练，可以保留系统性能和策略的机密性。显然，组合教学媒介具有有助于完成各种训练目的的潜力。

14.1 优化的挑战

确定哪种教学媒介使用以及如何完成很多牵涉到权衡和优先级的挑战性决定，Schank 和他的团队在一种自由度方法中提供了不同目标权衡的实例，在该方法中，设定一个主要目标（如熟练程度），然后调整其他目标（如飞行时间）使其满足主要目标。他们表示，如果在认知理解上不投入巨大精力的话，这种调整过程将变得非常复杂以及可能无法取得结果，例如，现场演习与模拟演习之间的关系。另一个相关问题是不同场景下实操能力训练的评估。麦考利认为不同环境下的训练可能会转化为实操环境下不同的训练效果（McCauley，2006）。

一种方法将是寻求优化的解决方案，转化为多标准决策制定的战场，这已经发展成了被称为多目标优化的强大而严格的体系。多目标优化允许我们同时优化两个或更多目标（加拿大国防部，2001），在单目标优化中是找到唯一的优化解决方案。因为多目标问题中的目标通常是矛盾的，这些问题可能会有不止一个优化解决方案（例如，模拟训练与现场训练）。我们可以计算出在不同组合训练中每一个目标的符合程度。优化解决方案中权衡的概念是由帕累托提出的。如果解决方案发生任何改变时会导致一个目标增加，另一个目标减少，这个解决方案是帕累托效率（或是非主导）。所有需求要点的集合包括多目标优化问题中的帕累托主导。通过计算这组集合，训练管理者们可以选择这些优化解决方案中的最优解。

使用非主导地位这一概念的第一种挑战是对数据的需求。虽然一个组合模式可以是任意定义的，其对目标的优点可能不知道。对现有用于相关系统的组合训练或训练大纲进行数据搜集可能是有用的。从历史记录或正在进行的训练操作或从其他组织的经验中提炼数据可以提供依据对于什么是（或不是）可行的。从潜在的混合训练中搜集新的高效率的数据来指导一个优化运动是理想的。为了获得统计功效，需要准确估计期望目标混合的优点，如果训练任务是高费用的或是人员密集型的，可能需要大量资源。另外，即使决定对一项研究大量投入，这些投入仍有可能会显得不足。Boldovici 和 Kolasinski（1997）给出了比较两种组合训练模式下公司演习的例子。如果一种组合模式比另一个模式具有 10%的优势，让 12 家公司分别用每一种组合模式进行了试验，结果是两种模式被检测出不同的概率小于 50%。

第二种挑战，是在优化训练中需要考虑可能的组合数量。组合的数量可以变得很多。例如，考虑选择一个组合的步枪训练的挑战（Grant，2007）。假设使用两种训练媒介，现场大火和模拟大火，以及八个训练靶场，如果每一个训练靶场安排为一种环境且不变的话，将会有 2^8 或 256 个组合，随着训练媒介数量的增加（例如，空弹射击、口径武器训练、不同类型的模拟等），组合数目急剧增加。考虑一些组合通过在有用数据之间插值是可能的。然而，当考虑到未经检验的训练组合和已有的技术，由于函数关于目标函数的组合是未知的,从而使得插值越来越不可靠,而且如果目标之间是矛盾的,这将会使得训练负责人最终很难决定确定哪一个训练组合。这并不是件轻松的事情,因为在帕累托主体地位中可能有成百上千的解决方案。有很多方法帮助训练负责人基于他/她的爱好特点筛选这些解决方案(Bonissone, Subbu & Lizzi, 2009)。但是,这个筛选过程仍可能是耗时和不精确的。另外一方面,如果目标之间不是矛盾的(如果成本和性能作为目标使用时是不大可能的),这时将使用单目标优化,因为帕累托主体地位只有唯一的一个解决方案。

鉴于目标数量太多,我们想简化这个问题,通过对所有目标进行加权和,将多目标优化转化为单目标优化。然而,决定这些不同目标的权重是一项非常困难的任务(加拿大国防部, 2001),也是专家学者目前使用多目标优化的原因之一。本质上,一个目标的重要性(更高的权重)将取决于训练负责人的爱好(Bui, Abbass, Barlow & Bender, 2012)、经济环境和国防优先事项。

优化训练组合的另一种挑战是变量的持续流动影响优化目标。仿真技术性能变化迅速,在某些领域每年都在提升。幸运的是,当前的研究可以使得改变模拟技术产生的影响更容易预测。为了对训练任务分类,劳埃德及其同事们正努力尝试客观地定义可验证的视觉系统性能指标。因此,可以预期现有的和新兴的视觉显示技术的功能将会支持一些特殊的训练任务和提前准备训练分配决策要点。仿真技术的成本(购置成本和维护),人员,特别是燃料也会改变很多。此外,受标准和原则变化的作用,训练任务本身也可能会波动。另外,随着时间推移,人员会随着聘用关系、退休和人事运作的优先权变化而变化。

最后,经济的周期性会影响有操作经验人员的保留和新兵的技能与经验水平,从而影响新兵训练要求。

具体情况将决定这些挑战是否容易处理。在数学优化不可行的情况下,用分析的方法进行代替。

14.2 制定分配的方法

分析方法利用训练要求和可用技术的特点来识别组合。尽管分析方法并不要求提供数学最优解，但制定的组合是由分析得出的，因而，产生的结果要优于可能从任意组合和可追溯组合所获得的解，因而，多目标变量变化的影响是可以理解的。这些组合将被称为有利的解决方案。

Daly 和 Thorpe（2009）描述和演示了一种分配现场和复合场景下训练任务的方法，具体是对训练要求、训练技术和它们之间的相互依赖关系进行评估。分析始于主体专家对每一个训练任务候选训练媒介逼真度的判断。接着，对每一个训练媒介的训练效能进行衡量。统计学分析之后测试训练媒介的类型和逼真度水平对任务性能的影响。在对结果阐述期间，这种情况下被认为要求使用更逼真的仿真系统，即提高逼真度后获得更低的任务效能，因此，操作员水平将会在由操作环境带来的全部挑战下进行发展。在训练中提高逼真度伴随着任务效能的提高被认为在这些领域具有更优异的操作性能。

该方法的优势是对不同训练媒介逼真度的评估，不需要假设所有训练设备逼真程度对训练的贡献相同。这产生了经济效益通过识别最重要的因素——仿真精确程度，从而指导训练设备组件的选择。另外，有一个好处就是可以建议对于训练媒介什么样的先进技术值得去追求或者应该去执行哪一种可能改变训练的方法。另一个优势是对这种类型研究相对容易些。因为这是一种观察的方法，它从现有的训练系统获取数据，而不需要广泛的试验。可能改方法的主要缺陷是对现有训练系统的依赖，其使用不同的训练媒介来训练相同的任务。在某些情况下，相同的任务在现实场景和模拟场景下训练费用可能相当。该方法的另一个缺陷是它是单一准则方法。只有性能被评估。包括其他选项如成本、环境影响和安全将提供更多因素用于分析。该方法最后一个缺点是它的分析是基于在训练期间对性能的测量，而不是训练转化为实操。鉴于在实操环境中获得训练数据转换的实际困难,这个缺点可能是不可避免的,但是有一点是需要注意的,在模拟环境中操作提高性能并不一定会提高实操性能(McCauley,2006)。

Frank 和他的同事们(2000)开发了一种方法来对现场和合成环境下的训练任务进行分配,其由训练期间学习阶段支配。他们认为学习过程分四个步骤:认知、理解、练习和实践(FAPV)。在认知阶段,学员获得系统概述性的知识。理解步骤是学员通过干预性指令或辅导来完成学习过程。练习阶段是学员在不被干预下执行任务以及获得不依靠指令操作的能力。验证步骤发生之后学员能够独立操作,教员的作用是提供安全监督和指导改进。FAPV 分析将每一个步骤视为独立的,在训练环境的每个步骤中允许匹配学习。结果是一个典型的教学媒介的组合。认知阶段是相对被动的,通常可以利用基于训练的讲义、讲座和计算机来完成。理解和练习通常要求更多的相互交流和需要使用合成场景。验证过程发生在现实场景。

FAPV 分析开发了一个计算机数据库,包括训练任务、训练时间和关于候选训练设备的数据。利用这个数据库,分析师可以使用既定的指导方针或者其他的原理产生候选解决方案,依据训练要求分配训练资源。分析师可以评估这些解决方案以决策判据如课程长度、系统成本和人员需求为背景。FAPV 方法自动计算解决方法对准则的优势。为处理潜在的众多解决方案的挑战,FAPV 方法明确要求指挥者的指引来帮助优先取舍、准则和训练设备指南的使用。在任何算法验证中连续变化的挑战通过数据库方法是更容易控制的。虽然这种变化不能停止或预期,但实际的或预期的变化很容易被评估。FAPV 方法仍然依赖各种训练设备速度和效率上的初始数据。这些可能对已有系统可以使用,但可能对新的系统不可以使用,这种现象在动态仿真领域经常出现。

第三种分配训练任务的方法是由 Colegrove 和他的同事们提出并应用到机组人员训练中(Colegrove 等,2009)。这种方法避免找到现场和模拟训练任务的优化组合的目标,取而代之的是,通过考虑训练技术与训练要求和学员技能水平之间的匹配来寻求一个定义一系列实用和有利的解决方案。当定义一个特征形状，以模拟器任务为横坐标、现场任务为纵坐标画图时，预计模拟器和现场任务的组合训练是最好的解决方案。描述处理已有的一套训练任务的递进，而且也寻求决定机组人员参与多少现实或仿真环境下的训练任务才能达到美国空军熟练和高度熟练的标准。这种解决方案能够使有经验和没有经验的机组人员达到每一项训练任务的两种熟悉程度执行标准（熟练和高度熟练）。

这种特征模型通过现有的训练知识体系处理了获取大量数据的挑战。它的训练要求出自已出版的空军规程，即《预备机组人员大纲》。根据训练要求，现场和模拟任务的训练量是由空军教练员在实际检验中评估得到的。每一种训练场景的数据支持每一个训练要求也是在检验中获得的。从调查人员中获得的解决方案可以用来画出定义有利解决方案的特征，或者他们可以平均后产生单点解决方案。项目发起人的指导使得评估大量解决方案的挑战是易于处理的：唯一准则是要求精确。基于训练者从当前训练项目和全职训练系统中获得经验的特征模型，受益于使用者在训练项目中的经验。然而，这种解决方案只是时间上的投影。总结起来，未来的讲义、技术和经济变化的影响并不能由此模型表征。

14.3 结论

现场和模拟组合用来提供满足多个标准的训练。然而，找到帕累托优化解决方案正在受到质疑，这是由于需要考虑的解决方案数目非常庞大且获取数据评估它们是困难的。如果这些方面的疑问能够被克服，对于目标优化的发展是可以推动理论分析的。在数学优化方案不可行的情况下，非主导解决方案的概念仍是一个有用的方法，来提供一个有利的解决方案供训练管理者考虑。这样，理论和经验方法用来选择解决方案更容易。另外，训练管理者或者项目负责人对优先原则数量进行限制的指导是非常有用的，这是因为减少了对很多非主导解决方案的评估。此外，已有训练项目和技术的数据可以评估一些与有经验人员合作的解决方案，可能提供观察类似解决方案的视野。

技术、讲义和操作成本的变化让人们对组合训练提出另外一个质疑。如果一个训练项目实现起来缓慢的话，这些因素变化会很大。该项目应该嵌入一个经济模型，可以分析运行成本将来的变化。不幸的是，当训练技术的分析和任务数据来自现有的训练系统时，这些用于预测将来的数据变得越来越不可靠。然而，最近的研究可能会使得改变显示技术对仿真技术的影响更容易预测（Lloyd，Basinger 等，2011；Lloyd，Williams & Pierce，2011）。这些研究始于对训练设备应该设计成提供功能仿真的理解或者要求执行的训练任务是什么（Hays，1980）。通过控制不同显示变量和测量观察者能力的影响来执行特别的训练子任务（比如在战术距离识别飞机）。劳埃德和他的同事们将训练任务映射到显示指标。生成的数据库提供了一个保护方法来筛选在训练组合分析中对现有的和潜在的模拟系统的考虑。对这个主体更多的研究将会使得训练系统被认为更加迅速和可靠。

最明确的后续工作是扩大任务——显示变量数据库。例如，众所周知，步枪射击在模拟器中因显示精度低，其性能会下降（Temby 等，2005），但是，要知道，显示变量需要支持特殊的任务对于训练系统开发者和操作者来说将是非常有益的。这项工作将会在一定范围内识别关键视觉判断，之后评估视觉显示变量对这些判断的复合影响。对其他模拟器接口也需要研究，比如已下车士兵在模拟器中的运动。操纵杆、跑步机和跟踪操纵士兵位置的运动在模拟环境下已经被评估了（Grant & Magee，1998；Knerr，2007）。但是，映射训练任务组成部分仍有待完成。Sticha、Campbell 和 Knerr（2002）提供了一种数据搜集的方法。尽管这个方法的数据搜集需要广泛的项目支撑，但它对于识别有利的训练组合提供了一个坚实的基础。

参考文献

Boldovici, J.A. and Kolasinski, E.M. 1997. How to make decisions about the effectiveness of device-based training: Elaborations on what everybody knows. *Military Psychology*, 9(2), 121-35.

Bonissone, P., Subbu, R., and Lizzi, J. 2009. Multi criteria decision making (MCDM): A framework for research and applications. *IEEE Computational Intelligence Magazine*, 4(3), 48-61.

Bui, L.T., Abbass, H.A., Barlow, M., and Bender, A. 2012. Robustness against the decision-maker's attitude to risk in problems with conflicting objectives. *IEEE Transactions on Evolutionary Computation*, 16(1), 1-19.

Colgrove, C.M., Rowe, L.J., Alliger, G.M., Garrity, M., and Bennett, W. 2009. Defining the training mix–sorties, sims, and distributed operations. *Proceedings of the Interservce/Industry Training Simulation & Education Conference (I/ITSEC)*, Orlando, FL, 30 November-3 December 2009.

Daly, M. and Thorpe, D. 2009. Balancing simulated and live naval fleet training. *Proceedings of the Interservice/Industry Training Simulation & Education Conference (I/ITSEC)*, Orlando, FL, 30 November-3 December 2009.

Dean Jr., F.S., Garrity, P., and Stapleton, C.B. 2004. Mixed reality: A tool for integrating live, virtual & constructive domains to support training transformation. *Proceedings of the Interservice/Industry Training Simulation & Education Conference (I/ITSEC)*, Orlando, FL, 6-9 December 2004.

Department of Defense, 1997. *Instructional Systems Development/Systems Approach to Training and Education (MIL-HDBK-1379-2)*. Lakehurst, NJ: Department of Defense.

Department of National Defence. 1999. *Canadian Forces Individual Training and Education System: Design of Instructional Programs (A-P9-050-000/PT-004)*. Ottawa, ON: Department of National Defence. 2001. Training Canada's Army. Ottawa, ON: Directorate of Army Training.

Frank, G.A., Helms, R.F., and Voor, D. 2000. Determining the right mix of live, virtual and constructive training. *Proceedings of the Interservice/Industry Training Simulation & Education Conference (I/ITSEC)*, Orlando, FL, 27-30 November 2000.

Grant, S.C. 2007. *Small Arms Trainer Validation and Transfer of Training: C7 Rifle*. Toronto, ON: Defence Research and Development Canada.

Grant, S.C. and Magee, L.E. 1998. Contributions of proprioception to navigation in virtual environments. *Human Factors*, 40(3), 489-97.

Hays, R.T. 1980. *Simulator Fidelity: A Concept Paper*. Alexandria, VA: US Army Institute for the Behavioral and Social Sciences.

Knerr, B.W. 2007. *Immersive Simulation Training for the Dismounted Soldier*. Alexandria, VA: US Army Research Institute for the Behavioral and Social Sciences.

Lloyd, C.J., Basinger, J.D., Joralmon, D., Pierce, B., and Williams, L. 2011. Towards a decision support system for simulation training display requirements. *Proceedings of the Interservice/Industry Training Simulation & Education Conference (I/ITSEC)*, Orlando, FL, 28 November-3 December 2011.

Lloyd, C.J., Joralmon, D., Williams, L., and Pierce, B. 2011. Relative effects of five display design variables on aircraft identification range in daylight. *Proceedings of IMAGE 2001*, Scottsdale, AZ, 6-9 June 2011.

Lloyd, C.J., Nigus, S.G., Ford, B.K., and Linn, T. 2010. Proposed method of measuring display systems for training with stimulated night vision goggles. *Proceedings of IMAGE 2010*, Scottsdale, AZ, 12-15 July 2010.

Lloyd, C.J., Williams, L., and Pierce, B. 2011. A model of the relative effects of key task and display design parameters on training task performance. *Proceedings of IMAGE 2011*, Scottsdale, AZ, 6-9 June 2011.

McCauley, M.E. 2006. *Do Army Helicopter Training Simulators Need Motion Bases?* Arlington, VA: Naval Postgraduate School.

Muller, P., Cohn, J., Schmorrow, D., Stripling, R., Stanney, K., Milham, L.M., Jones, D., and Whitton, M.C. 2006. The fidelity matrix: Mapping system fidelity to training outcome. *Proceedings of the Interservice/Industry Training Simulation & Education Conference (I/ITSEC)*, Orlando, FL, 4-7 December 2006.

Schank, J.F., Thie, H.J., Graff II, C.M., Beel, J., and Sollinger, J. 2002. *Finding the Right Balance: Simulator and Live Training for Navy Units*. Santa Monica, CA: RAND.

Sticha, P.J., Campbell, R.C., and Knerr, M. 2002. *Individual and Collective Training in Live, Virtual and Constructive Environments – Training Concepts for Virtual Environments*. Alexandria, VA: US Army Research Institute for the Behavioral and Social Sciences.

Temby, P., Ryder, C., Vozzo, A., and Galanis, G. 2005. Sharp shooting in fuzzy fields: Effects of image clarity in virtual environments. *Proceedings of the Simulation Technology and Training Conference (SimTecT)*, Sydney, Australia, 9-12 May 2005.

# 第 15 章 虚拟环境训练设计

Kay Stanney，Meredith Carroll，Roberto Champney，
Luke DeVore 和 Kelly Hale
Design Interactive公司

虚拟环境（VE）技术为在高度相关和超现实环境中训练组合技能提供了前所未有的机遇。不幸的是，如果不合理地使用，虚拟环境对训练的效果可以忽略不计，甚至产生负面影响。本章将对利用虚拟环境来训练，优化使用策略和技术的优势，以及如果不恰当地使用将会出现什么问题，如何有效地减少这些问题进行总结。

模拟器提供了一个有效的生态训练平台，它可以帮助我们在一个近乎真实的情境下，相对不受约束地进行感知和互动，并在这个过程中获取综合知识技能。这样的模拟训练环境可以是虚拟的（例如，完全由计算机生成），如用于在城市地形中进行军事行动（MOUT）的训练，每个训练小组可以在一个完全沉浸式的虚拟环境中训练进入大楼和室内清理。它也可以是一种混合现实系统（即虚拟环境和物理环境的组合），如联合终端攻击控制器（JTAC）的训练，即使用真正的望远镜观察现实世界，在望远镜的视野中叠加上虚拟的敌机。这样的模拟学习环境可以通过多种感官呈现的信息来提高训练的真实体验，从而筛选出更多有用的信息（Schacter，1996）。它也可以详细地阐述和反馈已获得的信息，从而促进知识在长期记忆中的消化理解。此外，它还可以在学习过程中提供那些

需要应用高阶策略指令的复杂场景，同样可以带来更强的反馈感。

但是，这样的模拟训练环境的效果也是有一定局限性的，如果学员在某个地方没有完全融入受训课程中，训练的复杂程度对受训学员将会带来非常大的压力。此外，并不是每个人都能很好地使用模拟训练环境，因为它们可以导致身体不适和某些后遗症（例如，对现实状态的不适应：手眼协调能力、视觉和姿势的变化，当回到现实世界中的时候，这些变化可能导致正常的神经运动功能的暂时性丧失）。因此，关键的是，在模拟训练环境中使用这样一种方式，可以最大限度地提高训练的作用，最小化或完全克服某些限制。

15.1 虚拟训练的好处

当旨在基于培养目标确保适当水平的功能、参数和目标心理逼真度时，虚拟训练可以为个人保持一个相对安全环境下的实际操作提供方法（即代表知觉线索，形成任务沉浸感和存在感）。这样的训练系统可以在允许的条件和情况下存在，但在现实生活中存在就太危险了（如巡逻时暴露于迫在眉睫的威胁或旅级演习），从而使个人获得经验并适应这样的挑战。虚拟训练能提供：①用户互动的能力，积极互动、实时控制，而不是一个被动的旁观者；②以自我为中心的观点，学员可以以第一人称的视角沉浸在周围的环境中；③被时空连续体的环境所包围，规范动态参数。因此，学员能够采取行动以应对环境的变化和经验的直接和间接的影响，虚拟训练其反应，从而提高程序的操作技能。此外，这种体验能让学员觉察到预期或意想不到的事件，有机会去探索可供选择的行动，或者在一个相对安全的环境中发展一套行为或得到多种结果。这一行动/后果的做法可能会使他们增强策略意义上的知识，以及提高解决问题和制订计划的能力。

除了让学员在模拟实际情况下来表现和操作，虚拟训练在可重复性和适应性上同样有好处。具体来说，虚拟训练允许调整这些条件以满足个别学员需要快速提高的要求或提供新的训练经验。在现场训练中，这种个性化的训练机会变得具有挑战性，因为演习涉及团队的团队，从而重复练习，以不消耗成本效益的代价来解决个人效率低的问题。然而，类似团队的团队可以在一个虚拟训练中重复"重置"对手或蓝军而提供个性化（精度），并在有效的、安全的环境中进行训练。此外，虚拟训练可以通过网络系统支持分布式训练，多学员综合训练设施必须考虑其物流成本。虚拟训练有分布式训练系统，允许团队提供精确的训练。另外，在团队层面上，可以优化团队的相互作用和在备份行为上至关重要的作用。

虚拟训练还有可以利用虚拟环境的独特能力和相关的绩效评估工具来最大化地捕获和分析性能数据以便于迅速汇报。通常情况下，由于数据的搜集受限制（例如，监测和/或记住在整个任务绩效的复杂性），需要在训练现场重点汇报措施的结果，如任务成功。目前的技术提供了通过实时数据采集和对整个任务或在任务中特定的关键事件视频回放，来重点汇报过程水平的机会，以及通过事后回顾（AAR），总结关于过程水平的误差数据，包括性能故障的根本原因（Carroll 等，2008）。

15.2 最佳使用策略与技巧

步骤 1：确定训练目标

为了确保模拟训练系统可以满足其预期的目标，有必要在训练系统设计周期的早期确定训练目标（Cohn 等，2008）。对于一些训练项目，训练目标可以在现有的教义（例如，如美国海军陆战队的训练和准备目标）中发现。其他训练项目，可以通过训练需求分析（TNA）确定现有的训练需求。进行训练需求分析，需要获得：①文档，以解释目标任务的细节；②教师和/或主题专家（SME），能分享任务的详细细节的训练和今天他们是如何训练的；③可以直接观察训练或作战环境中任务的性能。这些信息的来源提供了必要的背景知识，以便获得训练需求的规格、指标要求和设计规范，有利于模拟器的训练发展。

步骤 2：确定何时/如何基于模拟器的训练可以帮助实现训练目标

模拟训练系统的使用应与其他教学媒体组合优化，最好是加在课堂训练后的训练课程中（Cohn 等，2007）。课堂训练可以用来建立陈述性知识（即一般的事实、原则、规则和概念）和基本技能，获取初始知识的基础。受训者在获得基础知识后，可以找到基于中等保真度计算机的训练解决方案，这些可用于支持基本程序知识的发展，可提高解决问题的能力。你需要消化这些技能，并不断练习直到完全掌握它。通过采用高保真虚拟或混合现实训练的解决方案来支持和巩固学习基础知识、基本技能和程序，练习所获得的知识和技能，发展更先进的战略知识、决策、战术能力和行为调节（例如，学习在压力下进行操作），这些都可以帮助我们更进一步地掌握它。这样的以计算机和虚拟训练为基础的组合教室可用于为学员适应现实训练环境做准备，以便这些昂贵的练习可以被充分利用，从而减少训练成本和优化训练量。我们仍需要进一步的研究来验证这个训练过程的效果。

步骤 3：确定哪些虚拟环境训练更能帮助实现训练目标

为了确定哪一个 VE 技术（例如，界面型、虚拟现实混合型、完全沉浸型等）可帮助有针对性的训练目标的实现，客观地评估这些方式是很有必要的。我们可以通过以下方面来进行评估：①线索支持；②可训练性；③使用性和现场需求支持；④可变性。

第一，通过一种感官任务分析和线索精确度来评估，VE 的支持训练感官的必要性的能力，可以通过匹配相应的训练目标所需技术能力来评估。这是通过解构培养目标为必要支持任务的行为（即需要参与执行任务的知觉线索和信息，以支持达到培养目标）。这将使评估各种 VE 方式选择在它们适当重现所需的线索方面更具可能性，因而其内在的支持训练的能力需要有针对性。

第二，训练系统可以通过它的训练潜能来进行评估，也就是说，它为促进 AAR 搜集和处理人体性能指标的能力。没有指标度量的系统是不能支撑训练的。因此，性能中与操作相关的措施必须经由系统搜集，以确保它可以提供评估、反馈和修正的方法。

第三，必须评估该系统是否具备无差错的并且高效和有效的灵活使用的能力。此外，该系统的现场支持需求是由测量在现场所需的操作和维修的工作量决定的。

第四，系统的可修改性是由其支持课程的变化和调整能力进行评估的（例如，场景的创建和编辑），它必须针对学员的需要，以及不断变化的教学需求。这种方法省去了那些对训练目标无用的不必要的技术和保真度，从而比经常用来进行保真度评估的那条原则——更多就更好——具有更低的技术成本。

步骤 4：虚拟环境如何帮助实现训练目标

已被选定的 VE 技术可通过展示必要的知觉线索，本能地支持实现有针对性的培养目标，因此，确保所呈现的内容（即培养方案）对训练有引导作用是很有必要的。我们可以通过以下方法根据培养目标来调整培养方案，比如确保在培养方案中所呈现的与所支持目标的相应内容是必要的。

步骤 5：个体化训练优化训练效果和效率

为了保证训练的有效性，必须在实践环境中采用训练策略或干预措施来优化学习、转化和保留。要做到这一点，学员不仅要通过有效的场景设计进行技能的训练，它们还将从自己的表现中得到有效的反馈。

这首先就要求场景中的事件要被设计成能够提供相关的实践，并且将那些可以反映这些事件的表现的相关指标进行识别和实例化，并进行评估，这样的反馈可以观察到受训者特定技能的衰退。对特定的表现缺陷的专业反馈（如错误）使学员更好地了解他们的表现，以及如何来改善这些不足。此外，更新的测量技术正在让学员得到更好的反馈成为可能，这些都归功于表现缺陷的表征，从而使之可以在过程中观察到结果，而且在无法观察到的感知和认知过程中亦可。这使得更加深入地理解和诊断需要及时补救的关键性的表现缺陷（例如，由于不充分的搜索策略使威胁被忽视对比于无法检测，以及无法发现威胁有关的一个微小的线索）。

步骤6：利用训练效果评估（TEE）验证训练系统

虽然上面的步骤有助于最大限度地提高训练效果，它仍利用需要训练效果体系来评估系统对特定目标的训练程度，即是否真正对训练效果有帮助。TEE 的方法通常包括：①采用岗前知识测试评估受训人员的知识储备情况；②利用基于情景的绩效考核评估训练效果的改善情况；③制定评估训练中的"黄金标准"：转用到该领域。Cohn 等人（2008）提出了 TEE 的三层办法，它采用了一套旨在回答关于训练效果的三个问题的方法：

第一，"该系统环境真的可以负担学习的任务：可以促进学习吗？"一个提示精确度评估与一种所需的能力分析可以共同来评估该系统所需的多线索和针对培养目标的必要功能的程度。

第二，"系统是否支持受训者的学习：促进学习了吗？"受训者的绩效考核评估了由训练系统训练而来学习的程度。

第三，"学习过程影响任务成功与否？"训练转化研究确定 VE 训练的作战环境绩效的影响。

15.3 虚拟环境训练的潜在问题，以及如何减少这些问题

人们通常都希望采用最新的技术，因为新技术通常都被认为是更好的。然而，对于用作训练设备的 VE 来说，采用新技术可能会带来问题。无论采用何种技术，首先要考虑的是它是否能够有益于目标训练效果的提升。过多使用新技术可能会使系统复杂程度增加，而且会因此增加不必要的费用，这与训练要求提高效率和有效性的终极目标是背道而驰的。有几个问题会阻碍 VE 的训练效果的充分实现。

请记住，虚拟环境提供了实践的机会，然而实践不等于训练——一定要按照上面的六个步骤来提升训练效果。虚拟环境提供独特的能力来捕捉性能数据，并提供了详细的汇报。避免了使用单独的笔记和/或重放的标准汇报形式。

对性能的评估和反馈要系统化。存在两种常见的问题：要么提供了

太多的细节（例如，对所有的评估都设置等级或太多的视频重放功能），需要指导人员通过众多的评估标准和视频来确定以确定其中的性能递减的根本原因；要么提供的细节太少（例如，仅仅有成果指标），这可能并不足以指导人员确定问题衰减的根本原因。为了避免这个问题，就必须了解关键性能评估数据，这将最有效地支撑汇报和最终的操作准备，并弄清楚在什么级别（例如，过程与结果），通过哪一种格式（例如，图形，文本）的性能数据将最有利于有效的汇报，同时尽量减少指导老师的工作量（Carroll 等，2008）。

有效地虚拟环境系统训练不完全依赖于虚拟环境系统技术方面的设计。教练员还需要承担最主要的训练任务，保证完成训练效果的最优化。与此同时，需要教练员对训练学员的预期目标进行适当的管理。只有在训练学员了解学习虚拟环境系统之后，而不仅只是为了完成训练任务的技术要求，训练学员才能更好地达到训练方案的最优化。

VE 的效能值得推敲，在某种意义上每一个 VE 系统的价值都应该被质疑。而测量投资回报率是一种最有效的方法，通过测定 VE 训练的结果，以及对训练学员安全的交流，使指导者与领导的意见相统一。ROI 包括现场训练装备成本、测试训练的有效性、对环境的破坏性等。上述这些指标已经有力地论证支持 VE 训练工程。

VE 训练系统可能造成某些学员的不适应及后遗症。这些非预期的结果可能限制了训练结果的有效性，通过选择合适的训练策略能够减少负面效果的最小化，比如说限制头部运动。同时通过基本的常用练习能够将这些负面问题最小化，然后逐渐地进行 VE 实践训练。因此，初始训练时间需要被限制在适当的范围之内，将负面影响最小化。

VE 训练系统的负面影响也可能出现在训练结束之后，可能造成训练学员视觉闪回和长时间的持续影响，比如，长时间的迷失、头晕、眩晕、嗜睡、疲劳等可能造成安全性的问题。因此，训练学员需要了解潜在后期影响，在参加活动和开车之前也需要在 VE 训练恢复时间之后才可进行。

15.4 未来的研究方向

一个用 VE 技术训练最主要的优势是它能实时地采集人体的各方面数据和使用这些数据去选择合适的个性化的训练方案。例如，对于威胁的检测 VE 训练，眼球追踪数据能够用于识别区分不同威胁之间的差异：看到威胁但不识别威胁；看到威胁识别威胁但是没有正确的行动。这些数据常被用于提供个性化的情景反馈，更有针对性的行动回顾。另外，使用脑电图（EEG）认知数据来确定训练学员处理失误的能力。如果一个学员训练超负荷、思想分散、错误后的分心，这些数据就可以被用于更深入的诊断信息反馈和补救。最近的研究表明，人的大脑中两个特性能有助于更好地进行学习：第一，大错误相关负波（ERN）大概出现于失误出现之后的 50ms；第二，更多相关错误正信号（Pe），在失误出现之后的 100~150ms 之间。上述两个信号表明了训练学员注意到了错误和吸取了失误的相关经验（Moser 等，2011）。此外，这些行为可能被学习者的心态所影响，从而影响带来的反馈类型。因此，如果对这些搜集在虚拟训练系统和低 ERN 以及无相关性的 PE 信号中的数据进行识别，会在线发现低误差的信息，而且在场景选择时可以注意到这些错误并以此进行改变，进而提供反馈来促进受训者付出更多的努力。然而另一个例子是通过各种生理学方法捕获一些情感的状态，如无聊、挫折和困惑，并且使用这些数据提供可以促进学习的情感干预措施。这些行为认知和情感数据源通过细节方面的观察转换个人能力评估，使用神经生物电信号测量技术。反过来，这些数据可以用于选择 VE 训练方案，使他们能够准确地提高训练学员的实际需求。然而，这种方式的数据用来提高学习 VE 训练系统是无限制的，需要更多的研究者确定这些数据源对学习者最具影响效力。

15.5 结论

虚拟环境系统如果没有得到合理设计并使用，将不会对训练目标产生促进效果，更有甚者将产生反作用。为了避免这种情况的发生，虚拟系统必须精心设计，正如以上讨论所述，包括恰当的多模式线索和能力，针对训练目标有效的场景，可以被用来评估受训者进步的评估体系（包括可观察和不可观察到的），还有可以纠正表现缺陷的反馈。它可以用在实时表现评估领域，并且可以利用这些数据来优化目前需要更多的研究的个性化（精度）训练。此外，最关键的是提升虚拟环境的表面有效度或者获得使用者的认同。如果受训学员不相信他们可以获得除了训练经验以外的任何东西，那么虚拟环境将成为一个自圆其说的伪命题。为了避免这种情况的发生，通过解释如何通过虚拟环境系统来帮助实现训练目标的期望管理是很重要的。提前认识到虚拟环境培养系统的不足并且相应地做出调整以达到训练效果同样是非常重要的。经验表明，虚拟环境系统可以为学员带来巨大的好处，比如为已获得的知识和程序技能提供实践机会，而且，如果经过精心的设计并整合到训练周期当中，还可以促进更先进的策略知识、战略技巧和关键决策的发展。

参考文献

Alvarez, K., Salas, E., and Garofano, C.M. 2004. An integrated model of training evaluation and effectiveness. *Human Resource Development Review*, 3(4), 385-416.

Brown, A.L., and Kane, M.J. 1988. Preschool children can learn to transfer: Learning to learn and learning from example. *Cognitive Psychology*, 20, 493-523.

Cannon-Bowers, J.A., Burns, J.J., Salas, E., and Priutt, J.S. 1998. Advanced technology in scenario based training. In *Making Decisions Under Stress: Implications for Individual and Team Training*, edited by J.A. Cannon-Bowers and E. Salas. Washington, DC: APA, 365-74.

Cannoe-Bowers, J.A., Rhodenizer, L., Salas, E., and Bowers, C.A. 1998. A framework for understanding pre-practice conditions and their impact on learning. *Personnel Psychology*, 51(2), 291-320.

Carroll, M., Champney, R.K., Milham, L.M., Jones, D.L., Chang, D. and Martin, G. 2008. Development of an instructor aid to diagnose performance. *Proceedings of the Interservice/Industry Training Simulation and Education Conference (I/ITSEC)*, Orlando, FL, 1-4 December 2008.

Carroll, M., Fuchs, S., Carpenter, A., and Hale, K. 2010. Development of an autodiagnostic adaptive precision trainer for decision making (ADAPT-DM). *ITEA Journal*, 31, 247-63.

Carroll, M., Fuchs, S., Hale, K., Dargue, B., and Buck, B. 2010. Advanced training evaluation system: Leveraging neuro-physioligical measutement to individualize training. *Proceedings of the Interservice/Industry Training Simulation and Education Conference (I/ITSEC)*, Orlando, FL, 29 November-2 December 2010.

Champney, R., Stanney, K.M., Hash, P., Malone, L., Kennedy, R.S., and Compton, D. 2007. Recovery from virtual environment exposure: Expected time-course of symptoms and potential readaptation mechanisms. *Human Factors*, 49(3), 491-506.

Cohn, J., Stanney, K.M., Milham, L., Bell Carroll, M., Jones, D., Sullivan, J., and Darken, R. 2008. Training effectiveness evaluation: From theory to practice, in *The Handbook of Virtual Environment Training: Understanding, Predicting and Implementing Effective Training Solutions for Accelerated and Experiential Learning (Vol 3)*, edited by D. Schmorrow et al. Westport, CN: Praeger Security International, 157-72.

Cohn, J.V., Stanney, K.M., Milham, L.M., Jones, D.L., Hale, K.S., Darken, R.P., and Sullivan, J.A. 2007. Training evaluation of virtual environments. In *Assessment of Problem Solving Using Simulations*, edited by E.L. Baker et al. Mahwah, NJ: Lawrence Erlbaum, 81-105.

Eddy. D.M. 1998. Performance measurement: problems and solutions. *Health Affairs*, 17(4), 7.

Fuchs, S., Hale, K.S., Stanney, K.M., Juhnke, J., and Schmorrow, D.D. 2007. Enhancing mitigation in augmented cognition. *Journal of Cognitive Engineering and Decision Making*, 1(3), 309-26.

Gibson, J.J. 1979. *The Ecological Approach to Visual Perception*. Boston, MA: Houghton Mifflin.

Hale, K.S. and Breaux, R. 2011. Enhancing pilot training with advanced measurement techniques. *Engineering Psychology and Cognitive Ergonomics*, 6781, 540-45.

Jensen, E. 1998. How Julie's brain learns. *Educational Leadership*, 56(3), 41-5.

Larson, C.O., Dansereau, D.F., O'Donnell, A.M., Hythecker, V.I., Lambiotte, J.G., and Rocklin, T.R. 1985. Effects of metacognition and elaborative activity on cooperative elarning and transfer. *Contemporary Educational Psychology*, 10, 342-8.

Lave, J., and Wenger, E. 1990. *Situated Learning: Legitimate Peripheral Participation*. Cambridge, UK: Cambridge University Press.

Martin, G.A., Daly, J., and Thurston, C. 2011. An After Action Review Engine for Training in Multiple Areas. *Engineering Psychology and Cognitive Ergonomics*, 6781, 598-607.

Milham, L.M., Carroll, M.B., Stanney, K.M., and Becker, W. 2008. Training requirements analysis, in *The Handbook of Virtual Environment Training: Understanding, Predicting and Implementing Effective Training Solutions for Accelerated and Experiential Learning*, edited by D. Schmorrow et al. Aldershot, UK: Ashgate Publishing.

Moser, J.S., Schroder, H.S., Heeter, C., Moran, T.P., and Lee, Y.-H. 2011. Mind your errors: Evidence for a neural mechanism linking growth mind-set to adaptive posterior adjustments. Psychological Science, 22(12), 1484-9.

Mueller, C.M., and Dweck, C.S. 1998. Praise for intelligence can undermine children's motivation and performance. *Journal of Personality and Social Psychology*, 75, 33-52.

Salas, E. and Cannon-Bowers, J.A. 2001. The science of training: A decade of progress, *Annual Review of Psychology*, 52, 471-99.

Schacter, D.L. 1996. *Searching for Memory: The Brain, the Mind and the Past*. New York: Basic Books, Inc.

Stanney, K.M., Costello, A., and Kennedy, R.S. 2007. Advanced training systems: benefits, limitations, and some policy considerations. *Technology*, 11, 83-105.

Stanney, K.M., Graeber, D.A., and Kennedy, R.S. 2005. Virtual environment usage protocols, in *Handbook of Standards and Guidelines in Ergonomics and Humann Factors*, edited by W. Karwowski. Mahwah, NJ: Lawrence Erlbaum, 381-98.

Woolf, B., Burleson, W., Arroyo, I., Dragon, T., Cooper, D., and Picard, R. 2009. Affect-aware tutors: Recognising and responding to student affect. *International Journal of Learning Technology*, 4(3/4), 29-163.

Chapter 16

第 16 章 教练员操作站在训练中的作用

Melissa M. Walwanis
海军空战中心训练系统

Brandy L. Swanson
Kaegan 公司

Beth F. Wheeler Atkinson
海军航空作战中心训练系统部

  教练员操作站（IOS）是为教练员对训练环境进行控制而提供的一种界面，其功能可包括情景开发、训练控制、绩效评估和汇报。本章初步介绍了 IOS 的用途和功能，包括在 IOS 技术结构设计中教学策略的重要性。最后，作者阐述了在 IOS 功能开发中的统计经验，包括新兴技术的集成、模块化的发展以及人为因素的影响。

  训练在众多科目中都至关重要，它为受训者提供必要的经验以胜任实际中的操作。技术的迅速发展为在各种训练领域中充分利用新的教学策略提供了新的机遇。例如，目前医学模拟训练中允许医生修复模拟心脏，并通过观察模拟心脏的内部功能来查看修复手术的结果。虽然航空界采用这一教学策略来进行汇报和评估训练效果已有几十年的时间（Dismukes & Smith, 2000），现在，这种教学策略同样适用于其他类似的训练领域。由于技术的进步（如医学三维建模等），现在几乎可以为任何领域提供高逼真度的训练经验。仿真就是广泛使用的训练技术之一。基于仿真的训练可以高度互动，并能有效地为任务执行教授所需的技能（Fletcher，2009）。

　　基于仿真的训练是有益的，然而研究表明，教学是训练过程中的一个重要组成部分。教学的目的之一是确保训练的目标是培养能力，并提高训练的效率，从而降低训练时间和成本（Salas 等，2009）。一个训练模拟器有许多关键的组成，如环境的模拟（例如，地形、气候、海洋、人体解剖学等）、视觉显示系统、运动/触觉接口、建构式模拟、听觉和语音系统、教学工具和网络健康监测等。其中，每一个组成部分都参与了训练环境的创造。然而，有一个组成部分在训练环境的创造中起着举足轻重的作用，这个组成部分就是教练员操作站（IOS）。IOS 为教练员提供一套工具来协助训练工作，包括支持情景开发、训练控制、绩效评估、简述/汇报的能力（Walwanis Nelson 等，2003）。本章讨论了 IOS 是什么，它为什么重要，通过 IOS 的研发经历得到了什么样的经验教训。在此之前，讨论了教学策略并对其进行了操作性定义，因为它们对于 IOS 技术的选择和发展具有指导性的重大影响。

16.1　什么是教学策略

　　Hunt 把教学解释为"创造学习的关键过程"，因为它对于提供有效的训练至关重要。这是一个广义的定义，适用于所有类型的教学，而本节对教学的定义特指基于仿真的训练。例如，Hadley 认为仿真的重要性在于"揭示关键关系，来帮助学习者对系统、环境或绩效获得更加完整和正确的智力模型"。关于教学的其他定义可见参考文献。尽管如此，研究人员一致认为，教学是任何类型训练的关键。

　　为了创造一个鼓励获取知识、技能和态度的环境，教学策略必须存在。在过去 40 多年，研究人员提出了好几种关于教学策略的定义。例如，

Gropper 将教学策略定义为"设计教学事件的规范性准则,可为掌握各种不同类型的行为目标而创造适当的学习体验"。1991 年,Lintern 将教学策略定义为"一种控制学习环境、促进训练的深思熟虑的、系统的方法"。由于科技的进步,教学策略的范畴发生了变化。为了全面阐述训练的建设和发展,我们对教学策略提出以下可操作性的定义。

在下列方面有助于人员训练的、成熟的和系统的教学能力(即方法、工具、媒介):
- 创建和控制学习环境的规划方法。
- 突出重点,让学员从重要的事件和关系中获取经验知识,从而对操作系统和环境建立更加完整和正确的智力模型。
- 增强和衡量学员对工作/任务所需技能的掌握程度。

在仿真应用中选取的教学策略驱动着对系统结构和功能的要求。例如,支架式教学是一种为了使新手掌握教学内容而通常采用的教学策略设计。这种策略包括简化任务环境,以协助受训者掌握部分任务,而当受训者获得进步并在没有援助的情况下能够完整地执行任务时,则取消诸如暗示和图形等训练援助。对于基于情景的训练(SBT),体现教学策略重要性的另一个例子是绩效反馈。反馈策略通常发生在训练活动期间或结束之后,应当包括围绕着训练活动期间发生的事件且能促进绩效的评判。由于这些策略对教学需求带来的影响,在开发训练设备和 IOS 之前,必须先定义一个教学策略,以突出系统的必要功能(Walwanis 等,准备中)。

16.2 什么是教练员操作站

当一个教学策略指导 IOS 特性发展时,IOS 的子系统也影响了最终的设计。从历史上看,IOS 的定义因其特点和功能的差异而不同。最近的一个定义指出,IOS 是一个具有与认知优化显示、符合人体工程学的控制,以及教学支持功能的系统,该系统用于整个训练周期(如情景开发、运动控制、绩效评估、简介/汇报)各个阶段的教学工作。IOS 应该接受来自相关外部系统的输入，同时向其提供输出，例如，并不限于网络状况监测、学习管理性能评估或汇报。IOS 不包括用于辅助系统的控制，如计算、电动、气动或液压系统，但是 IOS 包括指示器显示，以对辅助系统的状态提供必要的报告信息。它应该需要最少的、紧密耦合的硬件和软件，从而使教练员能够在不消耗业绩成本（如时间、精力）的情况下监察训练和操作训练环境，同时过滤掉对于首要训练任务不必要的信息。IOS 的站或控制台包括教练员站（IS），也包括用于角色扮演活动的特殊支援任务操作员站（MOS）和技师操作站（TOS）。

这个操作定义遵循基于情景的训练（SBT）架构，概括了 IOS 基础性的终端对终端的功能。由于教学策略应该推动 IOS 的结构，一些应用可能不包括上述所有组件。但是，潜在的技术应该允许定制以满足特殊训练活动的需求。在这种方式中，IOS 技术可在 SBT 的开发和交付的所有阶段中支持教练员。具体而言，IOS 子系统包括情景开发、训练控制、绩效评估、简述与汇报和教练员辅助（见图 16-1）。此外，还经常有一些影响 IOS 的外部系统，如图 16-1 所示。

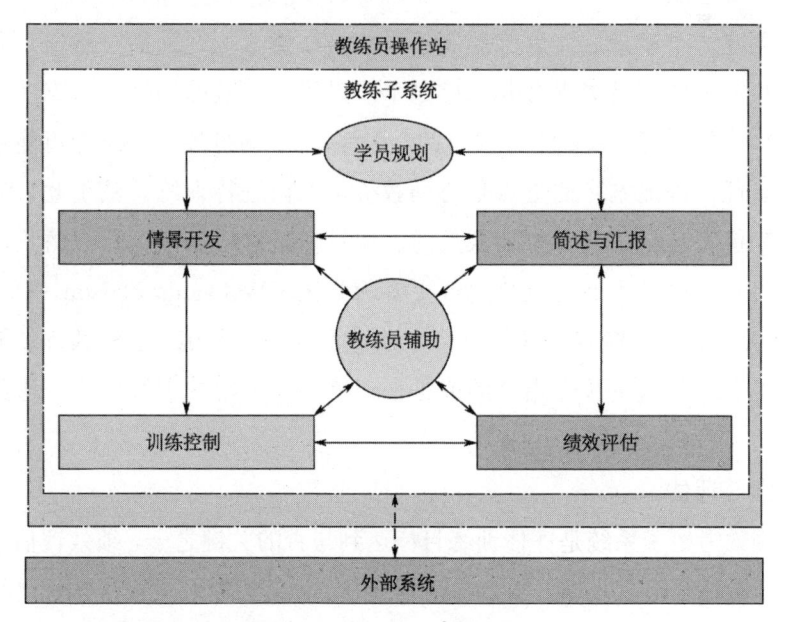

图16-1　IOS内部子系统和外部馈入的模型（源自Walwanis Nelson 等，2003）

每个子系统为教练员进行高效和有效的教学提供了必要的独特功能。在下面的章节中，将介绍影响 IOS 的 IOS 子系统和外部系统。

16.3　教练员操作站子系统和外部馈入

情景开发

第一个与教练员产生互动的子系统是情景开发子系统。该组成部分允许教练员设计情景，以便让参训人员掌握学习对象。重要的是，这个子系统的配备能支持建立新的任务，或是对已有的任务进行修改。在任一情况下，子系统应能提供多个初始条件的设置，以使教练员能根据参训人员的需求来调整训练任务。此外，为加强教练员对训练课程的掌控，该子系统还应支持不熟悉计算机编程的用户对象（比如，易于操作的情景参数和图形化的用户界面），并在子系统之间易于使用（比如，与变量的操作方式相一致）。

训练控制

创建一个情景后，训练控制子系统将在情景执行期间（从情景开始到结束）为教练员提供必要的控制手段以进行有效的训练。为支持无教练员模式的训练（如基于计算机的教学系统），训练控制子系统可能包括人工智能，因此本章的重点是协助教练员如何进行训练。基于此，训练控制功能将包括：基于参训人员的表现对情景进行修改、暂停情景进程进行讨论，以及重启情景来允许更多的尝试（Walwanis Nelson，Owens 等，2003）。训练控制是 IOS 中一个非常重要的子系统，它使教练员能够确保参训人员满足预先指定的或是在训练期间出现的训练要求，达到训练目的（Eitelman 等，2006）。

绩效评估

绩效考核子系统是评估训练目标达到与否的关键之一。绩效评估子系统便于教练员进行反馈，需要与情景开发、训练控制及汇报子系统进行协同。具体来说，该子系统支持在情景开发过程中识别情景、在训练控制过程中搜集措施、在汇报过程中显示结果。在训练控制过程中，绩效评估子系统可自动或手动地搜集学员的绩效数据。该子系统的一个重要特点是能将原始的绩效数据进行转换，并以一种能协助教练员对学员的表现进行评估的格式进行输出。在对训练任务的绩效进行规划直至汇总这一过程中，可依照所采用的教学策略来确定学员的绩效从何时开始。

简报/小结

为了全面支持从终端到终端的训练事件，需要一个简报/小结子系统。在简报过程中，学员能通过 IOS 对即将进行的训练任务提出计划（比如，任务特点、方法、安全注意事项）。这有助于教练员在训练开始之前确认学员所提计划的优缺点以及他们所做的准备。在完成训练任务后，该子系统支持包括绩效评估在内的事件回放、图像重播以及通信再现。虽然简述和小结通常发生在独立于训练器的设备当中，这些子系统仍然是 IOS 的一部分，因为它们为教练员获取的数据和功能提供了一致性。为了充分利用简述/汇报及其他 IOS 子系统中的数据，教练员辅助可用于协助对系统界面并不熟悉的教练员。

教练员辅助

虽然大多数的子系统赋予了教练员推进训练事件的能力，教练员辅助子系统为使用 IOS 提供了更多支持。包括教练员辅助子系统的基本理论源于缺乏直观和易于使用的 IOS 技术（Walwanis Nelson，Owens 等，2003）。一个设计不当的 IOS 界面将迫使教练员为了特定目的去使用认知性的资源，而非训练学员。在 IOS 中嵌入教练员辅助，有助于降低不熟悉界面的教练员的认知负担。教练员辅助是一个 IOS 的核心，它们为所有 IOS 子系统中的相关任务提供指导（如帮助文件），并减少教练员的工作量（如清单、手提计算机）。然而，为了不进一步加重教练员的工作量，在系统工作时，教练员辅助的使用应该视教练员的需求而定。教练员辅助是一个 IOS 的核心，并存在于所有的子系统之中。IOS 中另一个能对所有子系统造成影响的组成部分是外部馈入。

外部馈入

IOS 是训练器系统中某一系统的一部分，在基于仿真的分布式训练中，便是大型训练器网络的一部分。出于这个原因，IOS 的外部数据必须充分领会和控制训练环境。第一类外部馈入是教学大纲（即训练手册和纲要）和训练管理系统（即跟踪学员绩效）。这类馈入为情景开发提供额外的输入量，为训练绩效提供更多的输出资源。例如，获知由这些外部系统识别出的训练缺陷与未完成的科目，将使教练员可以去选择或者创建一个相关的训练情景。事故数据库提供了第二类外部数据源。由此开发的情景，将使学员有机会去了解引发事故的线索和解决相关问题的合理步骤。第三类是技术操作站，它为教练员提供演示与控制，可进行初始化、子系统健康度检查和程序重启。提供有关训练系统健康度的信息十分重要，因为运行在退化状态下的系统将会很难查明。当然，系统性能上的这些变化将导致一个假设，即低劣的绩效归因于受训者自身。

半自动化部队（SAFs）、虚拟仿真器和实时平台是外部数据的第四个来源。这些系统通过插入环境中的其他实体（如飞机）来构造动感逼真的情景，进而提高训练质量。通过学员与这些实体的互动，可以检测学员的绩效。由于它们对训练结果的影响，有必要采集这些系统输入到 IOS 中的数据。最后一类相关的外部馈入是来自其他 IOS 的数据。当进行基于仿真的分布式训练时，教练员的合作能力对于促进高效和有效的训练将变得十分重要。

当外部系统馈入到每个单独的子组件并提供必要的数据时，如来自另一 IOS 的数据，IOS 的所有子系统都在共同工作以加强训练。人们对于单个子系统，以及各子系统如何共同工作已经进行了大量的研究，进而更好地理解了 IOS 中各个系统所扮演的角色。进一步的研究着眼于 IOS 的一体化，为深入领悟 IOS 技术的统计经验提供了丰富的信息。

16.4 经验总结

回顾文献，虽然人们对 IOS 的重要性及其带来的收益有所认识，但是 IOS 目前的技术状态并不一致，从而导致训练效率低下。据作者观察，在过去的 20 年间，启用的 IOS 所提供的功能并不相同。例如，可能强调了 IOS 中某个子系统的功能，却没有考虑这个子系统如何同其他 IOS 子系统进行交互。比如 IOS 中虽然有情景开发子系统，但该子系统却与汇报子系统毫无关联。在这种情况下，汇报子系统貌似只能对事件进行重演，并不具备与情景开发子系统相同的信息（如缺乏训练计划与实际操作的相对数据）。通过信息共享，以及列入一套全面的、在设置中定义并能综述汇报内容的绩效评估指标，提供规定的反馈，进而产生有形的绩效观测，该问题可以得到显著改善。正如以上所描述的，注意汲取目前 IOS 研发中产生的一些统计经验，将有助于克服源自匮乏的或不完整的设计所带来的缺点。这些统计经验构筑了三个在开发决策中应贯彻的设计目标：效率、实用性和可用性。

效率

第一个设计目标是效率，重点关注于协助教练员去成功开展教学实践的重要性。这个设计目标涉及两类统计经验。这些经验表明，确定契合训练需求的教学策略并提供全程式（即从情景的开发、执行、绩效评估直至汇报）教学协助将会十分重要。正如前面所强调的，教学策略的介入能构筑学习环境，促进教学。在 IOS 中若不关注教学策略，环境虽可提供机会以供实践，但将很可能缺乏提供指导和训练的能力。此外，由于教学行为贯穿于训练的全周期，确保教练员在整个训练周期内都能得到 IOS 的功能支持也非常重要。

过往的研究已产生了一组通用的功能，可支持训练周期的各个阶段。利用这个共同的框架，为切实地贯彻这些经验提供了一个基准。虽然基于不同的训练和环境类型，每个 IOS 将具有不同的功能，但不必针对每个模拟器来量身定制相应的 IOS。

实用性

第二个设计目标是实用性，着重关注于确保 IOS 为支持训练而提供必要工具的重要性。该设计目标超出了 IOS 中概念组件的范畴，重在为教练员提供特定的功能。对于这个设计目标，首条统计经验强调在 IOS 的设计中需要有柔韧性。某个训练环境可能要求有一组特定的特性参数，但并非所有参数都适合另外一个环境。此外，IOS 应在不同的专业和经验水平上适应受训者。例如，Eitelman 及其同事强调，需要使教练员有能力适应 IOS 训练，以支撑训练操演。这些类型的定制并不否认需要一个可提供基准和模块化功能的通用构架，而是进一步强调需要对训练环境中需求的变化进行考虑。因此，考虑到第四条统计经验，即功能要求，将指引 IOS 能力的鉴定。

早期的 IOS 研究认为，需要必备的条件来确保所开发系统的实用性。具体来说，Charles 强调必备条件十分重要，他指出"只有通过对用户和所需训练的特点进行确定并充分理解，并随后确保这些数据在控制台的设计中得到体现，才能取得有效的设计"。不确定必备条件，IOS 技术将遭遇两个潜在缺陷：①无法提供必要的能力来进行有效的训练；②提供了不必要的复杂的或多余的功能，增加了教练员的工作量。另外，由技术驱动的 IOS 解决方案可能导致结果无法满足所有要求，而对必备条件的考察将有利于降低这种可能性。最后，由于各个 IOS 具有独特性，将解决方案整理成文件变得十分重要。这些文件能保证教练员在使用 IOS 时有章可循，保证网站能维持 IOS 的能力，并使开发人员能够考虑到所有的逻辑需求。

可用性

最后一个设计目标是可用性，着眼于提供一个使用户能方便地进行学习和使用的系统。虽然存在一系列的可用性考虑，但两条突出的统计经验为：设计的 IOS 应该易于使用；在 IOS 的使用中必须采用正规的训练且不应局限于一次性事件。第一条统计经验强调界面的直观性，它应该遵循合理的人体因素准则。通过友好的用户界面，IOS 可有助于减少教练员的工作量。在简单的训练环境中，教练员可能肩负着复杂的职责，包括情景生成（训练前和训练中）、系统操作及指导学员实践（Williams & Pierce, 1999）。即使在这样的情节中，教练员也会出现认知性的超负荷，这源于他们必须处理的信息量，以及必须执行的任务次数。这一问题，可能是由于设计出的众多系统缺乏对终端用户容量的认识，从而导致系统设计工程师凭直觉构造了系统。终端用户是施教领域的行家，需要系统不妨碍他们的首要工作：教导学员。对于一款产品的成功启用，尤为重要的是在设计初始便考虑对终端用户的可用性。成功启动 IOS 的另一重要考虑，是为如何使用系统提供训练。

最后，由于教练员职责固有的复杂性将导致更为复杂的 IOS，需要重点强调训练。没有适当的训练，将产生无法预料的结果。首先，缺乏训练常常导致使用的功能减少。这致使对投入资源的实际能力利用不足（即浪费了功能开发的执行资金），并且不能实现技术红利以减少工作量。此外，即使在交付时提供了初期训练，缺乏后续训练将降低后任教练员的受益。在此情况下，教练员仅获知了基于前任教练个人喜好的知识，或是仅能通过工作实践来对系统进行理解。缺乏对教练员进行训练的第二个后果，是对学员进行低效或无效的训练。当教练员将他们的时间集中于理解技术，便不足以重视教练员工作中的关键组成部分：监察学员的表现。这将导致训练机会和反馈的遗漏。

16.5　结论

随着技术的不断进步，我们训练的方式正变得越来越复杂。SBT 有许多优势，它所提供的训练环境让教练员对学员进行训练，从而使学员对可能遇到的任何情景甚至是罕见的事件做准备。然而，SBT 虽好，其效益也比不过作为训练环境组成部分的教学能力。因此，由于 IOS 在协助训练方面的重要性，有必要考虑影响 IOS 的内部子系统和外部系统，以及 IOS 发展过程中的统计经验，以继续推进 IOS 技术的发展。此外，技术的进步使 IOS 的实际性能中不断融入新的训练环境和先进的功能，因此，继续评估影响 IOS 的系统间的相互作用至关重要。这些新的机遇，必将导致新的挑战和 IOS 能力的持续增长。

首先，IOS 的传统观点一直支持虚拟的和建设性的训练环境。然而，应用 IOS 将有利于在任何环境中向教练员开展设计、管理和总结训练事件提供有益的协助。例如，现场训练事件的发生范围是模拟战斗时，就需要类似于 IOS 的技术，即使没有明确的要求。总结更全面的 IOS 技术（包括所有子系统、外部链接源）能加强现场的训练能力。此外，更加注重使用诸如现场的、虚拟的和建设性的（LVC）训练等混合训练环境，强调了需要解决支持教练员应对日益复杂的环境所必要的新需求和新协议。具体来说，在 LVC 航空训练的情况下，IOS 的发展必须有能力来协助教练员对安全问题进行识别和预防。此外，因为安全问题日益增多，有必要更加注重 IOS 的可用性（例如，精简界面、增加能识别潜在安全事故的教练员辅助功能）。

其次，IOS 技术适应其他环境时的另一个考虑是相应协议的定义（即用于通信和共享网络数据的机制）。对于 LVC 环境，目前有既定协议的现场训练（即测试和训练使能体系结构，TENA）和其他虚拟的、建设性的训练环境（例如，分布式交互仿真，DIS；高层体系结构，HLA）。然而，将来有必要考虑扩展现有协议或者建立新的协议，以支持在这些环境中共享信息。而交互接口和网关可协助标准之间的转换，这会导致增加网络复杂性、标准之间不一致、安全问题、虚拟的人为因素，以及预测绩效的公平对抗/能力等方面的问题。

再次，随着技术的进步，考虑改进 IOS 的子系统也很重要。例如，以前的研究已经确定了有必要进一步研究教学工具，以支持训练控制和操作。尽管对训练事件通常进行了深入的规划，在教练员如何处理训练事件的观察中发现，教练员依然为保证训练的完整性和安全性而篡改训练事件。尽管已经确定了在跟踪培养目标、管理和跟踪实时操作、确保整个训练事件的标准化等潜在增长领域可进一步彰显教学能力，但是目前对此还不够重视。

最后，通过增加学习管理系统（LMSs）及其对 IOS 的输入/输出数据，将有机会提升整体训练体验。传统的 LMS 通过既定的训练来跟踪学员的训练进展，主要关注所完成的课程/目标和完成的数据。然而，这并没有向教练员提供信息来表明得益于辅导而获得的熟练度或技能。这种类型的跟踪也缺乏有利于了解训练效果的信息。通过在 LMS 中跟踪这类信息，组织者将能够增加他们对训练技术的投资回报（即有针对性的训练和辅导、重新设计训练方案）。

通过强调这些挑战和未来的发展方向，新一代的 IOS 开发将为更广泛的训练环境提供更强的教学能力。此外，这将使学员以更有针对性和更有效的方式熟练掌握相关技能。

参考文献

Bahr, S., Walwanis Nelson, M., and Tennyson, M. 2007. Applying design science to the development of a distributed instructor station for virtual environments. *Proceedings of the Human Systems Integration (HSIS)Conference*, Annapolis, MD, 19-21 March 2007.

Charles, J.P. 1984. *Design Guidelines for Trainer Instructor/Operator Stations (Report No. 83-C-0087-1)*. Orlando, FL: Naval Training Systems Center.

Dismukes, R.K., and Smith, G.M. 2000. *Facilitation and Debriefing in Aviation Training and Operations*. Aldershot, UK: Ashgate Publishing.

Easter, A.W., Kryway, J.T., Olson, W.R., Peers, S.M., Slemon, G.K., and Obermayer, R.W. 1986. *Development of instructor support feature guidelines (Report No. AFHRL-TR-85-57 II)*. Brooks Air Force Base, TX: Air Force Systems Command.

Eitelman, S., Owens, J., Fowlkes, J., Walwanis Nelson, M., and Wheeler-Atkinson, B. 2006. Instructional strategies for exercise manipulation in distributed mission training. *Proceedins of the Interservice/Industry Training, Simulation, and Education Conference (I/ITSEC)*, Orlando, FL, 4-7 December 2006.

Elworth, C. 1981. *Instructor/Operator Display Evaluation Methods (Report No. AFHRL-TR-79-11)*. Brooks Air Force Base, TX: Air Force Systems Command.

Farmer, E., Van Rooij, J., Riemersa, J., Jorna, P., and Moraal, J. 1999. Human simulator interfaces. In *Handbook of Simulator-Based Training*, edited by E. Farmer et al. Brookfield, VT: Ashgate Publishing, 171-89.

Fletcher, J.D. 2009. Education and training technology in the military. Science, 323, 72-5.

Flexman, R.E., and Stark, E.A. 1987. Training simulators. In *Handbook of Human Factors*, edited by G. Salvendi. New York: John Wiley & Sons, 1012-38.

Gropper, G.L. 1974. *Instructional Strategies*. Englewood Cliffs, NJ: Educational Technology Publications.

Hadley, J.A. 2009. Modeling and instructional simulation design. *Proceedings of the Interservice/Industry Training, Simulation, and Education Conference (I/ITSEC)*, Orlando, FL, 30 November-3 December 2009.

Hunt, G.J.F. 1997. Instruction & evaluation: Design principles in instructional design. In *Designing Instruction for Human Factors Training in Aviation*, edited by G.J.G. Hunt. Aldershot, UK: Ashgate Publishing, 3-16.

Lintern, G. 1991. Instructional strategies. In *Training for Performance: Principles of Applied Human Learning*, edited by J>E> Morrison. John Wiley & Sons, 167-91.

Madden, J.J., and Englert, M. 1991. *Instructor Operator Station Design for Tactical Aviattion Simulators (Report No. 90-003)*. Orlando, FL: Naval Training Systems Center, Human Factors Division.

Oser, R.L., Cannon-Bowers, J.A., Salas, E., and Dwyer, D.J. 1999. Enhancing human performance in technology-rich environments, in *Human/Technology Interaction in Complex Systems*, edited by E. Salas. Stanford, CT: JAI Press, 175-202.

Oser, R.L., Muniz, E.J., Fowlkes, J., Cannon-Bowers, J., Dwyer, D., and Stretton, M. 1999. A structured approach for scenario-based training. *Proceedings of the 43rd Annual Meeting of the Human Factors and Ergonomics Society*, Houston, TX, 27 September-1 October 1999.

Portrey, A.M., Keck, L.B., and Schreiber, B.T. 2006. *Challenges in Developing a Performance Measurement System for the Global Virtual Environment (Report No. AFRL-HE-AZ-TR-2006-0022)*. Mesa, AZ: Air Force Research Laboratory, Human Effectiveness Directorate, Warfighter Readiness Research Division.

Ramesh, R. and Sylla, C. 1990. A model for instructor training analysis in simulation-based flight training. *IEEE Transactions on Systems, Man, & cybernetics*, 20(5), 1070-80.

Reigeluth, C. 1983. *Instructional-Design Theories and Models*. Mahwah, HJ: Lawrence

Erlbaum Associates.

Salas, E., Rosen, M.A., Held, J.D., and Weissmuller, J.J. 2009. Performance measurement in simulation-based training: A review and best practices. *Simulation & Gaming*, 40(3), 328-76.

Simpson, M. and Goode, M. 1991. Instructor requirements in a commercial flight simulator. In *Man in Complex Systems: Proceedings of the Europe Chapter of the Human Factors Society Annual Meeting*, edited by C. Weikert et al. Lund, Sweden: Lund University.

Smith, P.L. and Ragan, T.J. 1999. *Instructional Design*. Hoboken, NJ: John Wiley & Sons.

Smode, A.F. 1974. Recent developments in instructor station design and utilization. *Human Factors*, 16(1), 1-18.

Stiso, M.E., Owens, J.M., Fowlkes, J.E., Eitelman, S., Hafich, A., Walwanis Nelson, M.M., and Smith, D.G. 2004. Framework for a common instructor operator system, Part 1: Enabling scenario development. *Proceedings of the 13th Conference on Behavior Representation in Modeling and Simulation (BRIMS)*, Washington, DC, May 2004.

Vazquez, A.A. 1990. *Touch Screen Use on flight Simulator Instructor/Operator Stations (unpublished master's thesis)*. Naval Postgraduate School, Monterey, CA.

Walwanis, M.M., Bahr, G.S., Merket, D., and Stewart, E.R. (in prepatation). *The mythology of the instructor operator station revealed, to appear in Cintinuous Learning in Collaborative Distributed Environments*, edited by W. Bennett. New York: Routledge.

Walwanis Nelson, M.M., Owens, J.M., Smith, D.G., and Bergondy-Wilhelm, M.L. 2003. A common instructor operator station framnework: Enhanced usability and instructional capabilities. *Proceedings of the Interservice/Industry Training, Simulation, and Education Conference (I/ITSEC)*, Orlando, FL, 1-4 December 2003.

Walwanis Nelson, M.M., Smith, D.G., Owens, J.M., Stubbs, E.C., and Bergondy- Wilhelm, M.L. 2003. Enhancing Naval aviation simulator instructional tools through psychological research. *Poster presented at the 49th annual meeting of the Southeastern Psychological Association*, New Orleans, La, 26-29 March 2003.

Warner, H.D. 1983. *Instructor Station Displays for Use in T-37 Flight Simulation Training (Report No. AFHRL-TP-83-38)*. Brooks Air Force Base, TX: Air Force Systems Command.

Williams, K.E. and Pierce, K.A. 1999. Designing human/virtual technology interaction environments for training effectiveness. *Human/Technology Interaction in Complex Systems*, 9, 31-86.

Chapter 17
第 17 章 医疗训练仿真

M. Beth H. Pettitt，Jack E. Norfleet 和 William Y. Pike
美军研究实验室
人类研究与工程局

在过去的十年中，军事训练中的医疗事故大幅增加。军方已经能够通过仿真技术的显著改善，来处理现实中的医疗事故。本章将探讨现实、虚拟，以及重构式相混合的模拟训练中医疗仿真的最新研究成果。这将包括对基于游戏（game-based）的训练系统、虚拟世界的模拟人和部分任务训练人员的评估。此外，还涉及了为满足模拟训练所需要的适当逼真度的问题。本章还探讨了未来医疗训练研究中的新挑战、新技术及新领域。新兴技术讨论主题包括全息图的空间解剖可视化、电子动画技术（模拟病人运动）、气味、外科手术动手仿真，以及足够的逼真度的人体组织模拟，以减少对活的动物和尸体的依赖，并且通过终端学习目的和视角来审视每一种技术，因为不管技术如何逼真，其真正的价值是为学习提供有效的途径。

17.1 医学模拟简史

在某种意义上讲，模拟技术用于医疗训练领域已有数千年历史。在希波克拉底（Hippocrates，公元前 460 年—公元前 375 年）时代尸体和活着的病人已被用来研究人体解剖学。直到 20 年前，医学训练都没有发生太大的改变。现如今，医疗训练仍然依赖于尸体和活人演员/病人，活组织模型和/或动物（例如，山羊和猪）也可使用，每一种方法都有其优点和局限性。

尸体提供了一个真正的人体解剖环境。然而，尸体通常并不容易获得且较为昂贵。虽然通过尸体人体解剖得以展示，但是尸体组织的性质并不完全与活体组织相同，因为它们几乎没有或仅有很少体液。在另一方面，活体组织模型的组织感觉非常准确并有适当的血流量，而且它们是活着的生物，具备理想的应急和情绪反应。任何活体组织模型的解剖学和生理学与人类相比都有极大不同。活体组织模型价格昂贵且很难获得，还存在与其使用有关的负面社会评估。历史上另一种选择一直是人体演员（human actors）或实际患者。人体演员/病人具有良好的学习能力，可以掌握交互（interviews）和人际交往能力，并能完成初步的身体检查测试。然而，这种方式也只能复现实际的人体损伤或疾病状态。此外，使用这种训练方法，还会产生人类使用的问题，要求人权得到尊重。

或许因为人体状况的复杂多变，直到近 20 年，基于技术的模拟和训练才开始少量地用于医学教育训练之中。随着更强大的仿真工具的出现，诸如小平台的计算能力越发强大、图形增强、游戏驱动接口，以及材料科学创新等，我们正迅速地获得在适当水平的逼真度条件下，描绘人体解剖学、生理学和心理学的能力，支持跨多领域的医疗训练需求。在下面的章节中，所探讨的工具和技术将结合得更加紧密。

17.2 游戏式医疗学习

1998 年，美国海军少尉赫布拉齐（Herb Lacy）发现自己与其他同龄人相比有所差距。拉齐参加了飞行训练，但从来没有飞过飞机，他的很多同学加入海军之前已经积累了驾驶经验，其中一些已获得为私人飞行员资格。拉齐已经习惯于微软飞行模拟器98，来模拟海军飞行训练使用的T34C驾驶舱，并且围绕得克萨斯州科珀斯克里斯蒂（Corpus Christi，Texas）建立了地形模型。在使用T34C驾驶舱之前，拉齐围绕科珀斯克里斯蒂海军航空站（Collins，2000）"飞行"了40个小时。拉齐适应飞行模拟器的案例经常被认为是，作为军队使用计算机为基础的游戏用于训练目的的开始。最近，军方已经使用计算机游戏训练步兵排长为实弹演习（Pike & Hart，2003）、与外国文化的双边协商（Lane等，2008）、损害控制，以及语言和文化等（Wang & Johnson，2008）做准备。

Prensky描述了一组12元素集，将游戏同任何其他形式的消遣区分开来。简而言之，Prensky认为，这些元素提供了有助于学习的环境。出奇的是，他没有列入的一项因素是：如同所有的模拟一样，游戏允许参训者在该安全环境中犯错——错误在现实环境中会导致伤亡而在训练环境中却可以促进学习。Hays（2006）专门用了一章总结研究游戏作为训练和教育工具的有效性，指出在多个领域内，游戏已经用来训练特定技巧。

从致命错误中学习的能力，似乎是医务人员训练游戏的激增的充足理由。但是，PC游戏，或者更确切地说，是建立在PC游戏引擎基础上的训练应用，在军事训练医学第一急救应用领域，还没有看到可以预期的增长。目前，基于游戏的作战军医/陆军医护兵训练领域的著名项目，仅仅包括TC3仿真系统，基于计算机的医护兵训练系统（Computer Based Corpsman Training System，CBCTS），以及当前一代的vMedic（工程和计算机模拟，奥兰多，佛罗里达州，Engineering and Computer Simulations，Orlando，FL）。现在的问题就变成了：PC游戏引擎需要什么，以提供军事医疗第一急救更有效的训练环境？另外，为什么PC游戏要做适应性修改或开发，来训练其他军事专业人员，而不能培养医务人员？只有两种可能性：缺乏具体的仿真精度，以及PC游戏在提供全方位训练目标环境上无能为力。

当一个人遭受了剧烈的疼痛，伴随着严重创伤（例如，一声枪响、简易爆炸装置爆炸、截肢、大量失血、由于车辆侧翻造成的创伤等），各种生理反应随之而来，这些反应包括尖叫、痉挛、抓住患侧肢体，或拒绝让第一急救医生处理伤口。这些反应在以培养步兵战术为目标的第一人称射击游戏中，不具备训练价值，却是医疗急救员在为受害者提供有效的治疗中必须克服的严重障碍。最新的第一人称射击游戏的一个类似的限制，还体现在模型的可信度。病症通常以各种不同的方式表现，包括出汗、面色苍白、满脸通红、皮肤发红或发疹等。军方已拓展了创新技术研究所的工作推进虚拟人研究，使虚拟人不仅能够表现患者对疾病的身体反应，还能体现受害者在诸如家庭暴力、创伤后应激障碍或创伤性脑损伤等情况下的心理和情绪状态。

在训练军队医务人员方面，游戏还没有看到很大的作用，其第二个潜在原因，是因为需要学习大量的医疗技能，包括从认知任务到精神运动技能的范围。PC游戏仅仅可以提供象征意义的动作，但在真实的战争条件下，急救员需要具备使用止血带的能力，这些都无法真正通过游戏进行测试。

基于游戏训练的最新进展，包括更高逼真度的模拟人、交互功能，以及虚拟游戏中有部分任务交互能力的教练员为战斗急救提供了希望。后者将允许学员在与虚拟环境交互过程中练习认知技能，同时在动手模拟器上练动作技能。

综上所述，基于游戏的训练设备，为学员提供了一个可以练习某些技能的安全环境，在这种环境中病人即使使用创伤介入治疗也不会死亡。然而，大多数游戏在呈现一种病痛、疾病或伤害的物理表现时，仍然缺乏足够的逼真度。意识到这些限制后，游戏开发商正在添加更多的现实主义元素。随着保真度的提高，利用游戏来训练医疗专业人员的使用范围也得到相应的扩展。同时，虚拟环境和现场模拟器的接口还可以弥合从决策到动手技能练习的缝隙。

17.3 虚拟世界的模拟病人

上一节提到了，为了提供更有价值的训练，虚拟世界中的替身需要更加逼真。最近，军方已经开始对扩展虚拟训练环境感兴趣，这些环境从单人/多人游戏到大型多人在线游戏、虚拟世界等。在医学模拟的竞技场上，人们已经开发了虚拟世界的三个有趣应用。这些应用领域包括大规模伤亡演习、连续护理训练，以及持久性的环境。虚拟环境非常适合解决现代医疗训练带来的挑战，其中包括：

- 现实世界中，真实的大规模伤亡演习非常昂贵。按照医学分科提供多种类型的病人具有挑战性。
- 连续护理训练，使病人可以从第一急救人员传递到卫生员，再到急救站，经医疗后送护理，再到战斗支援医院，然后到德国拉姆施泰因空军基地（Ramstein Air Base），在例行常规训练中不可能进行实地演习。这种类型的事件使用的作战资源，是非常昂贵的。
- 持续的环境中，患者的年龄、遭受附加伤害，并对处方药的不良反应只能在虚拟世界（场景）中完成。

虚拟世界模拟人，在解决一些全球范围内提供医疗训练的根本困难方面，表现出了巨大潜力。在训练领域，该技术仍处于起步阶段，因此目前的研究重点是回答一些基本问题，如易用性、是否适合当前的课程，以及满足训练要求的保真度（逼真度）等。

17.4 多高（怎样）的逼真度才够用

在众多影响模拟病人和人体模特发展设计观点中，其中之一就是确定完成训练需要什么程度的逼真度。在过去的几年里，数以万计的士兵使用以人体模型为基础的患者模拟器进行训练，同时（这些模拟人）也引发了军方各种争议。当人体模型首次引入军事训练中时，它们并未出现在以训练或性能需求为驱动的采购计划之中。相反，它们是在各种医疗模拟器公司的销售人员的说服下，使用年终的专款资金购买的。由于这个过程，军方最后得到的是一系列基层仿真中心，这些仿真中心充斥着无数不同规格的医疗模拟器，却无法维持或验证其有效性。

2004年，模拟和训练技术中心（Simulation and Training Technology Center，STTC，现在隶属于美国陆军研究实验室——人类研究与工程局）建立了高级医护兵训练技术部门（Advanced Medic Training Technologies，AMTT）、美国陆军技术目标部门（Army Technology Objective，ATO），旨在开发一个无线、现场医疗模拟器，可应用于从创伤地点到医院的军事医疗训练。这种单机多能设备，被设计来训练美军作战军医的关键技能。由此产生的模拟器，被称为独立模拟病人（Stand Alone Patient Simulator，SAPS），最终被商业化，并成为著名的医学教育科技公司（Medical Education Technologies，Inc. METI）iSTAN。

SAPS是世界上第一个以生理为基础、坚固耐用的全身医疗模拟器，以满足美军的训练需求。尽管它的开发过程持续了六年，但其部署永远改变了医学模拟行业的现状。如今，行业标准是无线的，市场上至少还有四种其他模拟器具有与之类似的功能。然而，SAPS的开发仍有许多挑战，许多经验教训甚至震撼了美国军队STTC的医学模拟研究最初的设想。这导致前景中的主要变化是放弃了这种单机多能（one-size-fits-all）模拟器。这种利用单个模拟器来模拟从受伤地点直到医院的思想，迫使设计中不得不容纳更高水平医院技能，这大大增加了模拟器的复杂性和成本。在实践中，复杂性的增大阻碍了SAPS成为美国陆军的标准，因为美国陆军通常不进行跨层次的训练。例如，理论上，军医现场情景通常在疏散车辆到达时结束，而医院的情景通常在医院大门开始。

由于积累了SAPS开发的经验，美国军队STTC医学模拟研究人员已经把他们的研究目标转换到，基于指令程序的恰当的仿真逼真度上。通过与军事训练人员的讨论，现场医务人员需要一个异常坚固的模拟器，同时还要具有专门为美国陆军的要求和学员的初级技能进行优化的功能集：学生的吞吐量、大量的血、基本生命体征、创伤模拟能力，以及易于使用和安装。更高的护理水平需要使用高逼真度的生理学、临床表现能力，如颅内压，以及更复杂的症状和体征，如瞳孔反应和声音。

尽管 SAPS 发展计划可能没有实现制作单机多能模拟器的原始目标，坚固耐用、无线、现场适用的模拟人已成为民用和军事训练新标准。所有主要的医学模拟厂商都发布了自己的无线模拟器，美国陆军已经为部队具备这种能力开启了采购环节。

17.5 新兴技术

为了更全面、准确地模拟人体，加强各层次的训练，许多振奋人心的技术正在进行开发。全息图和三维可视化的其他方法，目前正应用于军事训练和作战的其他领域。虚拟人也开始应用于其他训练领域，如心理治疗。似乎这两种技术在医学教育中可以直接应用。此外，活组织模型是一个新兴的领域，对满足当前的训练需求非常必要。

医学模拟研究人员最近感兴趣的一个领域是动态三维可视化——特别体现在战术数字全息图（Tactical Digital Holograms，TDHs）的医疗用途上。虽然这种可视化技术，如磁共振成像（Magnetic Resonance Imaging，MRI）、计算机断层扫描（Computer Tomography，CT）和正电子发射断层扫描（Positron Emission Tomography，PET）已经出现了很长时间，它们还有一定的缺点。McGhee 说，解析这些技术图像的科学"仅限于受过训练的医生的眼睛"（2010：264）。Silén 等人指出，受过医学教育的学生往往难以形成空间解剖的概念，百科全书和科学教科书通常会收录几页透明胶片，并通过"剥皮回"来揭示深层的皮肤、组织和器官。

有趣的是，军事任务规划的并行问题可以提供一个解决方案。Kalphat 和 Martin（2009）指出，三维地理空间环境的 2D 表示，不能适当地描绘地理特征和异常状况。因此，任务规划必须能够忍受，分析师可能不能从二维地形图转换为 3D 现实。TDHs 已经从研究过渡到生产阶段，应用表明，与 2D 图像相比，TDHs 在任务规划中是一个更有效的可视化工具（Kalphat & Martin，2009）。目视跟踪硬件的进一步研究使用表明，全息图可以实现更加有效的路线规划能力（Furhmann 等，2009）。正在进行中的研究将确定 TDH 概念是否可以足够高效地应用到医疗训练领域之中。

医疗训练中一个经常被忽视的感觉是嗅觉。模拟的臭味不仅可模拟严重创伤发作时的相关生物气味，还可以模拟周围环境中应有的气味。尽管"作战时训练"的理念具有相当的可信度，但仍然需要强调"爬、走、跑"的军事训练。一个例子是如何将模拟恶臭介绍给学员的。研究表明恶臭会在许多方面对人的行为产生负面影响。尽管防止异味的破坏性影响非常重要，但气味有时也可作为警告标志（Stevenson，2010），完全掩盖气味将阻止其为第一急救员带来的潜在危险告警。

对于如何使用气味支持参与和浸入第一急救医疗训练的研究比较有限。Baus 和 Bouchard（2010）表明，这可能是由于缺乏高品质的商业化机器来驱散气味。他们还指出，人们对舒适气味的正面影响的兴趣，往往超过了恶臭的负面影响。Stetz 等人（2010）将恶臭加入到训练活动中，并指出，整体事件似乎提供适当的存在水平造成压力，一个关键的因素，提供接种应激训练。不过，目前还不清楚气味是否能显著提升整个训练活动的表现。

虽然成熟的模拟人已经历了大量的研究、开发和测试工作，病人模拟器的物理组成仍然需要大量的工作，以达到侵入性操作训练必要的保真度。美国军方组织了联合行动小组，以评估"在医学教育和训练使用活体动物"。评估结果认为，医疗模拟器和仿真在逼真度方面还有所欠缺，尚难取代活体动物和尸体（国防部医学教育和训练使用活体动物联合行动小组，Department of Defense ULAMET JAT，2008）。尽管有这些调查结果，社会和法律的压力也可能会迫使军方做出改变。遍及政府、学术界和产业界的研究正在进行，来开发新技术，总有一天会在优化训练的情况下，同时减少对活体动物和尸体的依赖。这种研究的第一步是打破这种依赖动物授课、使用客观结果测量的离散训练需求的过程。一旦这些措施开始实施，将会指定通过/失败标准，并评估新的和现有技术的可用性、表面和内容的有效度。本研究的既定目标是通过使用最好的训练工具来优化训练。如果研究成功，回报将是整个部队医疗训练水平整体提升到目前精锐部队水平。

最终，组织模拟研究将会成为实现医学模拟最终目标的第一步：利用模拟人进行外科手术动手训练。对于这个层面上的训练，观众是依赖于视觉、气味和触摸，来操纵手术刀在三维空间机动的外科医生。仿真必须真正将人体解剖和生理学，结合到医疗器械与附带模拟的伤害和治疗的组织/肌肉/骨骼和各种器官的相互作用之中。所有这一切还要忠实复现适当温度下的体液流动。为达到经济上的可行性，它也必须可重复使用，或者能够以最低成本迅速修复。最艰巨的任务将是实现近乎完美的模拟，以提供这种训练水平所需的微妙的暗示。

未来的工作将专注于整合强大的生理模型、高度逼真的三维解剖模型，以及临床验证方案。这种技术结合的最终目标，是一种完全沉浸式的虚拟患者，允许临床医生按照诊断需要，进行尽可能深入的探索，甚至有可能在分子水平。不过不论最终的技术如何，用于训练任何医疗技能的仿真开发，必须通过客观绩效标准来衡量，并通过学习要求进行验证。

17.6 结论

自希波克拉底（Hippocrates）时代开始，虽然过去的20年中取得了显著进展，仍然还有很大的研究和发展前景。硅和塑料、仪表和非仪表分任务训练器材，以及人体全身模型都已在训练课程中体现。基于游戏的仿真和模拟人正在探索之中，并已被一些特定任务接受。然而，身体就是这样一个令人惊叹的复杂艺术品，并且每个人与其他人之间都存在许多差别，医学模拟和训练方面，数年之内仍然需要投身于其中的研究人员和数以百万美元的额外投入。在未来 20 年内，围绕人体解剖学和生理学的最准确描述，将会出现许多令人振奋的新的医疗训练能力。此外，随着美国从战争国家改变成和平国家，确保医疗技术适应连续统一的护理将变得非常重要。

参考文献

Asmus, C.L., and Bell, P.A. 1999. Effects of environmental odor and coping style on negative affect, anger, arousal, and escape. *Journal of Applied Social Psychology*, 29 (2), 245-50.

Baus, O., and Bouchard, S. 2010. The sense of olfaction: Its characteristics and its possible applications in virtual environments. *Journal of CyberTherapy and Rehabilitation*, 3 (1), 33-52.

Collins, M. 2000. Future flight: Tomorrow's training. *Aircraft Owners and Pilots Association Magazine* [online], 43(4). Available at: <http://www.aopa.org/pilot/features/future0004.html> [accessed: 7 August 2012].

Danuser, B., Moser, D., Vitale-Sethre, T., Hirsig, R., and Krueger, H. 2003. Performance in a complex task and breathing under odor exposure. *Human Factors,* 45 (4), 549-62.

Department of Defense. 2008. *Use of Live Animals in Medical Education and Training Joint Action Team (ULAMET-JAT)Final Report.* Washington, DC: Department of Defense.

Ehrlichman, H., Kuhl, S.B., Zhu, J., and Warrenburg, S. 1997. Startle reflex modulation by pleasant and unpleasant odors in a between-subject design. *Psychophysiology, 34 (6)*, 726-9.

Fowler, S., Smith, B., and Litteral, D.J. 2005. A TC3 game-based simulation for combat medic training. *Proceedings of the Interservice/Inciustry Training Simulation & Education Conference (I/ITSEC).* Orlando, FL, 28 November-1 December 2005.

Fuhrmann, S., Komogortsev, O., and Tamir, D. 2009. Investigating hologram- based route planning. *Transactions in GIS,* 13 (si), 177-92.

Hays, R.T. 2006. The Science of Learning: A Systems Theory Approach. Boca Betes Eli Beaim WaHaseDease.

Kalphat, H.M. and Martin, J.J. 2009. Tactical digital holograms in support of mission planning and training. *Proceedings of the Interservice/lndusUy Training, Simulation &*

Education Conference (I/ITSEC), Orlando, FL, 30 November-3 December 2009.

Kelly, P., Mall, H., Lazarus, T., and Sotomayor, T. 2008. E-MAT + TC3sim: A tale of two sims. *Proceedings of the Inter service/Industry Training Simulation & Education Conference (I/ITSEC)*, Orlando, FL, 1-4 December 2008.

Kenny, P., Parsons, T.D., Gratch, J., and Rizzo, A.A. 2008. Evaluation of Justina: A virtual patient with PTSD. *Intelligent Virtual Agents: Lecture Notes in Computer Science*, 5208, 394-408.

Lane, H.C., Hays, M., Core, M., Gomboc, D., Forbell, E., Auerbach, D., and Rosenberg, M. 2008. Coaching intercultural communication in a serious game. *Paper presented at the 16th International Conference on Computers in Education,* Taipei, Taiwan, 27-31 October 2008.

McGhee, J. 2010. 3-D visualization and animation technologies in anatomical imaging. *Journal of Anatomy*, 216 (2), 264-70.

Millot, J-L., Brand, G., and Morand, N. 2002. Emotional qualities of odors and their influence on the startle reflex in humans. *Psychophysiolog*, 31 (1), 107-10.

Miltner, W., Matjak, M., Braud, C., Diekmann, H., and Brody, S. 1994. Effects of ambient odors on reaction time in humans. *Neuroscience Letters,* 322 (2), 79-82.

Pike, W. Y. and Hart, D.C. 2003. Infantry officer basic course (IOBC)rapid decision trainer (RDT). *Proceedings of the Interservice/Iridustry Training Simulation & Education Conference (I/ITSEC)*, Orlando, FL, 1-4 December 2003.

Prensky, M. 2007. *Digital Game-Based Learning.* St. Paul, MN: Paragon House.

Rotton, J. 1983. Aftective and cognitive consequences of malodorous pollution. *Basic and Applied Social Psychology,* 42 (2), 171-91.

Schiffman, S.S. and Williams, C.M. 2005. Science of odor as a potential health issue. *Journal of Environmental Quality,* 34 (1), 581-8.

Serious Games Market. 2009. *Serious games showcase & challenge winners* [online]. Available at: <http://seriousgamesmarket.blogspot.com/2009/12/ serious-games-showcase-challenge.html> [accessed: 7 August 2012].

Silen, C., Wirell, S., Kvist, J., Nylander, E., and Smedby, Ö. 2008. Advanced 3D visualization in student-centred medical education. *Medical Teacher,* 30 (5), 115-24.

Smeets, M.A.M., and Dalton, P.H. 2005. Evaluating the human response to chemicals: Odor, irritation and non-sensory factors. *Environmental Toxicology and Pharmacology,* 19(3), 129-38.

Stetz, M.C., Long, C.P., Schober, W.V., Jr., Cardillo, C.G., and Wildzunas, R.M. 2007.

Stress assessment and management while medics take care of the VR wounded. *Annual Review of CyberTherapy and Telemedicine,* 5, 165-71.

Stevenson, R.J. 2010. An initial evaluation of the functions of human olfaction. *Chemical Senses,* 35 (1), 3-20.

Wang, N. and Johnson, W.L. 2008. The politeness effect in an intelligent foreign language tutoring system. *Intelligent Tutoring Systems: Lecture Notes in Computer Science 5091, 2, 70-80*

第 18 章 作为训练工具的虚拟世界和严肃游戏

Rodney A. Long
人类研究与工程局美军研究实验室
美国陆军研究室

网络游戏已经成为当今文化的一部分，与此同时，游戏产业的年收入已经超越电影产业（Holson, 2004）。个人计算机（PC）的成本不断下降和性能的不断提升，带来身临其境、引人入胜的游戏体验。高速/宽带互联网已经越来越普遍，让玩家可以与来自世界各地的其他玩家进行互动。很多军事题材游戏提出了这一问题："如何才能使游戏和虚拟世界服务于军事训练？"

使用虚拟环境和模拟军事训练早已不是什么新鲜事。20 世纪 80 年代，美国国防部高级研究计划局（DARPA）的计划模拟网络（SIMNET）项目中，四人坦克乘员模拟器通过网络连接在一起，虚拟的 3D 环境中进行坦克战模拟。在同一时期，Lawrence Livermore 国家实验室开发了 JANUS，实现了在 2D 地图上的大规模战役模拟，进行模拟调兵（Pelligrino & Scott, 2004）。尽管模拟和游戏不会完全取代现场训练，它们有很多优点：不同地点的参加者可以在一个共同的虚拟环境中进行交互；不再使用昂贵的现场群众演员；通过人工智能模拟的非玩家角色（NPC），可以用来提供额外的友军、平民，或者智能和自适应的敌人，来反映真实世界的情形；地形可以很容易地改变，以反映从沙漠、林地、丛林到城市和农村的世界其他地区。每天影响武器和传感器的天气和时间也可以改变。此外，由于战场环境在计算机上进行模拟，战斗统计数据可以直接进行搜集和显示，或通过行动回顾（After Action Review，AAR），将整场战斗从不同视点重播，让士兵们反思自己的行为，并从经验中学习总结。

认识到技术和游戏对社会造成的影响，美国空军和美国陆军发布的愿景中，提出了一个以学习者为中心，使用游戏和虚拟世界不断学习的文化。2008 年，美国空军发表了"学习：空军教育和训练的未来"，设想了在未来的学习环境中，虚拟世界和身临其境的环境，可以提高当前的教育和训练水平。作为第一步，空军于 2008 年 12 月开放了虚拟世界 Second Life 的 MyBase，以推动空军的职业生涯训练（Richeson，2008）。2011 年 1 月，美国陆军训练与条令司令部公布的"陆军学习概念 2015"（Army Learning Concept for 2015）中，描述了将在未来发生彻底改变的士兵训练方式，并指出了数字时代学习习惯使用的技术，TRADOC 出版物对它如何被利用来使学习内容更相关、更有吸引力、量身定制和易于访问进行了描述。这个概念摒弃了使用数以百计的幻灯片的、教师指导的训练方式，而是通过小组协作解决问题的环境，让学生能理解上下文和材料的相关性；训练针对个人的经验水平；访问实时、虚拟、建设性的模拟和游戏提供混合式学习环境（美国陆军训练与条令司令部，2011）。

然而，虽然游戏技术展示了提升军事训练水平的展望，目前仅有很少的可以不加修改而直接使用的现成的游戏。为了提供有效的训练，游戏必须支持由任务、条件和标准组成的军事框架，使学习者以可接受的性能水平，执行现实条件下一个明确的任务。游戏环境也应搜集学习者的性能信息，并提供反馈。以提供娱乐为目标的视频游戏，是一项每年 740 亿美元的业务（Gaudiosi，2011），它们的功能合并，将使得游戏体验更加愉快，而不再仅仅复制现实生活，例如，可能包括一些幻想元素，如未来的武器、飞翔的能力或超人类的敌人。而且，由于游戏初期的死亡是令人沮丧的，尤其是对于新玩家，游戏通常会允许玩家吸收一定的伤害，从而继续游戏。一旦他们死了，他们可以起死回生，获得"重生"，并重新加入战斗。

本章讨论了这些军事训练中与使用严肃游戏和虚拟世界相关的问题，描述了游戏和虚拟世界的一般特性，包括相关的技术，如游戏引擎、网络和用户接口设备，以及在这些领域正在进行的研究。解决这些问题需要基于各种因素，如训练是单独的或集体的，以及是通过局域网（LAN）或广域网（WAN）进行互联。最后，本章将列举目前严肃游戏用于训练的例子，下一节将讨论组成游戏的典型组件。

18.1　游戏技术

Smith 在"游戏与军事训练的长期历史"（2010）中，定义了运行时游戏密切相关的 6 种核心技术：3D 引擎、持续世界、图形用户接口、物理模型、人工智能和计算机网络。此外，他还介绍了一些离线游戏工具，可优先于游戏用于特定训练事件的职业想定，以及训练后可以用来对学生表现进行反馈的工具（Smith，2010）。本节将讨论这些工具和技术，研究他们如何支持训练，以及使用中潜在的实施问题。

商业游戏和 3D 游戏引擎的需求不断推动 PC 性能的提升，以支撑大型多人游戏环境、绚丽的特效和逼真的图形效果。这些游戏会推荐计算机系统的最低规格配置，如显存、系统内存和 CPU 速度等。然而，办公应用（电子邮件、文字处理等）PC 往往难以满足游戏所需的性能要求，无法支持必要的游戏性能。在开发严肃游戏时，有几种商业游戏引擎可供使用：CryEngine 3，虚幻（Unreal），Torque 3D，以及其他一些游戏引擎。每种游戏引擎具有不同的功能和价格区间，此外，还有一个开源游戏引擎：Delta3D。澳大利亚国防部（The Australian Defence Ministry）最近使用 CryEngine 3，为其新的直升机船坞登陆舰（LHD）开发了交互式三维模拟系统，仿真允许 100 名水手参加虚拟、分布式的训练演习和应急方案准备，LHD 模型是与舰船的建造过程同步实施的（Flanagan，2011）。

虚拟世界允许大量的并发用户在虚拟世界内进行互动，具有支持军事训练的潜力。虚拟世界是持续的，需要游戏服务器随着时间的推移维护世界的状态，虚拟世界提供了可以由每个人定制的化身，使用游戏中的语音通信，并具备做手势或显示情绪的能力，虚拟世界非常适于训练社会和文化交流。此外，虚拟世界中的对象可以创建、操作，并实时四处移动。例如，Second Life 提供了一系列工具，让玩家可以创造和建立世界 3D 对象，如服装、建筑和汽车。佛罗里达大学在一个叫作"第二中国"（Second China）的项目中，进行了使用 Second Life 进行语言和文化训练的研究。为了提供一种身临其境的学习体验，"第二中国"使用 2D 教材、3D 内容展示中国建筑和 NPC 或"机器人"相结合的方式，来引导社会互动（Henderson 等，2008）。

用户界面是计算机游戏的另一个重要特征。商业游戏使用易用界面进行开发，让玩家可以迅速开始享受游戏，而无须花费时间读操作说明。图形用户界面（GUI），通常采用一系列屏幕边缘的层级菜单，与键盘特定快捷键相组合，实现与游戏环境的互动。鼠标可以用来引导玩家在虚拟世界内的漫游，鼠标按键可用于控制发射武器。随着任天堂 Wii 的发布，游戏开始使用人体运动来控制游戏中的化身运动，使用内置加速计的游戏控制器，Wii 最初支持的游戏，包括滚动保龄球，或者通过摆动控制器来实现挥动棒球棒和网球拍。索尼的 PlayStation3 中添加了游戏机运动手势控制器，使用网络摄像头跟踪控制器的位置和惯性传感器来实现运动跟踪，一个玩家可以同时使用两个控制器，例如，采用中世纪的方式，同时使用剑和盾对一个 NPC 进行双重打击。微软 Kinect 发布于 2010 年 11 月，实现了无须控制器的全身运动检测，并能同时实现对多个玩家的跟踪。

游戏中的物理模型可对虚拟环境的真实感产生很大的影响，如照片般逼真的模型艺术作品的创建成本高昂，此外，纹理和用于创建逼真的三维物体的多边形数量会消耗计算机的性能，这时就需要一个更高端的机器。模型的另一个重要方面是其相关的物理特性，它会影响运动的真实感、武器的效果和传感器。例如，在第一人称射击（First Person Shooter，FPS）游戏中，玩家在被杀害之前可能被击中了几次，对每一颗子弹对人体的影响进行建模是精密的且具有很高的计算复杂性，实际上，大多数游戏仅采用简化模型，为每一击提供了一个伤害数值，一旦损坏达到一定量时，玩家即死亡。而不切实际的物理学——例如，一个士兵可以跳楼而不受伤，则可能会导致消极的训练。

游戏中的人工智能（Artificial Intelligence，AI）通常需要为玩家提供一个复杂的、逼真的环境，而无须依赖其他的玩家角色，例如，在第一人称射击游戏中，NPC 可以作为敌人战斗，然而，NPC 可以作弊，因为计算机可以设定给他们完美的枪法，并且计算机知道场景中所有的玩家的位置。而另一方面，如果 NPC 没有挑战性，玩家可以把握那些他们通常不会在一个充满敌意的环境中能够把握的机会，从而导致负面的训练。正在进行的研究，其研究目标是提供更真实、适应能力强的敌人（Weber，Mateas & Jhala，2010）。NPC 也可以使玩家与虚拟人体进行交互，以获得所需的场景信息，作为文化训练的一部分，或与智能教学系统（Intelligent Tutoring System，ITS）进行交互（Traum，2009）。这种与虚拟人对话的能力，涉及自然语言处理（Natural Language Processing，NLP）。虽然语音识别技术能够识别关键字，并提供某种类型的响应，NLP 仍在不断完善的过程中，因为它涉及识别一组词、理解句子的语义，然后提供适当的响应（Traum，2006）。最后，NPC 可以被用来模拟更真实的环境，如大量的平民人群的模拟，有关人群建模的研究正在开展，力求模拟大量平民的运动过程，并避免一些看起来不自然的事情，比如撞到障碍物或其他人，或没有明显目标地来回走动等（Guy 等，2010）。

另一个在使用严肃游戏中要解决的问题是，玩家、PC 和服务器是否会在局域网 LAN 或广域网 WAN 中的不同位置。如果所有的计算机和服务器在 LAN 上，由于计算机与外界隔绝，可简化信息安全过程。如果一台计算机需要通过广域网访问 Internet，其安全性就成为一个问题，病毒可能会在访问特定网站或从 E-mail 下载附件时入侵。

防火墙可以阻止计算机黑客远程访问计算机，防火墙端口的打开和关闭，可允许特定类型的流量经过。防火墙通过最小化开放端口的数量降低安全风险。这可能带来一个问题，尤其是对于通常使用大量端口的虚拟世界来说，如果游戏计算机是与用于其他业务的计算机在同一个网络上，通常有须特别遵循的安全规则。例如，美国军方制定了国防部信息保障认证认可流程（Defense Information Assurance Certification and Accreditation Process，DIACAP），保证在任何硬件或软件被添加到网络中之前，确保适当的信息安全保障策略和过程完备。

严肃游戏通常提供赛前工具进行场景开发，以及赛后的数据搜集和分析。世界建筑工具允许用户为特定的训练方案，创建或修改虚拟环境，可用于创建新的地形，包括建筑物、道路等。场景编辑器可以用来填充地形，指定训练过程中的玩家、武器、车辆和 NPC 的类型和初始位置。脚本工具可为 NPC 分配符合场景的行为，如大街上嘈杂的人群或者一个正在回避的敌人。AAR 工具可用于捕获训练演习中的数据，并为学习者提供反馈，提供每个学生的统计数据，如射击次数和命中次数等都可以计算出来。有些游戏还可以对训练过程进行记录和回放，从不同的视角来显示事件。

18.2 游戏用于军事训练的例子

本节将通过已用于军事训练的简单案例进行研究。分别介绍两个不同的流派，以说明游戏采用何种不同的风格，来满足各种训练需求。我们首先讨论了必要的训练需求，以及为什么游戏是可行的解决方案；然后我们将讨论支持训练环境的基本游戏技术。

在伊拉克自由战争中，对抗攻击的战术、技术和作战流程都需要快速更新以应对叛乱的自适应变化。游戏技术可用于在该领域开发和训练新的 TTP 能力，并具有实现与进入战区的其他单位共享经验教训机制的潜力。2003 年，由于人员伤亡的主要原因之一是车队伏击，美国国防部高级研究计划局（the US Defense Advanced Research Projects Agency，DARPA）基于一个波西米亚工作室开发的名为"闪点行动"（Operation Flashpoint）的商业游戏，开发了"DARWARS 伏击！"。闪点行动是第一人称射击游戏（FPS），游戏在 3D 环境中以第一人称视角，专注于小单位作战。最多支持 64 名玩家同时参与，敌人和平民可以通过 AI 或其他玩家进行控制。此外，闪点行动允许玩家来控制车辆的不同位置，并支持车队作战所需的大的地形图。闪点行动被选中的一个原因是它是一个老游戏，并可以很容易地在笔记本计算机而不是在高端 PC 上运行，降低了装备难度；另一个重要原因，是因为它的想定开发工具支持 AI 脚本语言，支持导入武器、车辆和人物（例如，士兵、敌人和平民）的 3D 模型，以及导入典型的地理地形。除了提供初始训练想定之外，"Ambush！"开发团队，还使用 IP 语音（VoIP）技术模拟无线电通信，并提供了训练监控和 AAR 工具。"DARWARS Ambush！"的目标是让在现场的士兵基于现实生活事件，制作想定，且针对这些情况开发新的 TTP 并进行训练。还有人设想，通过安全网站建立利益共同体，让士兵讨论并分享相关训练想定中的教训和新的 TTP（Diller 等，2004）。

同一时期，波西米亚工作室使用闪点行动的游戏引擎开发了"严肃游戏"——VBS1。VBS1 于 2004 年交付给美国海军陆战队，当年 11 月，澳大利亚陆军仿真部队（Australian Army Simulation Wing）进行了一项试验，以评估其支持训练的潜力，以确定必要的修改，并验证其使用的训练过程。然后，澳大利亚国防军（Australian Defence Force，ADF）于 2005 年购买了 VBS1 的企业许可，资助了 AAR 系统和教学接口的提升改造，并提供了采用分布式交互仿真（Distributed Interactive Simulation，DIS）（IEEE1278）和高层体系结构（High Level Architecture，HLA）（IEEE1516）的网络接口，以支持与其他模拟训练和支持工具的互操作能力。2008 年，波西米亚工作室基于用户反馈，改进并发布了 VBS2，其新特性包括特定地理地形的快速导入、实时场景生成和更强大的 AAR 工具。VBS2 已被广泛接受为有效的训练系统，有几个组织已经购买了企业许可，包括 ADF、新西兰国防军、美国海军陆战队、美国陆军、英国和加拿大部队（澳大利亚波西米亚工作室，2010）。

与 VBS2 相反，UrbanSim 从一开始就是作为一种教育工具开发的。在伊拉克自由行动之前，美国营级指挥官已经针对大规模实兵对抗和运动作战，使用军事训练模拟得到良好的训练。然而，在伊拉克，军事行动很快演变成反叛行动和长期作战。在这段时间内，针对当前作战环境（Current Operating Environment，COE）的变化，包括 COIN、全频谱作战和稳定作战，美军对战场手册进行了更新。为了解决这个训练空白，美国陆军研究实验室与美国陆军预备指挥学院合作，以确定游戏技术是否可用于支持该领域的训练。在开发训练环境时，采用了一种指导体验式学习（Guided Experiential Learning，GEL）的教育设计方式，开发人员与课程内容专家一起实施认知任务分析，以确定进行训练的任务和执行这些任务应采用的适当的方法。学习目标的确定，必须支持基础的多媒体效果、以游戏为基础的操作环境，并具备相关的场景制作工具（Wansbury 等，2010）。

UrbanSim 游戏环境类似于回合制策略游戏和城市建设游戏，与模拟城市（SimCity）类似，通过 2D 环境视角，显示了城市的俯视图，规划任务后，学生通过游戏输入控制一个营的行动，仿真中每一回合代表一天。游戏的基本模拟由两个组件驱动：PsychSim 社会建模工具和故事驱动的仿真引擎。PsychSim 用于人口建模，包括他们的文化、目标、关系和信念。基于现实生活中搜集的数据，以及这些事件发生的相似条件，故事驱动的仿真引擎模拟产生现实事件，这些事件通过态势报告的形式提供给学生。ITS 将模拟演练中的反馈提供给学生，当它用于教室环境中时，教师可以在操作过程中要求学生进行身份介绍，并作为 AAR 的一部分，以方便讨论和强调教学要点（McAIinden 等，2009）。

18.3 结论

理解游戏中使用的技术是很重要的，它们可能会影响实施和训练效果。尽管游戏正在设法进入军事训练之中，仍然有一些需要解决的问题。开发逼真的 3D 模型和地形数据库非常昂贵并耗费人力，商业游戏通常有自己专有的内部模型和地形数据格式，军事模拟不能方便地导入和重用。如果决定要改变游戏引擎，重用模型和插图则需要更多的努力。协同设计活动试图通过创建一个开放的标准，以促进 3D 应用程序之间数字资产的交换来缓解这个问题。还有正在进行的地形生成框架开发研究，和城市数据库的快速标准生成，将为不同格式的地形源数据生成相关的地形提供工具（Campbell，Wertman & de la Cruz，2006）。另一个问题是，商用多人游戏使用专有网络协议，而不使用旨在增强仿真互操作性的军方标准，这导致游戏不能容易地连接到其他军事仿真和工具之中，如 AAR 系统，只能通过网关实现网络协议之间的转换。最终，商业游戏不能给玩家提供作为一个真正学习经验足够的反馈，而是仅仅公布一个原始分数或统计数据如击杀数等以鼓励竞争。

将来，游戏与训练开发人员、教师和学习者的支持工具一起，将会更加广泛地用于军事训练，游戏正从独立系统转换成综合训练环境的一部分，并将会与教学材料捆绑在课堂上使用或用于在线访问。学员将能够通过使用计算机和/或移动设备的安全网络，访问训练内容和游戏环境。学习管理系统（Learning Management System，LMS）将跟踪学习者的职业史、历史训练记录和当前的课程作业确定训练内容和场景，或提出合理化建议。在训练过程中，如有必要，学习者将能够与其他学生或虚拟人在游戏环境中进行交互。ITS 监控学习者进度，提供反馈、补充训练内容，并调整场景的难度以获得最佳学习效果。社会媒体将用于支持对等的学习，并为教师和课程开发人员提供反馈。由于商业行业不断挑战极限，使游戏更具吸引力和身临其境，当务之急是在军事训练领域找到利用这项投资的方法。

参考文献

Air Education and Training Command. 2008. *On Learning: the Future of Air Force Education and Training* [online]. Available at: < http://www.aetc.af.mil/shared/ media/document/AFD-100726-035.pdf> [accessed: 28 September 2011].

Bohemia Interactive Australia. 2010. *White paper: VBS2* [online]. Available at: <http:// distribution.vbs2.com/docs/VBS2_Whitepaper.pdf > [accessed: 28 September 2011].

Campbell, C., Wertman, K., and De La Cruz, J. 2006. A framework for generating high-fidelity, interoperable urban terrain databases. *Proceedings of the Interservice/Industry Training, Simulation and Education Conference (1/ ITSEC)*, Orlando, FL, 4-7 December 2006.

Diller, D., Roberts, B., Blankenship, S., and Nielson, D. 2004. DARWARS Ambush! Authoring lessons learned in a training game. *Proceedings of the Interservice/ Industry Training, Simulation and Education Conference (1/ITSEC)*, Orlando, FL, 6-9 December 2004.

Flanagan, K. 2011. Avatars Train on Navy's Future Ship [online]. Available at: <http:// www.minister.defence.gov.au/2011/06/13/minister-for-defence-materiel-avatars-train-on-navy%E2%80%99s-fiiture-ship/> [accessed: 28 September 2011].

Gaudiosi, J. 2011. Global Video Game Industry Sales Expected to Top $112B by 2015 [online]. Available at: <http://gamerlive.tv/article/global-video-game-industry-sales-expected-top-112-billion-2015> [accessed: 11 March 2012].

Guy, S., Chhugani, J., Curtis, S., Dubey, P., Lin, M., and Manocha, D. 2010. PLEdestrians: A least-effort approach to crowd simulation. *Paper presented at the Eurographics/ACM SIGGRAPH Symposium on Computer Animation*, Madrid, Spain, 2-4 July 2010.

Henderson, J., Fishwick P., Fresh, E., Futterknecht F., and Hamilton, B. 2008. An immersive learning simulation environment for Chinese culture. *Proceedings of the Interservice/Industry Training, Simulation and Education Conference (1/ ITSEC)*, Orlando, FL, 1, December 2008.

Holson, L. 2004. *In Land of Oscars, Rich New Category Is Best Video Game* [online]. Available at: <http://www.nytimes.com/2004/04/lO/business/in-land-of-oscars-rich-

new-category-is-best-video-game.html?pagewanted=all&src=pm>[accessed: 11 March 2012].

McAlinden, A., Gordon, A., Lane, H., and Pynadath, D. 2009. *LJrbanSim: A Game-based Simulation for Counterinsurgency and Stability-focused Operations* [online]. Available at: <http://people.ict.usc.edu/~gordon/publications/AIED-WS09.PDF> [accessed: 28 September 2011].

Meliza, L., Goldberg, S., and Lampton, D. 2007. *After Action Review in Simulation- Based Training* [online]. Available at: <http://www.dtic.mil/cgi-bin/GetTR Doc?Location=U2&doc=GetTRDoc.pdf&AD=ADA474305> [accessed: 11 March 2012].

Pellegrino, J. and Scott, A. 2004. The transition from simulation to game-based learning. *Proceedings of the Interservice/Industry Training, Simulation and Education Conference (I/ITSEC),* Orlando, FL, 6-9 December 2004.

Richeson, R. 2008. *AETC Opens Virtual Doors to My Base* [online]. Available at: <http://www.af.mil/news/story.asp?id=123126243> [accessed: 28 September 2011].

Smith, R. 2010. The long history of gaming in military training. *Simulation & Gaming,* 41, 6-19.

Traum, D. 2006. *Talking to virtual humans: Dialogue models and methodologies for embodied conversational agents.* Proceedings of the Embodied Communication in Humans and Machines, 2nd ZiF Research Group International Conference on Modeling Communication with Robots and Virtual Humans, *Bielefeld, Germany*, 5-8 April 2006.

Traum, D. 2009. *Models of culture for virtual human conversation.* Proceedings of the 5th International Conference on Universal Access in Human-Computer Interaction. Part III: Applications and Services, San Diego, CA, 19-24 July 2009.

United States Army Training and Doctrine Command (TRADOC). 2011. *The US Army Learning Concept for 2015 (TRADOC Pam 525-8-2).* Ft. Monroe, VA: United States Army.

Wansbury, T., Hart J., Gordon, A., and Wilkinson, J. 2010. UrbanSim: Training adaptable leaders in the art of battle command. *Proceedings of the Interservice/ Industry Training, Simulation and Education Conference (I/ITSEC),* Orlando, FL, 29 November-2 December 2010.

Weber, B., Mateas, M., and Jhala, A. 2010. Applying goal-driven autonomy to StarCraft. *Proceedings of the Sixth AAAI Conference on Artificial Intelligence and Interactive Digital Entertainment*, Stanford, CA, 11-13 October 2010.

第 19 章 自适应计算机教学系统

Robert A. Sottilare
人类研究与工程局 美国陆军研究实验室
Stephen Goldberg
中佛罗里达大学训练仿真研究院

在基于训练仿真原理的知识开发中,关键是要了解那些列入候选训练课程的技术成熟度。为此,在结尾,本章的作者提供了进入新兴技术支持自适应教学系统的视野。这项技术的重大空白包括传递满足学员学习要求的需要、能够评估教学技术关于学习和性能有效性的需要。

研究人员通过量身定制的训练方法,不断提升单兵计算机辅助训练能力,以支持自律学习、关注个体差别(如个人参与度、动机级别和域能力)。以学生为中心的(也称为以学习者为中心、以受训者为中心)教学方法认为,每个学生的独特情感、动机、技能、知识、偏好和经验影响其表现和学习,也会影响自适应计算机教学的内容、流程和挑战水平。

我们将自适应教学定义为可以被调整以满足个人或团队特定学习需要的任何教学方案。未来的自适应计算机教学系统将能够根据个体差异为基础优化教学方案,但如何实现准确、可靠,并且不显眼的方法来识别当前状态(如认知、情感、表现和记忆力),并预测学生未来的状态,仍需要进一步的研究。本章介绍了自适应教学系统模型的基本要素,探讨了目前的自适应计算机教学方法，找出了能力上的差距，并讨论今后的研究机遇。

19.1 自适应教学系统模型

图 19-1 所示阐明了一个自适应教学系统的功能模型（Sottilare，2010），该系统由 Beck、Stern 和 Haugsjaa 的教学模型（1996）改编而来。自适应教学系统产生的指导说明，是受训者模型、领域模型、专家模型和教育学模型之间的相互作用的产物。受训者模型（也称为学生或用户模型）描述知识、动机、个性、表现，以及学员其他变量的状态。学生模型还可能包含有关学员的生理状态和行为的信息，以确定认知（如参与程度）和情感状态（如动机或情感）。

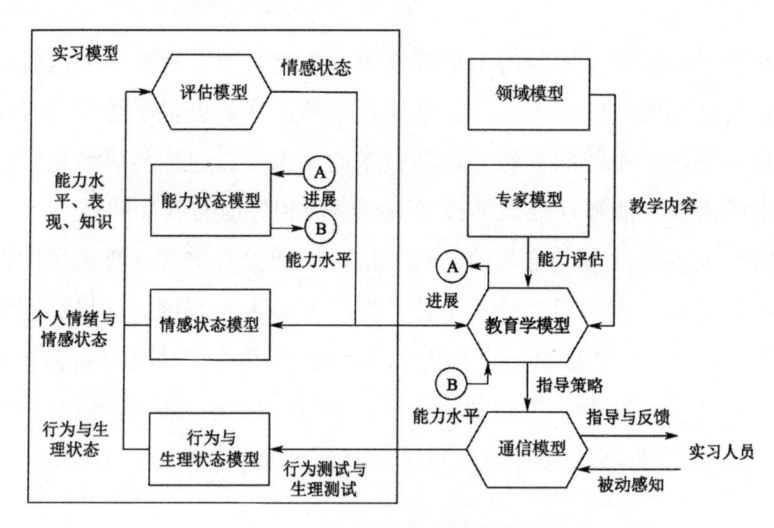

图19-1 自适应教学系统模型

领域模型代表了包括任务和条件的教学内容，领域知识定义了学习目标、概念、挑战级别和内容呈现方式（如媒体）。专家模型代表了一个"理想受训者"的行为（如交互和响应），作为衡量学员表现、评估学员进步的标准。最后，教育学模型代表训练中采用的教学方法和策略，教育学模块基于学员的互动、训练模型中的数据和从专家模型中获得的表现标准来评估学员的进步。它使用此信息来决定训练课程中采用的教学策略（如方向、支持或质疑）。

19.2　教学自适应性和预测精度

在自适应教学中，受训者模型数据评估学员的认知状态（动机、理解和参与程度）和情感状态（情绪、情感、动机水平），是教学中调整进度、方向和指令的挑战级别，以及选择适当的教学策略（如反馈、反思、提示）以优化学习的基础。教学方案决策的效能受限于教学系统在近实时条件下对学员状态准确分类的能力。一般情况下，人类教学在执行此功能时有一定的难度，基于计算机的教学则擅长此道，采用机器学习分类、聚类，以及其他可用于评估实时和历史数据来解释学员当前状态的技术，并调整教学方案来与其匹配。

在自适应教学中，教员根据需要进行评估和重做。评估和预测学生未来的状态非常有益，借此可引导学生的主动性并克服训练的任何负面影响。举例来说，训练的流程可以做适应性调整，包括中断并重新调整方案，或以提供暗示或以其他支持的方式反馈。

一个训练想定执行过程中的实时数据包含的内容，具备对未来状态预测的潜力，使导师可以预测未来状态的变化，而不是仅仅被动反应。理想情况下，基于计算机的教学能够完全感知学员的行为，并通过不显眼的感应方法解释学员生理变化，以预测受训者的认知和情感状态。预测受训者状态是选择最佳教学策略（例如，指导、支持、质疑）必要的第一步。

图 19-2 所示描述了一般的状态转换模型，该模型可被用来检查本地化的趋势，并通过"航位推算"预测未来状态。在图中，预测矢量的斜率（图中箭头所示）代表从状态 A 到状态 B 的趋势强度，状态过渡区宽度各不相同，有的变化非常剧烈，有的以渐进的状态转换。问题似

乎看起来就这么简单，然而，目前实时感知当前状态（参与、动机和情感）的变化仍非常困难，以任何合理精度预测未来状态的能力也非常有限。

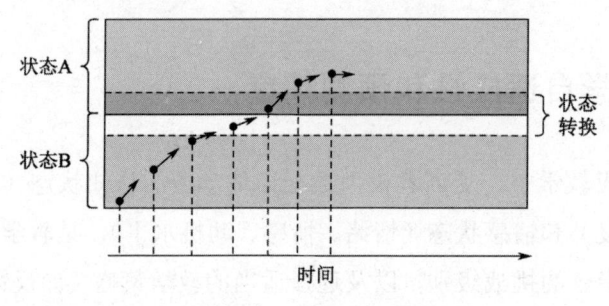

图19-2　A状态转换模型

表 19-1 说明了一种评估受训者模型预测精度的方法，其中有三种常见的学习障碍：困惑、沮丧和无聊，表中显示了一个"混淆矩阵"，对每个障碍的预测状态和实际状态进行比较。在所示的例子中，困惑、沮丧和无聊模型正确地预测它们的状态分别为 67%（6/9）、50%（3/6）和 78%（7/9）。

表 19-1　通用学习障碍简单混淆矩阵

		预测状态		
		困惑	沮丧	无聊
实际状态	困惑	6	3	0
	沮丧	2	3	1
	无聊	0	2	7

对于评估检测技术和方法，还需要进行进一步的研究，以提升受训者模型和真正量身定制计算机教学经验的潜力。为了实现完整的自适应和可预测的教学系统，作者建议正在开展的研究需要特别注重三个方面的挑战，即受训者模型、教学策略选择、创作工具与专家模型。

19.3 自适应/可预测教学的研究挑战

预览了自适应教学系统组件、预测建模，以及其他教学基础之后，现在来讨论计算机自适应教学研究的三个关键领域：受训者模型、教学策略选择、创作工具与专家模型。基于这个讨论的目的，作者列举了教学内容的自动化开发和制作工具专家模型。

受训者模型

为了对有关学员的教学内容、流程、挑战等级和反馈做出合适的决定，自适应导师必须首先构建一个充足的受训者模型，理想情况下，这种模式将包括导师对学员的了解，指导学员的学习过程。但一些"教学系统"，并没有明确包含受训者模型。这些教师的受训者模型总是侧重于学员的知识和表现，以支持教学决策，缺乏对学员的动机水平、参与度、情感、价值观，以及兴趣/偏好的信息。

看似有训练者模型要比没有会带来更好的教学决策，但有受训者模型并不足以确保加强学习，还需要有效的教学策略、干预和教育学技术。对于简单的演练和实践任务训练，训练者模型可能是没必要的，但当任务的类型变得更加复杂或不明确时，受训者模型的价值就需要更加重视。一个真正的"适应性"教学系统中，见习模型必须准确反映学员的状态，教学策略（例如，反馈、反思、吸收、质疑、支持）一定要适应形势和学员的状态以优化学习。

决定受训者模型需要的三个主要挑战：识别哪些变量与教学决策相关；不妨碍学习进程的情况下，以不显眼的方式搜集参数数据；处理数据并通知状态模型（Sottilare & Proctor，2012）。尚未解决的研究问题包括：对受训者模型来说，什么样的投入、处理和产出，才是自适应/预测训练应用程序的关键？受训者模型能否充分满足个体差异？哪种个体差异更重要？

那么，现在的受训者模型中都包含了什么类型的数据呢？目前，数据模型包括未处理和已处理（或派生）的数据集。未处理的数据包括自报数据如人口统计、意见和调查信息，但也可能包括传感器（摄像机、录音设备）搜集的原始生理或行为数据，已处理的数据集包括告知学员状态（能力水平、认知状态和情感状态）的执行数据的结果。

其他需要考虑的因素还包括，受训者的数据是全局或局部的量测。例如，包括基于受训者最近活动操作的局部适应（例如，学员选择的回应"B"，而正确的答案是"C"），和对这种小样本表现进行的干预选择。更具全球性的做法是重点考察的长周期的时间窗，以评估学习的趋势、偏好或其他影响。初始化教学策略时，更多的全局变量（如个性喜好）可能效果更好，然后根据多个局部变量进行适应性调整，在进行评估变量和学员认知、情感状态预测值的持久性方面还需要大量的研究。

对基于任务的集中训练来说，或许社会互动数据（例如，信任、交流模型）更加重要，而不是单个受训者（如团队训练）的知识和技能。个人属性，如合作、适应性、开放性/友好和态势敏感性等，作为从受训者模型和社会交往数据得出的集体团队模型的一部分，在获得目标和评估团队绩效方面，可能有显著的价值。最后，在教学设计和交付中解释知识和能力的重要性有据可查，它们对受训者建模同样重要。然而，其他因素（学习风格、道德/价值和接受程度）的影响，仍是公开的研究方向。

教学策略选择

许多人认为教师模型是基于计算机教学的顶梁柱，任何教学系统都高度依赖于良好的受训者模型和对训练内容的理解，有效的导师都善解人意（可信）、有教养、苏格拉底式（间接）、渐进式的、间接的、深思熟虑并不断鼓励（Lepper，Drake & O'Donnell-Johnson，1997）。他们能够诊断、修复、规定、示范，提供反馈和激励支持、吸引注意，并提出符合其角色部分的问题，帮助学员掌握知识和技能。对于计算机导师来说，最困难的任务是：评估受训者知道什么和不知道什么；选择最好的选择以纠正任何缺陷（如补救）；并选择策略以优化受训者的学习（例如，提供让学员反映的机会）。

真正的自适应导师应使学员保持在"最近发展区"状态（Vygotsky，1978），这期间教学方案流程和难度水平对学习者恰到好处（Csikszentmihalyi，1990；Murray & Arroyo，2003）。在训练环境中，提供足够的压力以避免厌倦，和超出受训者承受范围、导致限制学习效果的混乱、沮丧状态，之间存在微妙的平衡。比约克（1994）将这些压力称为"理想难度"，包含了改变学习条件，以加强理解和记忆的教学策略。大量的变量（任务复杂性、压力、实习者状态和教育学）使训练环境分析变得困难。因此，至关重要的是，开发标准的方法来比较和对照教学策略的效果。

创作工具与专家模型

计算机教学的开发、易用性、效果方面的更高挑战，是导师可以很容易地通过配置实现对不同训练领域和人群的支持。今天的计算机教学系统就像是手工艺品，几乎没有标准化、互操作和可重用性。急需创作工具，以支持（有限程序开发能力的）领域专家进行训练内容和专业模型的开发。交互操作标准，使导师组件（模型结构、通信协议，以及想定内容）实现模块化、可重用，并且易于生产、修改和维护，还有很长的路要走。

专家模型代表受训者的理想表现，与受训者的实际表现进行比较。术语"专家模型"可能是一个误导性的术语，可能真的是有明确标准的熟练工模型，判定学员完成训练的标准，即是受训者获得完成工作足够的熟练程度，而不是达到专家的水平。专家模型是真正的完全正确的模型，学员的表现与专家模型中定义的正确表现进行比较。

自动观测、评估和专家行为建模的能力，是成本效益比高的计算机导师的关键。专家模型往往是通过对执行特定任务的课程专家进行观察之后开发的，此过程的自动化将大大减少与计算机教学系统相关的时间和成本。自动捕捉行为和生理反应，并告知受训者评估和专家模型的技术正不断涌现（Olguin，Gloor & Pentland，2009；Stevens 等，2011）。本领域的一些问题驱动研究的专家模型包括：如何描述和形式化专业知识？我们如何阐明学习目标并以这样一种方式支持专家模型的发展？开发计算专家模型时，什么时候符合成本效益？一种想法认为，对于相对稳定的领域，投资回报值得对计算专家模型进行开发的努力，而对于不太稳定的领域，可能有多种成功的途径，也可能太困难，以至于难以阐明专业知识是什么，因此很难对其进行定量建模。

19.4　讨论

本节讨论自适应计算机教学系统的性能和效率。提供了对未来研究的标准的预览和建议，以及一些封闭的想法。

计算机团队教学性能评估

什么才是评估计算机团队教学技术成熟度和有效性的基础？Sottilare 和 Gilbert（2011）提出了这种评估中应考虑的几个因素：适应性、感知性、准确性、教学策略的选择性、互操作性，以及最重要的——学习效果。

导师的适应性，是指在教学实施之前和过程中，了解学员的学习需求和改变内容、流程和交互（反馈、提问），以满足他们学习需求的能力。适应性是感知、受训者状态的准确评估和优化教学策略的结果。

感知，在本节中是指计算机导师感知和了解学员的生理和行为数据，并移植于受训者模型的能力。今天，感知的黄金标准，是使用行为线索来解释受训者状态的人类导师，这个定义更加艺术化而缺乏科学性，因为线索可能被曲解，良好的人类导师需要使用多种线索和学员的表现来评估"准备学习"。

愿意学习是一个多维状态，这里定义为受训者的参与度、动机、必备技能的理解，以及他们的情感状态（人格因素、情绪和情感）。计算机导师具有集成更多的传感器信息的潜力，比如生理数据，包括心脏速率、神经学数据和呼吸频率，这超出了人类导师的能力。计算机导师的洞察力，取决于他们不经意间对学员行为和生理数据的感知，以及使用这些数据来对受训者的状态进行的精确建模。

计算机教学系统使用多种方法评估受训者的数据，准确判断学员的状态（例如，认知和情感）。机器学习分类器，包括但不限于基于规则的分类器、贝叶斯网络、决策树，以及回归算法，已广泛用于状态评估。人们普遍认为，状态分类器的不断改善，将会提升选择适当和更有效的教学策略的可能性。

教学策略的例子包括支架、建模、合作学习和先验知识的激活。支架式教学重点强调了对早期学习的支持和随着学员能力的增长逐渐减少支持（Cooper，1993）。在建模中，导师为受训者演示具体的概念和技能（Bandura，1986）。最后，合作学习利用与参与训练的同行的经验，以提高他们对教学内容的认识和了解（Wells，1990）。

导师的互操作性增强了教学内容的可访问性，计算机导师连接到教学媒体越容易，它们就越有用和易于访问。最近，教学开发商已经对教学接口进行适应调整，以接受传统的娱乐内容（如计算机游戏），提高学员的参与水平，造成"严肃游戏"或训练游戏。

任何导师（人类或教学技术）的底线，是对学习的积极影响或"规模效应"。Bloom（1984）发现，课堂授课环境相对于一对一辅导，受训者成绩有 2σ 的差异。Kulik（1994）分析了关于导师的 97 项调查研究，发现大多数辅导系统有 0.32σ 的平均差异（或效果大小），相比声称更大的影响范围（$>2.0\sigma$），这还算是低的。

下一步研究的建议

教育学被看作计算机导师的主要障碍，更有效的教学决策，需要更全面的受训者模型。关于受训者的模型数据、受训者表现评判和教学策略方法的选择之间的关系，还需要进一步的研究来形成稳定的指导方针和标准。今天，许多计算机导师缺乏明确的受训者模型，且不足以解释个体差异（如喜好）。需要开发一个基于试验的更全面的受训者模型，以充分理解个体差异的影响。

需要开发一个基于试验的更全面的受训者模型，来充分理解个体差异的影响。

另一个研究建议区，是加速学习和记忆。由于以计算机为基础的辅导技术对学习的效果还不是很清楚，他们加速学习的能力就更不清楚了。

由于无法在一系列实验中留住参与者，对记忆的研究仍然落后于对学习的研究，但"如果它会导致知识和技能的记忆更差，对快速胜任更高级别的能力更加不明确"（Andrews & Fitzgerald, 2010）。最后，将受益于额外投资的五项教学策略的研究主题是：分析、诊断、处方、心理模型不匹配（误解）和示范。

19.5 结论

以计算机为基础的教学技术需要在三个主要领域进行改进。虽然以计算机为基础的辅导技术已经出现一段时间了，几乎没有他们在军事训练中使用的迹象。这可能是部分归咎于缺乏创作工具，以便于在无须技术专家的情况下，对导师的开发和维护方便且符合成本效益。导师，在大多数情况下，已经实现了结构化（明确定义的）的知识领域开发，如代数、物理和故障排除。考虑到今天教学技术的成熟度，不明确领域的导师，要面对在复杂和混乱的情况下进行决策制定，是一项巨大的挑战。

能力和知识的状态都是受训者模型的关键要素，受训者模型也可以用更多局部、时间敏感的信息通报。受训者模型其他潜在组件影响的大小需要进一步调查研究，但是一个合理的假设是，受训者模型越丰富，辅导目标的粒度就可以越精细，适当的教学策略也就可以更准确地分配。

参考文献

Andrews, D., and Fitzgerald, P. 2010. Accelerating learning of competence and increasing long-term learning retention. *Proceedings of the International Training and Education Conference (ITEC),* London, UK, 18-20 May 2010.

Bandura, A. 1986. *Psychological Modeling: Conflicting Theories.* Chicago, IL: Aldine-Atherton.

Beck, J., Stem, M., and Haugsjaa, E. 1996. Applications of AI in Education. *ACM Crossroads*, 3(1), 11-15.

Bjork, R.A. 1994. Memory and metamemory considerations in the training of human beings. In *Metacognition: Knowing about Knowing,* edited by J. Metcalfe and A. Shimamura. Cambridge, MA: MIT Press, 185-205.

Bloom, B.S. 1984. The 2-sigma problem: The search for methods of group instruction as effective as one-to-one tutoring. *Educational Researcher,* 13, 4-16.

Cooper, J.D. 1993. *Literacy: Helping Children Construct Meaning* (2nd ed.). Boston, MA: Houghton Mifflin.

Csikszentmihalyi, M. 1990. *Flow: The Psychology of Optimal Experience.* New York: Harper & Row.

Kulik, J.A. 1994. Meta-analytic studies offindings on computer-based instruction. In *Technology Assessment in Education and Training,* edited by E.L. Baker and H.F. O'Neil. Hillsdale, NJ: Lawrence Erlbaum Associates, 9-33.

Lepper, M.R., Drake, M., and O'Donnell-Johnson, T.M. 1997. Scaffolding techniques of expert human tutors. In *Scaffolding Student Learning: Instructional Approaches and Issues,* edited by K. Hogan and M. Pressley. New York: Brookline Books, 108-44.

Murray, T. and Arroyo, I. 2003. Toward an operational definition of the zone of proximal development for adaptive instructional software. In *Proceedings of the 25th Annual Meeting of the Cognitive Science Society,* edited by R. Alterman and D. Kirsh. Cincinnati, OH: CogSci Society, 1389.

Olguin, D., Gloor, P., and Pentland, A. 2009. Capturing individual and group behavior with wearable sensors. *Proceedings of the AAAI Spring Symposium on Human Behavior Modeling,* Stanford, CA, March 2009.

Sottilare, R. 2010. Toward the development of an intelligent tutoring system for distributed team training through passive sensing. In *Proceedings of the 10th International Conference on Intelligent Tutoring Systems (ITS'10), LNCS V,* edited by V. Aleven, J. Kay, and J. Mostow. Berlin: Springer, 411-13.

Sottilare, R. and Gilbert, S. 2011. Considerations for tutoring, cognitive modeling, authoring and interaction design in serious games. *Proceedings of the Artificial Intelligence in Education Conference (AIED)2011,* Auckland, New Zealand, June 2011.

Sottilare, R.A. and Proctor, M. 2012. Passively Classifying Student Mood and Performance within Intelligent Tutors. *Educational Technology & Society,* 15 (2), 101-14.

Stevens, R., Berka, C., Galloway, T., and Wang, P. 2011. Developing systems for the rapid modeling of team neurodynamics. *Proceedings of the Interservice/ Industry Training Simulation & Education Conference (I/ITSEC),* Orlando, FL, 28 November-1

December 2011.

Thomas, J. and Young, R.M. 2009. Dynamic guidance in digital games: using an extensible plan-based representation of exploratory games to model student knowledge and guide discovery learning. *Working Notes of the Intelligent Educational Games Workshop at the International Conference on Artificial Intelligence and Education (AIED 09),* Brighton, UK, July 2009.

Vygotsky, L.S. 1978. Mind in Society: The Development of Higher Psychological Processes. *Cambridge, MA: Harvard University Press.*

Wells, G. 1990. Creating the conditions to encourage literate thinking. *Educational Leadership,* 47 (6), 13-17.

第 20 章 通用智能辅导结构

Robert A. Sottilare, Keith W. Brauner, Benjamin S. Goldberg 和 Heather K. Holden

人类研究与工程委员会美国陆军研究实验室

智能导师环境学习实验室

在前面的章节中,我们讨论了基于计算机示教系统(Computer-Based Tutoring Systems, CBTS)的研究空白。本章更进了一步,针对先前查找的问题,提出了一些通过教学系统体系结构或框架的标准化实施的解决方案。

军事领域的自主学习强调了对 CBTS 的需求,以支持那些人类导师不可用或不切实际的训练环境中的使用需求。CBTS 的可用性和使用受其开发成本、针对受训人员的重用性和自适应能力不足的影响(Picard, 2006)。如今,教学系统已被构建为特定领域的、独特的解决方案,但我们的目标是让它们成为流水化的生产单元。教学框架的模块化可以提高重用性,并提供成本更低的方法,来评估系统内或者跨系统之间教学方法的学习效果(例如,"教学系统发起的反馈"对"学员要求的反馈")。本章探讨了一个"通用智能辅导框架"(Generalized Intelligent Framework for Tutoring, GIFT)的设计和开发。

本章所述的 GIFT 方法论,旨在通过使用感知数据(行为和生理)和受训学员的其他信息,评估学员的认知/情感状态,并根据这些状态信息选择最佳教学策略（Sottilare & Proctor，2012）、调整想定内容（Niehaus & Riedl，2009），加强计算机教学的适应性。GIFT 开发的主要动机是为了识别最佳的技术来评估教学策略的学习效果。可重用的框架可跨多领域适用，允许灵活采用不同规格的受训人员建模、专家建模（创作）和教育学（Mühlenbrock，Tewissen & Hoppe，1998）的方式控制实验。为了实现与实践的方法进行比较评估，GIFT 也可以与多种测试环境集成。只有为实验制定一个迭代的方法，才能形成人口与训练领域独立的基准计算机辅导方法。

20.1 设计目标与预期用途

开发 GIFT 的方法论考虑的主要设计目标和预期用途，是提高一对一（个人）、一对多（集体或团队）训练经历的效率和效果，超越当前 CBTS 的状态。随着 GIFT 的不断发展，主要将会以三种方式来使用。

GIFT 可以适用的第一种方式，是作为一种科学工具来测试 CBTS 方法对学习成果（例如，技能获得和记忆）影响的大小。目前，还不存在可以应用的具备足够灵活性的试验台，能够凭经验确定各种辅导技术的影响，并且其扩展性可以支持在跨越整个训练领域，或在个人或在团队辅导内容上的评估。建立基准以提高练习状态至关重要，因为他们有加强教学系统适应性、重用性和学习效果的潜力。GIFT 将用于建立教学系统的性能标准（Sottilare & Gilbert，2011），采用如图 20-1 所示的实验方法，评估教学策略的学习效果，学员的个体差异和其他重要的研究问题。

GIFT 使用的第二种方式，是在一对一的教学系统中，支持学员根据自己的训练进度和熟练程度进行互动。学员可得到智能代理的辅助、利用通过实验验证的技术，这些技术包括，但不限于：内容选择辅助；引导、指导和激励支持；以及反馈机制（Wulfeck，2009）。本章在后面所详细讨论的控制实验过程，将有助于这些教学策略，和代表决定学习的受训者特征与行为的模型及算法的有效性验证。

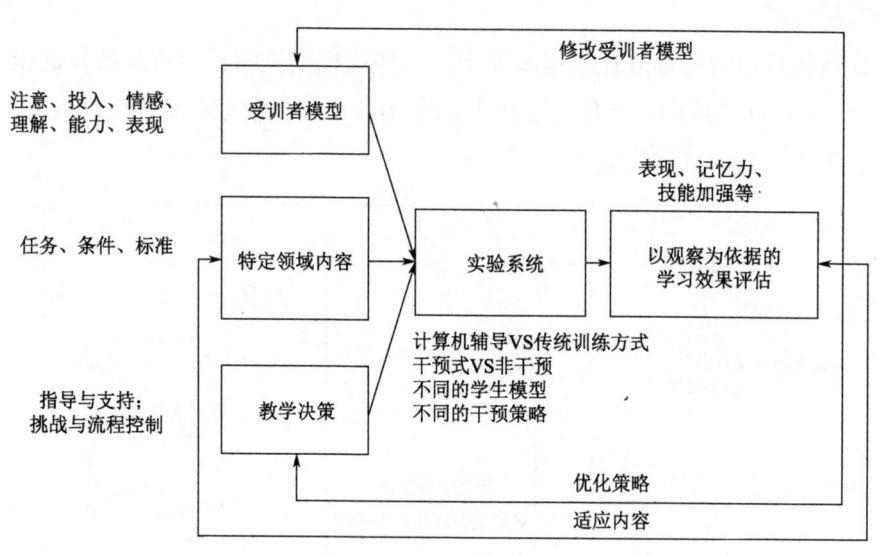

图20-1　GIFT实验方法

GIFT 使用的第三种方式，是对局部团队辅导、地理上分散的个别辅导、移动学习，以及在地理上分散的团队辅导的支持。鉴于部队训练经常以团队而非个人的形式组织，团队智能教学具备下一步军事训练中理想和合乎逻辑的特征。通过使用面向服务的架构（SOA），GIFT 的设计可扩展到分布式和团队训练环境。团队成员的表现作为输入，使 GIFT 能够确定每名学员对团队目标的贡献，并协调反馈给每个受训成员和团队整体。

20.2　导师模块架构

在 GIFT 中，每个模块能够从其他按照设计规范中规定的模块中搜集信息，产生标准的消息集和消息发送规则（例如，事件驱动或周期性）。由于 GIFT 的通用性，超出了其原始应用领域（单独训练），所以标准涵盖了有效的交互设计，以谨慎地维持很大程度上独立于领域的框架。同样，当从一个训练领域转换到另一个时，则只需要修改该领域模块。最后，GIFT 采纳了内容与可执行代码分离的原则（Patil & Abraham, 2010），数据和数据结构都放在模型和库中，软件过程则被编程为可互操作的模块。采用这些原则，该系统被设计成图 20-2 所示的模型、库和模块组件，下面的章节中将会讨论。

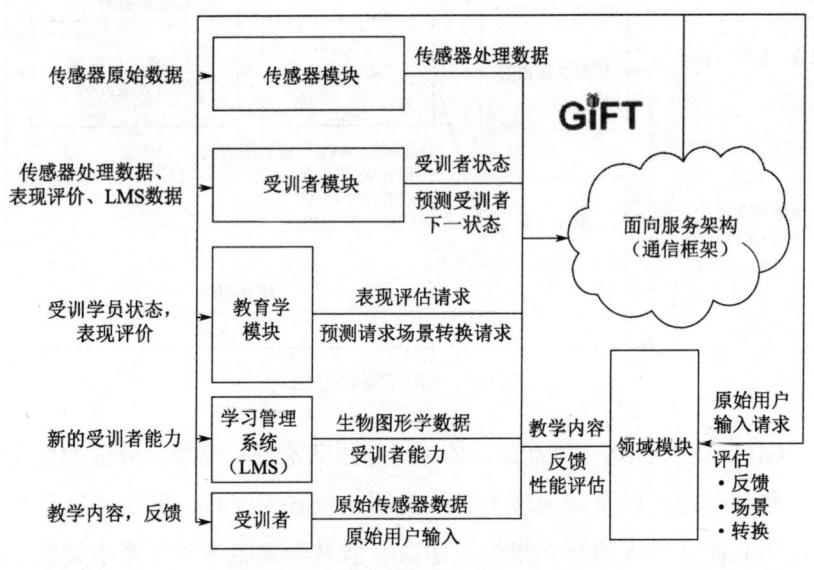

图20-2 GIFT教学传递模块架构

领域模块（领域相关）

领域模块的设计目的是实现领域知识的定义和结构化（例如，教学内容、领域相关的任务、习题集、常见的问题和常见的误解）。目前存在几种描述领域知识的标准：电气和电子工程师协会（Institute of Electrical and Electronics Engineers，Inc，IEEE）的学习对象元数据；共享内容对象参考模型（Sharable Content Object Reference Model，SCORM）；以及仪器和测量协会（Instrument and Measurement Society，IMS）的内容包装模型（Boneu，2011）。GIFT 的设计目标是，与所有这些标准的接口进行交互，以搜集特定领域的内容。

如图 20-3 所示，教育学模块指导领域模块的操作，它决定向管理员呈现哪些内容、旧的和演示的步骤和反馈类型（支持性、指导性、提示或问题）。领域模块的最后一个功能是评估学员的行动和进展。这可以通过评估学员反应的正确性、将学员的表现与专家表现进行比较或使用其他方法来完成。通过坚持对领域模块内的受训人员进行考核，然后仅将学员评估的结果提供给教育学模块，才能维持领域与教育学模块和 GIFT 其他功能的独立性。

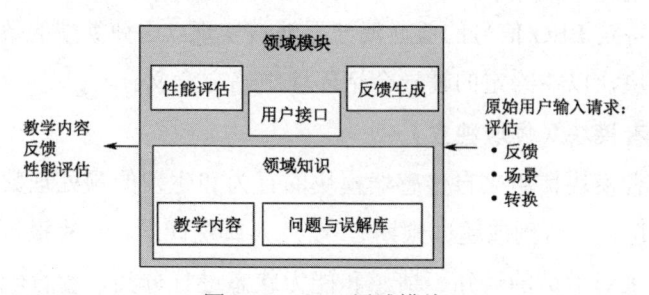

图20-3　GIFT领域模块

传感器模块（领域独立）

如图 20-4 所示，传感器模块包括一套具体的行为和生理传感器接口，它接收原始传感器数据，并由传感器处理模块的过滤、分类和数据特征提取，将这些数据转换成可用的形式。然后传感器处理模块通过 SOA 将处理后的数据传送到受训者模块。架构中使用的每个传感器各不相同，因此每个使用的传感器和与之相关联的传感器处理模块必须有一个接口。由于存在与每个传感器实现相关联的数据处理成本，因此在不同的训练平台（如基于计算机的训练、移动学习）中，能够使用少的传感器集，来确定学员的认知和情感状态至关重要。

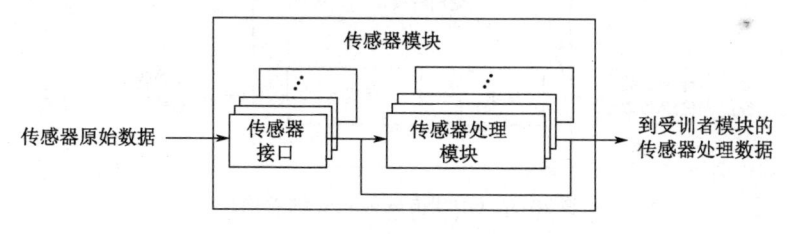

图20-4　GIFT领域依赖传感器模块

传感器模块中的每个传感器和传感器接口都可能与滤波器相关联。滤波器可根据需要对传入的数据进行特征提取，判定它与学员的状态的相关性。这些滤波器在运行之前通过人为干预选定。然而，特征提取的类型，只能通过一类数据类型实现，这是一个很容易理解问题。例如，带通滤波器通常用于皮肤电反应的数据处理；在 Emotiv 脑电图系统例子中，因为它是用于长期兴奋过程，滤波可以在注入系统之前实现，或者可以通过特定 EEG 信号的低通滤波器滤波实现。这种类型的数据传达给受训者模块，以在给定的辅导会话环境中确定意义。

受训者模块（领域独立）

受训者模块使用来自传感器模块的行为和生理的预处理数据、绩效评估（不符合、达到或超过预期），以及人口统计学、自我报告和观察到的数据，来对学员的认知、情感和能力状态进行分类。教育学模块使用这些学员状态数据，以决定学员的下一步教学内容或教学策略（方向、问题、反馈）。

受训者模块评估学员的当前状态，并预测未来的状态。例如，该模块基于学员的当前状态，并评估该状态向较高或较低程度转换的可能性，以预测其未来表现。如图 20-5 所示，受训者模块使用教育学模块的传感器输入、教育学模块的性能输入，以及历史数据（性格评估、领域经验），使用半监督机器学习技术，诸如聚类、隐马尔可夫模型和似然估计，来预测受训者的状态。在半监督机器学习中，标记和未标记的数据被用于训练分类器，（分类器）它决定了性能、认知或影响。

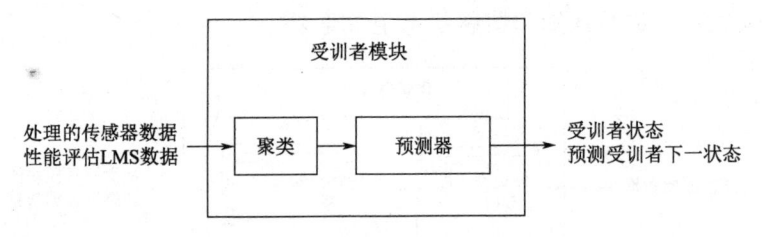

图 20-5 GIFT 领域独立受训者模块

开发受训者模块有基本的技术挑战和不同的方法，举例来说，一个受训者模块的作者可以选择使用基于先前建立感觉输入阈值的系统，而另一个受训者模块的作者可能决定使用无监督的聚类方法来确定状态。

GIFT 允许的教学策略的制定，可以使用这些方法的任意一个。鉴于 GIFT 及其实验台功能的模块化性质，个别受训者模块的方法可以公正、客观地根据经验相互比较。

教育学模块（领域独立）

如图 20-6 所示，教育学模块从受训者模块（受训者状态）和领域模块（性能评估和相关反馈）查询状态数据。它使用受训者的状态和性能，以确定教学内容、顺序和流程，视觉和听觉刺激被馈送到基于由教育学模块做出决定的受训者接口模块。教育学模块要回答的问题是："由于受训者处于下面的状态，行动有何种建议？"传统的机器学习方法，如贝叶斯网络或决策树可以做出有关使用教育学策略的决策。当有多个选项时，教育学策略的任务是决定下一步要做什么（Dabbagh，2005），他们可以操纵训练场景中的元素，提供提示、反馈，改变互动的步伐和难度。

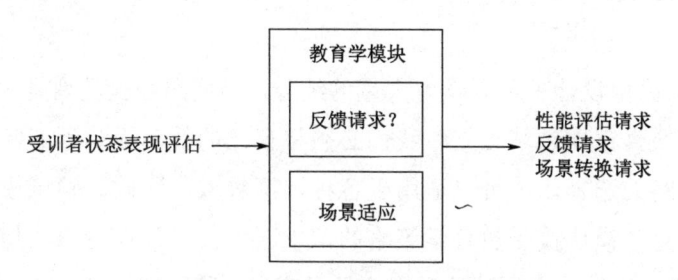

图20-6 GIFT领域独立教育学模块

GIFT 为评估横跨不同领域表现的多种教学策略的有效性提供了媒介。该架构还支持用于比较数据集试验，目标在于识别触发根据工作表现和诊断状态的最优策略的变量。我们的目标是，确定什么因素会影响训练，以及在此种影响下个人的何种特征应被用于选择调解或支持策略。

另外，教育学策略模块的开发是一项基本的技术挑战，GIFT 可以用于基于多维受训者状态的教育学策略选择。此外，GIFT 使不同领域和背景下的不同教育学策略的性能比较成为可能。按照最初预计，受训者将按照状态分成不同的熟练等级，然后，使用决策树和马尔可夫过程做出教学策略的建议。

通信框架（领域独立）

为了使每个模块无缝地进行交互，并适应新的信息，必须有一个相当强大的通信框架。为了减轻上面讨论的教学系统元素之间通信的困难，构建了一个基于 Java 的框架，它是基于服务器的框架，通过定义良好的通信协议，允许 GIFT 通过添加新的模块扩展，在物理上独立的计算机上运行，并支持多个学员同时访问。JBoss，是一种基于 Java 的应用服务器，已经在我们的原型中得到应用，它具备发布和接收设计之初未曾预期的信息的能力，提供的信息接收者兼容性强，消息采用 JSON（Java Script Object Notation）编码。GIFT 原型与使用可互换模块和通信协议定义的教学材料相互独立。

20.3　讨论

GIFT 原型设计中需要学习大量的经验，早期的经验教训是，为了使教育学模块真正地领域独立，我们必须将自己的行动限制到非常通用的教育学策略的选择，才可以适用于各种训练领域。因此，领域模块必须能够从教育学模块接受教育学策略的请求（例如，反馈请求、想定变化请求），然后执行特定领域的反馈或场景变化。发送到领域模块的教育学请求消息，是在学员的表现、认知状态或情感状态显著变化之后的结果。

样机设计还需要大量的功课要做。早期的工作之一是为了实现教育学模块真正的领域独立，

系统期望系统能够处理教育学策略有关的各种决策，而每种请求都将增加领域模块的处理和通信负载。将教育学策略决策放到领域模块也需要必需的领域知识（误解库、试题库）的结构化标准，以及用于实时选择适当反馈的标准方法。虽然这些标准尚未在 GIFT 中设置，笔者预计使用马尔可夫决策过程（Markov Decision Processes）来映射上下文（任务、条件和标准），可以支持这些教育学决策。

GIFT 内的每个教育学策略的选择，都要与辅导成功的 INSPIRE 模型一致（Lepper，Drake & O'Donnell-Johnson，1997），选择 INSPIRE 模型，是因为它是从最成功的人类导师中实证研究而来的。INSPIRE 包括理想的导师特点：智能化、培育、苏格拉底式的、渐进的、间接的、反射和鼓励。GIFT 的通用教育学策略包括但不限于：请教问题、提供提示、确定并纠正任何误解、要求学员对新的材料做出反应，以及鼓励受训者。反过来，到领域模块每个教育学请求，将导致特定领域的行为，包括：从领域知识中选择适当的问题、从领域知识中选择适当的提示、基于性能/答案纠正具体的误解并将误解进行分类、要求受训者阐明/解释/归纳当前材料，或查看最近成功的受训者行动，并在上下文中提供适当的称赞。

Sottilare 等（2011）确定了 GIFT 的五个设计挑战：分布式网络中的行为和生理检测、分布式团队背景下的冲突最小化和信任提升、个人和团队的教育学策略选择、多维状态跟踪，以及实时交互的挑战。尽管这些挑战已应用于个别辅导，它们在需要维护和同步分布式团队模型时会变得相当复杂。

虽然在评估 CBTS 环境中个体学员的认知和情感状态中，已经取得了显著成就，更大的挑战还在后面，即开发不太昂贵的传感器的最优集，以支持分布式环境中个体学员不引人注目的评估。对导师同样重要的是确定团队的状态，它与让导师了解怎样做才能激励和赢得信任同等重要，只有这样学习才可以进行下去，个人或团队才能优化学习效果。

就如单独的训练情景中动机是关键因素，团队训练情景需要冲突的管理和解决、对每个成员贡献的理解和促进成员之间的信任。认识冲突和开发教育学策略，可以解决冲突、增进信任，促进团队教学的有效性，但非常具有挑战性。对导师来说，这将是至关重要的战略决策过程或模式，使其能够权衡相互冲突的个人和团队的教育学策略。例如，团队辅导会话期间，单个团队成员的理解和记忆，需要时间来反映（清晰表达、解释、概括），但解决队内冲突可能有更高的优先级。

与设计目标中为学员提供近实时的互动相反，增加团队的规模可能会导致难以管理的多维状态（如信任和动机）数量，教学系统必须评估这种问题。举例来说，团队中的每个人在与其他成员都有一个二维信任状态，这两个维度分别是每个人对别人的信任，和别人对那个人的信任。这意味着，导师必须根据每对团队成员之间的互动，跟踪每个维度的变化。对"n"个团队成员，就有"$2*n-n$"个状态。仅仅对团队信任模型来说，两名成员只有两个状态，而 10 名成员，很快上升到 90 个状态。

实时或近实时的互动，不仅在给学员提供反馈以维持教学流程方面非常重要，对导师来说，基于最新和最准确的受训者状态来制定教育学决策同样重要。所以传感器必须以一定的速率更新，以支持近实时的认知和影响分类，使导师可以根据受训者的当前状态，甚至是预测状态，提供反馈、改变流程或挑战级别。出于这个原因，决定了 GIFT 中的传感器，及其相关处理过程，都放在受训者本地，以减少任何网络延迟，并在传输过程中尽量减少数据丢失。

20.4 结论

近期对适应性和针对性的训练解决方案的强调，加强了自我调节学习经验的重要性，但这些经验不能也不应该完全以自我为导向。军事组织的分布式特性、有限的训练时间，以及训练教官的可用性，强调必须使用以技术为基础的解决方案，以支持自我调节训练。自适应 CBTS，使用人工智能，支持向导式学习，可能是一个良好的解决方案。本章中讨论的技术为基础的方法提供了一种新兴的能力，以支持自主学习的方式，尽管不显眼，但已经可以通过裁剪，满足个人和小团队的需要。

本章还回顾了典型 CBTS 架构——GIFT 的设计方法和突出能力，其目标是通过必要的研究和开发，使教学系统向标准化、自适应的方向发展，使它们易于实现、灵活、经济实惠，易于开发和使用。作者还提出几种他们在开发 GIFT 原型中面临的挑战/决策点，并推测了将 GIFT 用于扩展到更复杂的训练环境中将会遇到的额外的挑战。很明显，更大的挑战还在后面，对军队将来可能如何使用教学技术保持认识，将提供有助于 GIFT 和其他教学技术的发展中涉及的设计决策的范例。

参考文献

Boneu, J.M. 2011. Survey on learning content management systems. In *Content Management for e-Learning*, edited by N.F. Ferrer and J.M. Alfonso. New York: Springer, 113-30.

Burleson, W. and Picard, R. 2004. Affective agents: Sustaining motivation to learn through failure and a state of "stuck". *Paper presented at Workshop on Social and Emotional Intelligence in Learning Environments at the 7th International Conference on Intelligent Tutoring Systems,* Maceio, Alagoas, Brazil, August 2004.

D'Mello, S.K., Taylor, R., and Graesser, A.C. 2007. Monitoring affective trajectories during complex learning. In *Proceedings of the 29th Annual Cognitive Science Society,* edited by D.S. McNamara and J.G. Trafton. Austin, TX: Cognitive Science Society, 203-8.

Dabbagh, N. 2005. Pedagogical models for e-learning: A theory-based design framework. *International Journal of Technology in Teaching and Learning,* 1 (1), 25-44.

Lepper, M.R., Drake, M., and O'Donnell-Johnson, T.M. 1997. Scaffolding techniques of expert human tutors. *In Scaffolding Student Learning: Instructional Approaches and Issues,* edited by K. Hogan and M. Pressley. New York: Brookline Books, 108-44.

Mühlenbrock, M., Tewissen, F., and Hoppe, H.U. 1998. A framework system for intelligent support in open distributed learning environments. *International Journal of Artificial Intelligence in Education,* 9, 256-74.

Niehaus, J. and Riedl, M. 2009. Scenario adaptation: An approach to customizing computer-based training games and simulations. *Proceedings of the 14th International Artificial Intelligence in Education (AIED)Conference, Workshop on Intelligent Educational Games.* Brighton, UK, 6-10 July 2009.

Patil, A.S. and Abraham, A. 2010. Intelligent and interactive web-based tutoring system in engineering education: Reviews, perspectives and development. In *Computational Intelligence for Technology Enhanced Learning,* edited by F. Xhafa et al. Berlin: Springer-Verlag, 79-97.

Picard, R. 2006. Building an affective learning companion. *Keynote Presentation at the 8th International Conference on Intelligent Tutoring Systems*, Jhongli, Taiwan, 26-30 June 2006.

Sottilare, R. and Gilbert, S. 2011. Considerations for tutoring, cognitive modeling, authoring and interaction design in serious games. *Authoring Simulation and Game-based Intelligent Tutoring workshop at the Artificial Intelligence in Education Conference (AIED),* Auckland, New Zealand, June 2011.

Sottilare, R., Holden, H., Brawner, K., and Goldberg, B. 2011. Challenges and emerging concepts in the development of adaptive, computer-based tutoring systems for team training. *Proceedings of the Interservice/Industry Training Simulation & Education Conference (I/ITSEC),* Orlando, FL, 28 November-1 December.Sottilare, R.A. and Proctor, M. 2012. Passively classifying student mood and performance within intelligent tutors. *Educational Technology & Society*, 15 (2), 101-14.

Wulfeck, W.H. 2009. Adapting instruction. *Proceedings of the 5th International Conference on Foundations of Augmented Cognition (FAC' 09)*: HCI International 2009, San Diego, CA, 19-24 July 2009.

Chapter 21
第21章 虚拟训练如何才能赢得朋友、影响他人

John Hart
人类研究与工程局美国陆军研究实验室
Jonathan Gratch 和 Slacy Marsella
南加州大学创新技术研究所

俗话说熟能生巧，军方向来重视执行之前的实践演练和任务的价值。镇压阿富汗和伊拉克叛乱的行动，催生了一项新技能——社会技能的发展和实践，新战术强调的重点是保护人民、发展与当地居民的合作伙伴关系（Kilcullen，2009）。然而，尽管解决冲突、建立国家安全、治理、经济稳定和基础设施需求等一系列人际交往能力越来越重要，它们于军事和民用教育课程中却基本不存在（Department of Army，2007；Department of Army，2008；National Research Council，2008；Jones & Munoz，2010）。人际专业知识涉及有效沟通和建立关系的能力，包括诸如跨文化能力、解决冲突、说服、建立信任和情绪调节的技能。对社会交往技能的需要并非军方仅有，其他领域仅举几例，如商务谈判、面试、医疗会诊、病人互动、教学辅导等。

虚拟现实正在成为教授人际关系技巧的重要工具，充实了需要劳动密集的现场演练和角色扮演或非经验传授（例如，在教室环境中）的传

统方法。对于很多类型的社会互动训练，目前已可以使用现场角色扮演的方式实现。医疗保健领域使用标准化病人角色扮演，以训练和"评估在临床实践中病人护理的质量和变化"（Williams，2004）。美军加大了实兵演练中的角色扮演，以迎接国家建设的新任务和目标，这些演员中，有的扮演的是当地商界人士、政府官员、宗教领袖，以及叛乱分子和恐怖分子（Steele，2008）。这些演员为受训学员提供洽谈、会议、搜集信息和社会交往中需要的其他任务。仿真训练提供了许多优势。它提供了安全的训练环境，让受训学员在其中练习和增长必需的技能，同时允许重复的互动来进一步巩固这些技能。

现场角色扮演并非万无一失，现场角色扮演相关的问题主要有：可用性和调度安排；多样化的种族、性别、语言；提供一致的反馈；提供标准化的经验或角色扮演的表演能力；成本因素（Johnsen，2008）。在美国陆军国家训练中心的一个大型演习中使用了多达 1700 名角色扮演人员，其中包含了 300 名平民（Steele，2008）。NTC 的训练演习持续了 14 天。由于角色扮演人数、演习的长度，以及搬迁到训练地点的潜在成本，使用角色扮演代价高昂。

使用虚拟人替代现场角色扮演有很多好处，虚拟人生活在模拟环境中（能够识别和响应口头或非口头的输入，并由此与人进行互动）；可以理解和表达情感；能够参与回合制的对话和对环境的推理（Gratch 等，2002；Cassell 等，2000）。虚拟人提供一个安全可控的环境，使参与者在其中与其他人交战，而不再使用现场角色扮演人员。使用现场角色扮演带来的相关财务成本，包括参与角色扮演仿真的时间和可能因搬迁产生的相关费用（机票、住宿、每日津贴、服饰的费用，等等）。使用现场角色扮演有关的其他因素包括：访问或安排；角色扮演的技术水平；现实场景中角色扮演的种族、语言、文化、性别的多样性；标准一致的反馈；演习所需要的角色扮演人员数量，这将再次影响成本。角色扮演演习中的虚拟人，当用于角色扮演模拟（Fannon，2003）的时候，可以消除潜在的判断感知的压力。另外一个好处是，虚拟人可以影响学生的学习动机和可能的学习效果。据观察，相较于学习，虚拟人更多的是影响学员的感知。但是也可以看到，在此过程中学员会感到更加的兴奋、积极和投入，进而提升了学习效果。研究人员发现，对于使用虚拟环境和改善学习效果，两者相得益彰（Moreno 等，2001）。

虽然这些例子说明了使用虚拟人进行训练的潜在利益——而事实上，其中的一些好处已经实现，正如我们在本章最后所讨论的——（这一新兴技术的广泛使用还存在一些挑战。一方面，使用计算机来教授社会技能仍然存在争议。从业人员通过虚拟人而发展起来的技能何时并且是否能转化到现实的社会情形之中，此种训练需要更多的指导。另一方面，虽然技术正在快速发展，复现人类角色扮演的功能仍然存在许多技术上的挑战。即使存在这些功能，进行有意义的训练练习所需要的资源也可能无法支持这些功能的使用。）在接下来的章节中，我们将回顾使用虚拟人进行社会技能训练的理论和实践的技术方法，并总结一些早期的成功案例。

21.1　为什么要使用虚拟人进行人际交往技能训练

表面上看，一个计算机程序可以教导人们更好地与其他人交往似乎有悖常理。然而，这种潜在的批判必须依照可供选择的办法看待。目前的训练实践肯定受到了类似的关注。我们为何期望通过接触剧本化的演员或观看 PPT 演示来了解真实世界，同样也是为了这个目的而阅读卡耐基（1967）的《如何赢得朋友和影响他人》。诚然，人们可从这些资源中学到颇具价值的社交技能。

不出意外，相较于获取其他形式的技能，人际交往能力的训练需要导师具备更大的社会参与度。传统教学借鉴了课堂教学、模拟（即生动地说明技能），广泛的行为排练，以及反馈和强化相结合的方法（Spence，2003；Peterson，2005）。角色扮演的使用尤为突出，部分原因是这种训练往往涉及过量的学习模式，或者是只有在其他人存在时才能激发的社会情感倾向。例如，对于一个具有社会恐惧症的人，往往在想象中行事果断，而在实践中却困难重重。治疗社会恐惧症的标准做法是，先"挂断"恐惧唤起的刺激，然后随着学员能力的提升再逐渐增加压力（Rothbaum 等，1995）。这些社会情感因素是使用虚拟人类最大的潜在挑战——难道虚拟人的社会反应太少（或甚至不存在）以至于难以支持这样的训练？这些反应是否可以通过改变虚拟人的外表或行为进行系统的控制？有趣的是，广泛的研究记录证实，即使计算机只含有人类社会行为的基本要素，人们也会对其产生社会化的反应。此外，这些社会影响力可以通过改变人物的现实主义特征来提高或降低。建立在这些早期的研究成果之上的虚拟人的潜能令人振奋，虚拟人相比传统课堂教学的一些潜在的好处包括：

- 社会影响：不同研究小组的大量研究表明，人们对虚拟代理人和化身有社会反应，并且这些社会影响是有效的人际沟通技巧训练中的重要组成部分。例如，为了在虚拟环境中学会克服对演讲的恐惧，重要的是受训者对虚拟观众讲话时要感觉焦虑（Pertaub，Slater & Barker，2002；Slater & Steed，2002）；或者在教导保健医生进行临床访谈时，他们必须克服社会压力，以避免询问困难或尴尬的问题（Kenny，Parsons & Garrity，2010）。

- 互动：为了克服在日常生活中发展起来的既定交互模式，人际技能需要刻意地加以练习。这种社会技能在本质上是互动的，这并不奇怪，相对于传统的课堂教学或教学视频方式的其他方法，让学员以互动的方式练习这些技巧有明显的益处（Staub，1971；Peterson，2005），并且虚拟人支持这种形式的互动。这符合构成主义者和向导式实验学习理论，它们认为互动是学习过程的中心，并认为知识是学习者在认清他们同学习材料之间的联系这一过程中所建立起来的。

- 反馈和指导：为了支持与学员有意义的社会互动，虚拟人必须感知、理解和塑造学员行为的各个方面。简单地执行其互动功能，虚拟人也必须识别出受训者的言谈和举止信息。只有获得，它才有可能使用该信息，一旦获取了这些信息，便可能对其进行使用。例如，考察一个领导能力训练系统，如虚拟军官领导力训练机（Campbell 等，2011），军校学生在与下属交往时，需要学会适当调节自己的情绪，虚拟下属需要识别受训者是否表现出愤怒，并做出适当反应，事实证明，该系统已经可以识别这种事件，并具有一个明确的模型引导其回应，为将这些信息用作智能化事件回顾功能的输入提供了可能。

- 一致性和传播：人类角色扮演的一个挑战是确保他们的行为始终支持底层的教学方式。例如，医疗的角色扮演需要大量昂贵的前期训练，经常使用付费演员，但仍存在不同的角色扮演一致性的担忧。一致性是特别困难的，因为训练需要的一些行为可能并不受自己控制。例如，医疗角色的玩家无法轻易模仿瞳孔放大和创伤性脑损伤造成的肌肉失控。尤其是社会行为，它通常发生在自觉意识之外，并在不知不觉中取得诊断的能力（Dijk 等，2011）。虚拟人不受这些生理和认知约束的限制，并且可以通过编程持久地提供确切的刺激（de Melo & Gratch，2009）。此外，可以根据需要系统地操纵一个角色的种族、性别、年龄和文化。当然，数字化还能提供进一步的优点，即虚拟人可以容易地复制和分布到多个训练场地，以确保训练一致。

当然，虚拟人类是人类行为的不完美模拟，而且在可预见的未来将继续如此，因此剩下的主要挑战是了解这项新技术的前途和限制条件。不论是出于必然性或是出于教学性的设计，所有的训练都包含不完善的仿真。美国陆军训练与领导发展科技创新战略白皮书（Department of Army，2010）上说，虽然虚拟环境必须有支持学习的足够的现实性，它们并没有复制物理世界中的所有方面。相反，虚拟人的保真度，必须"以理解在虚拟环境中学习行为如何发生以及知识转化最大化所必要的显著特点为指导"（Department of Army，2010）。对于一些培养目标，低精度的特征就行之有效，而对于其他目标，甚至与现实小小的出入都可能会产生负面的训练效果。不幸的是，人们对虚拟人的特征、培养目标和将学习转化到真实世界之间的关系仍然知之甚少。虽然如此，一套理论的主要轮廓正开始浮现，同时现存的一些发现也能为训练从业人员提供指导。

高度的现实主义对表现出的社会影响也并非完全必要。例如，在经典的 Heider 和 Simmel（1944）实验中，人们很容易将排斥的社会影响归因于一些简单的几何物体运动。一些研究人员已经证明，甚至当技术与最起码的社会线索结合时，就可能会出现社会影响。例如，Nass 和他的同事（已经）证明，在计算机上的声音能唤起刻板印象，监视器上哪怕是一些很小的标签都可以触发团队之间的关联。不幸的是，这种存在的社会影响证据，还不足以指导有效的训练和学习系统的设计，因为对具体学习目标的社会影响仍不清楚。虚拟人可以沿着现实主义的一些变化"设计维度"。例如，虚拟人可以就视觉现实主义（也就是，它们捕捉人类的外貌程度）或相互影响现实主义而各不相同（它们忠实地模拟人类社会交往的语言、非语言和动态特征的程度）。目前还不清楚这些"现实的维度"对虚拟人对人类用户的社会影响的能力，其结果是有些影响难以跨越背景和环境的条件复现（Couper, Tourangeau & Steiger, 2001），甚至当影响很强大时，他们可能不会持续转化为学习收获对于虚拟人在社交方面影响人类用户的能力，目前还不清楚这些"现实维度"将如何对其产生影响，其结果是一些影响难以通过环境和设定进行复现（Couper, Tourangeau & Steiger, 2001），并且即使这种影响十分强烈，它们也不会持续地转化为学习上的收获（van Mulken & Andre, 1998; Moreno, 2004）。

同上文所述一致，我们认为把如何设计虚拟人以教授社交技能这个问题分解为两个相关的问题将十分有益：①虚拟人体的视觉和互动的现实主义水平如何影响它在人类受训学员中产生社会影响的能力；②如何控制这些社会影响，以促进社交技能训练的学习和转化？前者已经成为媒体心理学和虚拟人类社区的学术热点区域。后者最近才开始引起人们

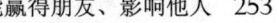

的关注，是我们最近研究的一个重点。该视图如图 21-1 所示。

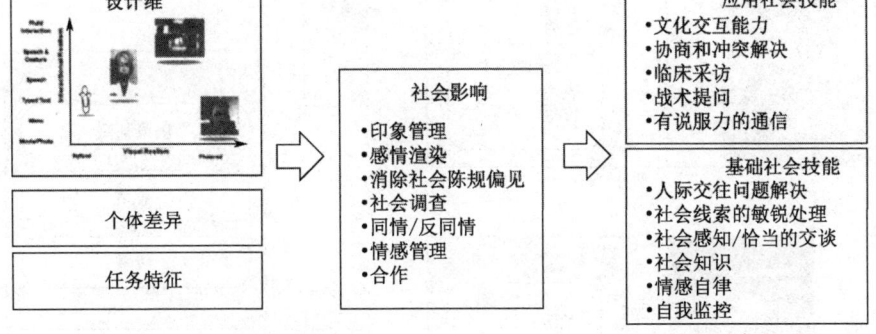

图21-1 对虚拟人进行训练基础研究的目标是要建立一个概念框架，以指导该训练人际交往能力的虚拟人的应用程序的设计

21.2 技术能力

从工程角度来看，交互式虚拟人类需要集成多个计算机科学的研究领域的先进功能，包括：机器感知、人工智能、认知建模、图形和动画。虽然具体的训练应用可能并不需要它，在它们最普遍的形式中，虚拟人必须能够感知、解释，并对各种事件和情况做出快速反应（见图 21-2）。为了模仿人类角色扮演的能力，虚拟人一定要能够感知人类用户的语言和非语言行为，以及用户和虚拟人分享的物理世界和虚拟环境中的事件。他们必须能够融合这些多重形态特征，与现有的观测和领域知识一起，形成自然环境和社会环境的统一认识。他们必须能够通过构造和执行计划，以及通过自然语言的通信，包括所有的非言语交流和人类的语言（眼神接触和厌恶凝视，面部表情和手势）作用于用户和世界。所有这些活动都必须密切配合，并受到严格的实时性限制，例如，在 250 毫秒内响应用户问题。虚拟人的研究领域在个人组件功能和集成到综合工作系统方面进展迅速。

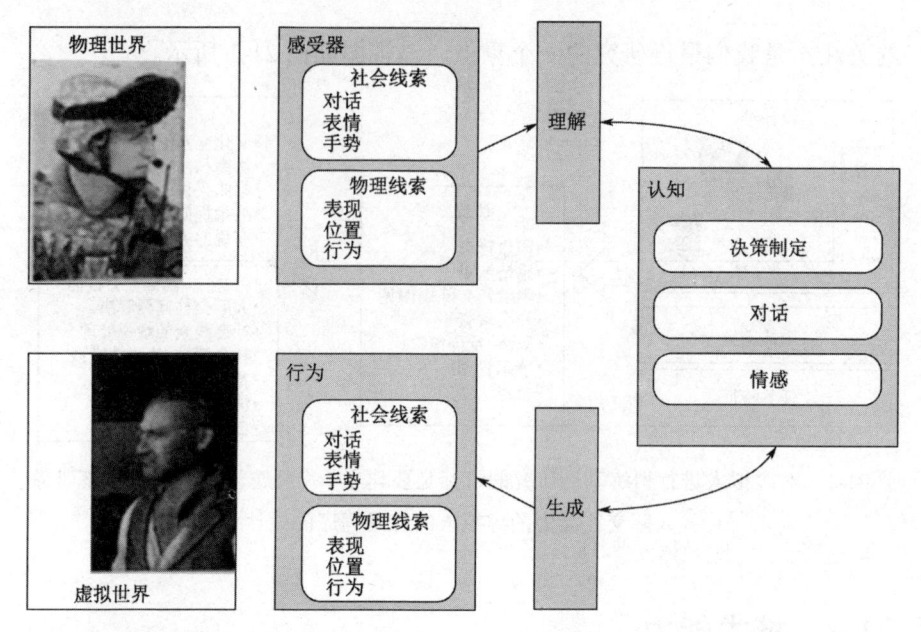

图21-2 这个提案中讨论的必须由虚拟人来执行的组件工作

最近虚拟人的研究正在解决一些对抗训练练习者的具体问题。其中一个训练应用程序开发的主要障碍在于创作新方案的难度。虚拟人必须建模和识别他人、进行任务推理，并能表达语言和非语言的行为。每个这些能力都需要训练任务的基本语义结构知识，以及这种知识如何通过动作、手势、语音和物理形式通信。这方面的知识，一些通过虚拟人类组件共享，而其他的知识则是独一无二的。最近的研究已经开始解决这个棘手的问题：一种方法是数据驱动知识的获取。例如，一些研究人员探索了从多元化的资源中学习虚拟人行为的可能性，如互联网视频、角色扮演记录，或从业人员训练输入等另一种方法是确定和开发虚拟人的流派（Traum, 2008）。流派本质上是一个虚拟人设计空间中随时准备变迁的"甜蜜点"，例如，各种虚拟人的应用程序有着许多相似之处：它们支持人类和虚拟人之间面对面地互动，其中人可以询问一系列问题，这些在更为普遍的"答疑"流派实例中经常可看到。一旦被确定，它就成为直接开发创作工具和用于特定应用类型的最佳实践。

另一种解决创作的方法集中在模块和共享软件体系结构的开发中。传统上，虚拟人类的开发，往往是实现一定功能的、复杂的一次性系统。尽管该领域已经成熟，但是，研发团队正在向更加模块化的体系结构、软件标准，甚至群体之间共享组件方向发展。例如，现在出于研究的目的，可免费获得一些核心的虚拟人功能。这包括用于检测人体信号的软件，信号中含有面部表情、手势和语音。还存在一些其他软件，用来挑选现实的社会行为并对其进行综合，甚至有一些集成包用来提供功能完备的虚拟人以及一些用于特定类型的创作工具（例如，查看虚拟人工具包可访问<http:// vhtoolkit.ict.usc.edu/>）。

21.3 最初的成功案例

尽管虚拟人技术可能还无法在人类行为、认知和语言等各个方面，复制一个真正的角色扮演人员，最新研究进展已经使得训练应用的开发成为可能。军方为了训练社会和人际交往能力的目的，在虚拟人应用方面的投资，已经实现了谈判和冲突解决、语言表达能力、情报搜集和性能查询等训练应用。这些应用的发展，甚至已经超越了军事上的应用，延伸到民用领域，现在已经出现使用虚拟病人练习面试技巧的应用程序。

虽然仅作为原型开发，创新技术学院（Institute for Creative Technologies，ICT）的任务演练练习系统，在需要社会交往技能的训练应用中，引入了使用虚拟人的潜力。MRE系统有一个参与者来承担一位军官的主要任务，该军官正面临困难的选择：是停下来并治疗与他带领的车辆之一发生事故的当地村民，还是继续他的目标任务。作为军官，参与者必须跟他的下属和包括事故受害者的母亲在内的当地村民交谈，以确定眼前的情况，然后就如何最好地处理局势做出决策，并使城镇不致发生骚乱。

另一种方法体现在战术提问系统（Tactical Questioning system）中。这个系统允许军事人员与他们在巡逻中可能遇见的个人或是与可能持有军事价值的信息个体进行交谈练习（Traum 等，2007）。在想定中参与者通过使用一问一答的对话系统与虚拟人类互动。

类似的应用已经应用于执法训练之中，包括主题采访技能训练和阵容识别等功能由 Alelo 公司开发的战术语言训练师（Tactical Language Trainer），为军方提供了虚拟环境，以实现在安全和可控的环境中练习语言和文化技能。这项训练应用程序允许学员在 3D 虚拟世界中步行，并与当地居民互动，同时练习该区域的语言，并观察它的文化。战术语言训练器已被广泛应用于美国陆战队（United States Marine Corps）。

美军已使用 BiLAT 游戏为基础的模拟环境，作为美国陆军游戏训练计划的一部分。BiLAT 提供了一个环境，在这里受训人员被赋予了需要同城镇里面的数位个体进行交谈之后才能解决的复杂的论点和难题。学员必须做好准备，并与场景中的每个成员执行双边会议和谈判，搜集有关问题的性质信息，解决问题，并在城镇中为部队营造积极的气氛和感觉（Kim 等，2009）。

社会交往技能的训练并不为军方独有。医疗保健行业也在调研使用类似的系统以用于练习与病人和护工进行交谈。ICT 开发了一个虚拟的标准化病人，临床心理学学生用它来练习与罹患创伤后应激障碍（PTSD）、焦虑、恐惧，以及各种行为问题困扰的病人进行访谈的技巧（Kenny 等，2008；Swartout，2010）。佛罗里达大学 Lok 的研究小组开发了人际交往能力教练机（Johnsen & Lok，2008；Johnsen，2008）。IPS 打算通过提供虚拟病人，来模拟医科学生和其他医护专业者所接受的现场的标准化病人训练。在这些系统中，用户或训练学员与计算机控制的虚拟人之间的互动采用对话形式，类似于现实的角色扮演仿真中，一个人跟另一个人的交谈或互动。

这种应用的核心问题，在于在虚拟环境中学习的社会交往技能向实际操作环境中转化的程度。许多上述系统中，受训者关于社会互动的知识已发生改善，但几乎没有研究可以明确地证明现实世界社会行为的改进，一些初步的研究结果是令人鼓舞的。例如，Johnsen 及其同事已经表明，使用虚拟病人训练的临床学生，显示了其在面试技巧上的提升，甚至可以媲美那些与现场标准化病人互动的学员（Johnsen 等，2007）。另一个旨在减少性传播疾病的流行应用程序中，在虚拟环境中练习自我监管技能的参与者，在他们真实世界的互动中会减少冒险行为（Read 等，2006）。然而，转化证据仍然喜忧参半，这仍然是一个活跃的研究领域。

当然，这些应用的中心问题是在虚拟环境里学会的社交技能转化到实际操作环境中的程度。上述的许多系统都显示受训人员关于社交的知识得到了改善，但是几乎没有研究可以确定地证明在真实世界中社会行为也得到了改进。一些初步的研究成果令人鼓舞。例如，Johnsen 及其同事已经表示，对于采用虚拟病人进行训练的临床医学生，他们在访谈技能上表现出来的改善情况可媲美那些在现场与标准化的病人进行互动的练习生（Johnsen 等，2007）。在另一个旨在降低性传播疾病流行程度的设计应用中，参与者在虚拟环境里练习自我调节的技能，相较于他们与真实世界进行互动，这种行为风险更小（Read 等，2006）。但是，向现实转化的证据仍旧混杂不清，这依然是一个研究活跃的领域。

21.4 结论

在过去的十年中，虚拟人技术的使用增长迅速，现在虚拟人越来越多地用来训练广泛的社交技能。推动这一增长的是对体验式学习方式重要性的基本了解。特别是美国国家训练实验室的"学习锥"（Cone of Learning），认为记忆的平均速率，随着从口头到视觉再到实施的参与程度的加深而不断增加（Wood，2004）。此外，相较于传统的现场角色扮演方法，虚拟人必将有益于学习经验和成本效益的精确控制和标准化。

虚拟人的早期应用实例，显示出其在传统情况下使用现场角色扮演演员的环境下很有前途。随着技术的发展，在社交互动的情况下使用虚拟人的应用程序的数量只会不断增加。为了促进这一过程，用于创作这些应用程序的技术必须不断进步，并获得如何最有效地应用该技术实现学习效果的基本知识。

对于传统上雇用现场角色扮演者的情形，早期的虚拟人应用实例现在正体现出勃勃生机。随着技术的发展，在社交情境使用虚拟人的应用数量将只增不减。为促进这种发展，担负这些应用所采取的技术必须取得持续的进步，同时也要获取更多的基础知识以知晓如何才能最有效地应用这种技术取得学习成果。

参考文献

Bailenson, J., Blascovich, J., Beall, A.C., and Loomis, J.M. 2003. Interpersonal distance in immersive environments. *Personality and Social Psychology Bulletin,* 29 (7), 1-15.

Bartlett, M., Littlewort, G., Frank, M., Lainscsek, C., Fasel, I., and Movellan, J. 2006. Fully automatic facial action recognition in spontaneous behavior. *Proceedings of the 7th International Conference on Automatic Face and Gesture Recognition,* Southampton, UK, 10-12 April 2006.

Bickmore, T., Gruber, A., and Picard, R. 2005. Establishing the computer-patient working alliance in automated health behavior change interventions. *Patient Education and Counseling,* 59 (1), 21-30.

Campbell, J.C., Hays, M.J., Core, M., Birch, M., Bosack, M., and Clark, R.E. 2011. Interpersonal and leadership skills: Using virtual humans to teach new officers. *Proceedings of the Interservice/Industry Training, Simulation, and Education Conference (I/ITSEC),* Orlando, FL, 28 November-1 December 2011. Carnegie, D. 1967. *How to Win Friends and Influence People.* Sydney: Angus and Robertson.

Cassell, J., Bickmore, T., Campbell, L., and Vilhjalmsson, H. 2000. Human conversation as a system framework: Designing embodied conversational agents. In *Embodied Conversational Agents,* edited by J. Cassell et al. Cambridge, MA: MIT Press, 29-, 3.

Cassell, J., Stocky, T., Bickmore, T., Gao, Y., Nakano, Y., Ryokai, K., Vaucelle, C., and Vilhjalmsson, H. 2002. MACK: Media lab autonomous conversational kiosk. *Proceedings of IMAGINA V2,* Monte Carlo, Monaco, 12-15 February 2002.

Clark, R.E., Yates, K., Early, S., and Moulton, K. 2010. An analysis of the failure of electronic media and discovery-based learning: Evidence for the performance benefits of guided training methods. In *Handbook of Training and Improving Workplace Per-*

formance, Volume I: Instructional Design and Training Delivery, edited by K.H. Silber and R. Foshay. Washington, DC: International Society for Performance Improvement, 263-97.

Couper, M., Tourangeau, R., and Steiger, D.M. 2001. Social presence in web surveys. *CHI Conference on Human Factors in Computing Systems,* Seattle, WA, 31 March-5 April 2001.

Daugherty, B., Babu, S., Cutler, B., and Hodges, L. 2007. Officer Garcia: a virtual human for mediating eyewitness identification. *Proceedings of the 2007 ACM Symposium on Virtual Reality Software and Technology,* Newport Beach, California, 5-7 November 2007.

de Melo, C. and Gratch, J. 2009. Expressing emotions in virtual humans through wrinkles, blushing and tears. *22nd Annual Conference on Computer Animation and Social Agents,* Amsterdam, Netherlands, 17-19 June 2009.

Department of Army. 2007. *The US Army/Marine Corps Counterinsurgency Field Manual (FM 3-24)*. Chicago: University of Chicago Press.

——. 2008. The US Army Concept for the Human Dimension in Full Spectrum *Operations 2015-2024 (TRADOC Pamphlet 525-3-7)*. Fort Monroe, VA: US Army Training and Doctrine Command.

——. 2010. United States Army Training and Leader Development Science and *Technology (S&T)Innovations Strategy White Paper*. Fort Monroe, VA: US Army Training and Doctrine Command.

Dijk, C., Koenig, B., Ketelaar, T., and de Jong, P. 2011. Saved by the blush: Being trusted despite defecting. *Emotion,* 11 (2), 313-19.

Fannon, K. 2003. "Needle Stick" - A role-play simulation: transformative learning in complex dynamic social systems. *International Journal of Training Research,* 1 (2), 100-116.

Frank, G.A., Guinn, C.I., Hubal, R.C., Stanford, M.A., Pope, P., and Lamm-Weisel, D. 2002. JUST-TALK: An application of responsive virtual human technology. *Proceedings of the Interservice/Industry Training, Simulation and Education Conference (I/ITSEC),* Orlando, FL, 2-5 December 2002.

Gandhe, S., and Traum, D. 2007. Creating spoken dialogue characters from corpora without annotations. *Paper presented at INTERSPEECH,* Antwerp, Belgium, 27-31 August 2007.

Gratch, J., Rickel, J., Andre, E., Cassell, J., Petajan, E., and Badler, N. 2002. Creating interactive virtual humans: Some assembly required. *IEEE Intelligent Systems,* 17 (4),

54-63.

Gratch, J., Wang, N., Gerten, J., Fast, E., and Duffy, R. 2007. Creating rapport with *virtual agents*. *Paper presented at the International Conference on Intelligent Virtual Agents,* Paris, France, 17-19 September 2007.

Heider, F. and Simmel, M. 1944. An experimental study of apparent behavior. *American Journal of Psychology,* 58, 243-59.

Johnsen, K. 2008. Design and Validation of a Virtual Human System for Interpersonal Skills Education (doctoral dissertation, University of Florida, 2008). *Dissertation Abstracts International, DAI-B 69/10* (UMI No. 3334476).

Johnsen, K. and Lok, B. 2008. An evaluation of immersive displays for virtual human experiences. *Proceedings of IEEE Virtual Reality,* Reno, NV, 8-12 March 2008.

Johnsen, K., Raij, A., Stevens, A., Lind, D., and Lok, B. 2007. The validity of a virtual human experience for interpersonal skills education. *Proceedings of the SIGCHI Conference on Human Factors in Computing Systems,* San Jose, CA, 28 April-3 May 2007.

Johnson, W.L. 2007. Serious Use of a Serious Game for Language Learning. *Proceedings of the 2007 Conference on Artificial Intelligence in Education: Building Technology Rich Learning Contexts That Work,* Marina Del Rey, CA, 9-13 July 2007.

Johnson, W.L., Rickel, J.W., and Lester, J.C. 2000. Animated pedagogical agents: Face-to-face interaction in interactive learning environments. *International Journal of Artificial Intelligence in Education,* 11 (1), 47-78.

Jones, S.G. and Munoz, A. 2010. *Afghanistans Local War, Building Local Defense Forces.* Santa Monica, CA: RAND Corporation.

Kenny, P., Parsons, T.D., Pataki, C., Pato, M., St-George, C., Sugar, J., and Rizzo, A.A. 2008. Virtual Justina: A PTSD virtual patient for clinical classroom training. *Review: Literature and Arts of the Americas,* 6(1), 113-18.

Kenny, P.G., Parsons, T.D., and Garrity, P. 2010. Virtual patients for virtual sick call medical training. *Proceedings of the Interservice/Industry Training, Simulation, and Education Conference (I/ITSEC),* Orlando, FL, 29 November-2 December 2010.

Kilcullen, D. 2009. *The Accidental Guerrilla.* New York: Oxford University Press.

Kim, J.M, Hill, R.W., Durlach, P.J., Lane, H.C., Forbell, E., Core, M., Marsella, S., Pynadath, D., and Hart, J. 2009. BiLAT: A game-based environment for practicing negotiation in a cultural context. *International Journal of Artificial Intelligence in Education,* 19 (3), 289-308.

Kramer, N. 2005. Social communicative effects of a virtual program guide. *International Conference on Intelligent Virtual Agents 2005,* Kos, Greece, 12-14 September 2005.

——. 2008. Social effects of virtual assistants. A review of empirical results with regard to communication. *Paper presented at the 8th International Conference on Intelligent Virtual Agents,* Tokyo, Japan, 1-3 September 2008.

Lee, J. and Marsella, S. 2006. Nonverbal behavior generator for embodied *converssdiona/ agents. Proceedings of the 6th International Conference on Intelligent Virtual Agents,* Marina Del Rey, CA, 21-23 August 2006.

Lester, J.C., Converse, S.A., Kahler, S.E., Barlow, S.T., Stone, B.A., and Bhogal, R.S. 1997. The persona effect: affective impact of animated pedagogical agents. *Proceedings of the SIGCHI Conference on Human Factors in Computing Systems,* Los Angeles, CA, 18-23 April 1997.

Lester, J.C., Towns, S.G., and Fitzgerald, P.J. 1999. Achieving affective impact: Visual emotive communication in lifelike pedagogical agents. *International Journal of Artificial Intelligence in Education,* 10 (3-4), 278-91.

Merrill, M.D. 1991. Constructivism and instructional design. *Educational Technology,* May, 45-53.

Moon, Y.Q. 1998. Impression management in computer-based interviews: The effects of input modality, output modality, and distance. *Public Opinion Quarterly,* 62, 610-22.

Morency, L.-P., Mihalcea, R., and Doshi, P. 2011. Towards multimodal sentiment analysis: Harvesting opinions from the web. *Paper presented at the International Conference on Multimodal Interfaces,* Alicante, Spain, 14-18 November 2011.

Morency, L.-P., Sidner, C., Lee, C., and Darrell, T. 2005. Contextual recognition of head gestures. *Paper presented at the 7th International Conference on Multimodal Interactions,* Toronto, Italy, 4-6 October 2005.

Moreno, R. 2004. Immersive agent-based multimedia environments: Identifying social features for enhanced learning. *In Instnwtional Design for Multimedia Learning,* edited by H.M. Niegemann et al. Munster, Germany: Waxmann Verlag, 9-18.

Moreno, R., Mayer, R.E., Spires, H.A., and Lester, J.C. 2001. The case for social agency in computer-based teaching: Do students learn more deeply when they interact with animated pedagogical agents? *Cognition and Instruction,* 19 (2), 177-213.

Nass, C., Moon, Y., and Carney, P. 1999. Are people polite to computers? Responses to computer-based interviewing systems. *Journal of Applied Social Psychology,* 29 (5), 1093-110.

Nass, C., Moon, Y., Morkes, J., Kim, E.-Y., and Fogg, B.J. 1997. Computers are social actors: A review of current research. In *Mora! and Ethical Issues in Human-Computer Interaction,* edited by B. Friedman. Stanford, CA: CSLI Press, 137-62.

National Research Council. 2008. *Human Behavior in Military, Contexts.* Committee on Opportunities in Basic Research in the Behavioral and Social Sciences for the US Military. James J. Blascovich and Christine R. Hartel (eds), Board on Behavioral, Cognitive, and Sensory Sciences, Division of Behavioral and Social Sciences and Education. Washington, DC: The National Academies Press.

Pertaub, D.-P., Slater, M., and Barker, C. 2002. An experiment on public speaking anxiety in response to three different types of virtual audience. *Presence: Teleoperators and Virtual Environments,* 11 (1), 68-78.

Peterson, R.T. 2005. An examination of the relative effectiveness of training in nonverbal communication: Personal selling implications. *Journal of Marketing Education,* 27 (2), 143-50.

Read, S.J., Miller, L.C., Appleby, P.R., Nwosu, M.E., Reynaldo, S., Lauren, A., and Putcha, A. 2006. Socially optimized learning in a virtual environment: Reducing risky sexual behavior among men who have sex with men. *Human Communication Research,* 32 (1), 1-34.

Reeves, B. and Nass, C. 1996. The Media Equation: How People Treat Computers, Television, and New Media Like Rea! People and Places. *Stanford, CA: Cambridge University Press.*

Rossen, B., Lind, S., and Lok, B. 2009. Human-centered distributed conversational modeling: Efficient modeling of robust virtual human conversations. In *Intelligent Virtual Agents,* edited by Z. Ruttkay et al. Berlin/Heidelberg: Springer, 474-81.

Rothbaum, V.O., Hodges, L.F., Kooper, R., Opdyke, D., Williford, J.S., and North, M. 1995. Virtual-reality graded exposure in the treatment of acrophobia - A case report. *Behaviour Therapy,* 26 (3), 547-54.

Rowe, J., Shores, L., Mott, B., and Lester, J. 2010. Integrating learning and engagement in narrative-centered learning environments. *Proceedings of the Tenth International Conference on Intelligent Tutoring Systems,* Pittsburgh, PA, 14-18 June 2010.

Schuller, B., Lehmann, A., Weninger, F., Eyben, F., and Rigoll, G. 2009. Blind enhancement of the rhythmic and harmonic sections by NMF: Does it help? *Paper presented at NAG/DAGA,* Rotterdam, Netherlands, 23-26 March 2009.

Slater, M. and Steed, A. 2002. Meeting people virtually: Experiments in shared virtual environments. In *The Social Life of Avatars,* edited by R. Schroeder. London, UK: Springer, 146-71.

Spence, S.H. 2003. Social skills training with children and young people: Theory, evidence and practice. *Child and Adolescent Mental Health,* 8 (2), 84-96.

Staub, E. 1971. The use of role playing and induction in children's learning of helping and sharing behavior. *Child Development,* 42 (3), 805-16.

Steele, D. 2008. NTC: Between Hollywood and Hell. *ARMY Magazine,* 58 (7), 26-48.

Swartout, W. 2010. Lessons learned from virtual humans. *AI Magazine,* 31(1), 9-20.

Swartout, W., Hill, R., Gratch, J., Johnson, W.L., Kyriakidis, C., LaBore, C., Lindheim, R., Marsella, S., Miraglia, D., Moore, B., Morie, J., Rickel, J., Theibaux, M., Tuch, L., Whitney, R., and Douglas, J. 2001. Toward the holodeck: Integrating graphics, sound, character, and story. *Paper presented at the Fifth International Conference on Autonomous Agents,* Montreal, Canada, 28 May-1 June 2001.

Thiebaux, M., Marshall, A.N., Marsella, S., and Kallmann, M. 2008. SmartBody: Behavior realization for embodied conversational agents. *Paper presented at the International Conference on Autonomous Agents and Multi-Agent Systems,* Estoril, Portugal, 12-16 May 2008.

Traum, D. 2008. Talking to virtual humans: Dialogue models and methodologies for embodied conversational agents. In *Modeling Communication with Robots and Virtual Humans,* edited by I. Wachsmuth and G. Knoblich. Berlin, Germany: Springer, 296-309.

Traum, D., Roque, A., Leuski, A., Georgiou, P., Gerten, J., Martinovski, B., Narayanan, S., Robinson, S., and Vaswani, A. 2007. *Proceedings of the 8th SIGdial Workshop on Discourse and Dialogue,* Antwerp, Belgium, 1-2 September 2007.

van Mulken, S. and Andre, E. 1998. The persona effect: How substantial is it? *Paper presented at the Human Computer Interaction Conference,* Berlin, Germany, 1-4 September 1998.

Williams, K.D. 2007. Ostracism. *Annual Review of Psychology,* 58 (1), 425-52.

Williams, R.G. 2004. Have standardized patient examinations stood the test of time and experience? *Teaching and Learning in Medicine,* 16 (2), 215-22.

Wood, E.J. 2004. Problem-Based Learning: Exploiting Knowledge of How People Learn to Promote Effective Learning. *Bioscience Education* [online. May, vol. 3]. Available at: <http://www.bioscience.heacademy.ac.uk/joumal/vol3/ beej-3-5.aspx> [accessed: 8 August 2012].

Zanbaka, C., Ulinski, A., Goolkasian, P., and Hodges, L.F. 2007. Social responses to virtual humans: Implications for future interface design. *Proceedings of CHI2007: Social Influence,* San Jose, CA, 28 April-3 May 2007.

第四部分 训练评估

Chapter 22
第22章 有效测量对于评估训练成效必不可少

Christopher Best
澳大利亚国防科学技术局

　　成功的训练由许多因素促成。然而，测量是非常重要的，因为它是基于其性能的特征、诊断和修复（Salas & Cannon-Bowers，2000）。只有通过有效的测量我们才可以了解训练的效果，并通过这样做，才能够实践旨在解决训练的差距和不足的目标投资和策略。本书中这一部分的章节解决有关训练评估的几点问题并通过多种测评工具与手段向训练人员提供面临问题与机遇的洞察能力。

　　涉及设计和提供现代训练的众多过程中，有关测量问题的思考已经可以说是对训练交付质量的最大潜在影响。这至少有两个原因。第一个是角度的问题：接近设计与交付训练的一个明确的重点设置在哪，如何设置和采取什么措施可能鼓励之前就考虑其他重要的训练问题，或更深层次来说，比起其他可能出现的情况。例如，考虑相关的知识、技能和态度（KSAs）如何变化，它们应该体现具备的特点以及抓住这些特点应该考虑：①需要达到的能力的性质；②相关的 KSAs 可以或应该如何训练；③所涉及的个人和作为一个整体的组织培养的预期成果应该是什么；④如何能够证明训练的目标已经达到。为了实现有效的、可靠的和相关的测评，可能因此影响许多方面的训练——从课程设计，到支持技术的设计，再到评估、反馈，以及训练的评估。

测评因素会对训练产生特别强烈的影响的第二个原因是产生的评估数据可能对于一些实用目的而言是有用的。本书中这一章在此只处理其中的两项：出于对评估训练系统有效性目的的测评和出于对评估学员表现目的的测评。

在评估训练效果的那一章（第 23 章），Bates、Cannonier 和 Holton 提供了一个理论模型以及对于如何实现训练评估最重要的用途之一：确定训练系统是否已经实现了它的设计，如果没有，为什么没有。最近的实证研究已经增强了本应用测量的重要性，已经发现在组织的训练评估战略的复杂性和他们实现训练转化的程度之间存在一个正相关（Saks & Burke, 2012）。该证据支持以下观点，严格评估他们的训练的组织可以使用用以识别和改善不足，从而获得更多他们承担的训练的成果的数据。Bates、Cannonier 和 Holton 提供了一个全面的有关不同训练效果的概述，该概述与可以用来提供必要数据的工具都应该被视为该评估的一部分。

训练中测评的另一个重要应用是对学员的绩效或者表现的评估。该应用首先在某种意义上是和大多数模型的训练效果评估密切相关的，如 Bates、Cannonier 和 Holton（第 23 章），包括训练 KSAs 变化的方面。

尽管绩效测评在训练评估过程中是必要的，但在许多删去的训练环境中却很难描述客观条件下绩效的好与坏。要提到的这种状况是经常出现的，例如，当团队合作的训练重点或任务环境是如此的复杂时，这样的技能有多个"正确"的行为方式。在这些情况下，测量通常是基于由主题专家提出的观察，有时是教员的观察。在教师的观察影响可靠性和有效性的因素一章（第 24 章）中，Andrews、Bowers 和 Lechin 描述了依靠这样的观察的潜在收益与风险。这些作者提供了一个错误并带有偏见的来源的概述，它们会影响所有个人的判断——包括训练的情况下的专家观察员——和他们提供的可以如何使用如规模建设、管理者训练和动态线索等方法的具体的建议。

在绩效测评技术一章，Atkinson、Abbott 和 Merket（第 25 章）强调了当依靠基于观测器的性能评估时必须注意的问题。他们还提出了一个模型，说明了那些涉及人的性能测量规划和方法设计所面临的艰难决定。该模型表明关于如何测评，以及测评哪些指标的问题是应考虑的因素，这些因素包括区分是个体还是团队层次的性能更重要的（通常两者都重要），正在训练什么样的能力，以及搜集到的数据是定性的还是定量的。该模型很好地说明了测量因素应该如何考虑正在训练的是什么，它是如何被训练，应该出现什么样的结果。

鉴于存在许多不同种类的绩效评估并且人类观察者的认知能力是有限的，所以通常以技术协助来捕捉学员性能相关的数据。Atkinson、Abbott 和 Merket（第 25 章）提供了关于可用于此处的几种不同技术的描述，而且列出了使用它们可能带来的好处及风险。

一种特定技术的本质和作用——自动化，客观的绩效评估——在下面的章节由 Schroeder、Schreiber 和 Bennett（第 26 章）进行了详细研究。客观的绩效评估是基于从训练系统中提取数据，有时从模拟器，有时从实物平台。Schroeder、Schreiber 和 Bennett 提供了一个关于在训练的情况下如何进行客观的绩效评估的全面概述，包括相对于其他形式的测量的优点和缺点。这些作者描述了涉及客观的绩效评估的开发、实施、分析和报告的步骤，除了他们提出的后勤方面的困难和可以培养他们所需的重大投资。

在本书的最后一章，Galanis、Stephens 和 Temby（第 27 章）讨论了涉及训练中两个最基本问题应如何测量：①训练所学到的是否真的能够提高工作环境下的性能？②如何使这种提高达到最大化？这是关于训练转化的问题。Galanis、Stephens 和 Temby 提供了一个能够影响训练迁移的因素的概述，包括学员的特点、训练环境、工作环境。他们还提供了一个如何利用广泛使用的一种度量来量化转化的深入的描述：百分比转化（PT）。在真正的工作环境 PT 是一个衡量训练多少的措施（例如，在一个真正的飞机上）在其他一些环境中也可以通过训练保存（例如，在飞机模拟器上）。Galanis、Stephens 和 Temby 提供的 PT 描述称赞弗莱彻（第 12 章）对训练迁移的另一种受欢迎措施的描述，即传输效率比（TER）。

Galanis、Stephens 和 Temby 鼓励训练人员和其他利益相关者对训练设备的有效性采取一种健康的怀疑态度。对于如何看待模拟装置的优点，他们提出了具体的指导方针，并且他们将 PT 作为范例，来展示经验证据是如何以及应该怎样被用于支撑证明训练系统的影响。

总之，关于为何测评在训练中是重要的这个问题，这部分章节给出了几点根本原因，并且对于怎样在训练环境下采取较好的测评应用提出了非常实用的建议。

参考文献

Kirkpatrick, D.L. 1994. *Evaluating Training Programs: The Four Levels*. San Francisco: Berrett-Koehler.

Kraiger, K. 2002. Decision-based evaluation. In *Creating, Implementing, and Managing Training and Development: State-of-the-Art Lessons for Practice,* edited by K. Kraiger. San Francisco: Jossey-Bass, 331-75.

Saks, A.M. and Burke, L.A. 2012. An investigation into the relationship between training evaluation and the transfer of training. *International Journal of Training and Development,* 16 (2), 118-27.

Salas, E. and Cannon-Bowers, J.A. 2000. The anatomy of team training. In *Training and Retraining: A Handbook for Business, Industry, Government, and the Military,* edited by S. Tobias and J.D. Fletcher. New York: Macmillan, 312-35.

第 23 章 训练评估中评估决策的着眼点

Reid A. Bates，Nicole Cannonier 和 E. F. Holton III
路易斯安那州立大学

23.1 引言

军队是世界上最大的训练消费者之一。世界各国政府每年花费数十亿美元在个人和团队的军事训练上。这种训练体现了各种目标（增加陈述性知识，提高效率，减少伤害或事故，技能养成，改变态度或动机）和使用各种方式的交付（课堂训练、模拟训练、自我导向的计算机或网络训练、在职训练）。尽管普遍认为训练效果评估是很重要的，但在军事上训练支出通常很少去确定训练是否真的起作用。这有很多原因。一些信念正在生成，他们认为训练评估在军事环境中不当或不可能因为实施严格评估设计非常困难，或认为评估是无关紧要的，因为我们知道"训练正在起作用"（Salas，Milham & Bowers，2003）。其他的困难有成本，训练评估的劳动密集型，或担心评估将提供关于训练效果的坏消息，从而限制资金线。我们相信这些信念是错的，因为两个关键原因。第一，训练评估是一个关键的质量控制机制：它是训练系统的一个基本要求，是训练有效的一种展示，而且是军事训练持续改进的关键。第二，训练评估借鉴了近年来评估的创新与发展，它可以让这个过程更实际、有用和可管理。

训练评估是为了选择、使用、估计和修正一个训练过程，而对相关描述和判断数据的系统搜集（Goldstein & Ford，2002）。如什么是最好的训练评估，专家们没有统一的意见。然而，普遍认为测量是一个核心的过程，它决定用什么来衡量任何训练评估成效的中心。训练评估测量是指对适当病灶的识别，给定评估目标和搜集目标结果与其他变量的信息。然而，训练评估决定采取什么措施并不总是——甚至通常是——简单的。虽然在进行测量的决定时有很多要考虑的因素（评估者的专业知识，组织的需求和资源，评估的目标），如果评估解决一些最初的问题并利用在训练评估领域的最新发展，这个过程可以更清楚。本章的目的是在进行测量决定和指出一些可以在这个过程应用的工具时，检查几个可以提供一个起始位的关键决策点。

23.2 获得清晰的目的：关注利益相关者和应用

训练评估的发现或在某种程度上是唯一有价值的应用。因此，测量的决定不仅仅是一个技术性的问题：他们必须由目标用户从目标使用的理解开始（Patton，1997）。为什么呢？首先，可能存在许多可用于评估数据用途的目的。例如，训练评估既可以是格式化的也可以是总结性的。格式化的评估注重事物的测量，如过程管理、训练材料或指令，并经常关注程序设计或改进。总结性评估的重点是对训练结果的测量和相对于预期目标和成本提供数据的程序的有效性或价值。这两种来源的数据都可以用来对训练进行决策（例如，课程保留或课程修订），提供反馈给训练人员、学员或教学设计人员（例如，相关的课程内容对工作的要求或教学传递的喜好），或市场训练计划（Kraiger，2002）。这些不同的目的和目标都需要测量，但通常需要对训练的不同方面的测量。例如，在做出程序继续的决定时可能需要训练对工作绩效的影响的测量。另外，做出过程改进的决定可能需要对正在使用的教育学策略或学员学习偏好的测量。

其次，存在潜在的广泛的利益相关者，他们可能会对训练评估有兴趣。"利益相关者们"是与评估结果有直接利害关系的个人和团体，他们将受到评估结果的影响，或会受到对结果采取的行动的影响。这些利益相关者常常会对评估目标和应该测量什么有不同的需要和想法。军事上评估的利益相关者垂直拉伸，从指挥将领到非军官和操练军士，包括训练人员。一个潜在的利益包括现役排长、参加训练的人员、教学设计人员、仿真技术开发人员、武器工程师、外部训练供应商，等等。总之，有多种潜在的利益相关者——和观点——任何单一的训练评估项目，了解他们对评估目标和应该测量什么的观点是保证评估工作结果，满足利益相关者具体需要的关键，只有这样做才能使该方法最终得到应用。

创建或使用测量工具和流程的有效测量手段，适合在一个给定的资源中使用——通过目标用户导致目标的使用。在测量开始的地方是重点，因此，寻找诸如问题"谁是关键的利益相关者""他们打算如何使用所测量的结果""他们想做什么决定来处理这些数据""他们的判断在测量过程中的价值或质量的标准是什么""测量有多大的可信度"的答案。这是评估工作的利益相关者参与讨论的这类测量问题，如通过指出不同的测量方案的优点和缺点，这些选项促进决策过程，以及在给定的时间、资源和专业知识内可以做到最好的建议。这将有助于结果的识别或其他需要测量的因素，培养验收、建立购买的测量过程和有助于减轻可能会削弱评估结果的担心（Patton，2003）。

23.3　训练结果或训练的有效性

获得预期的使用将可能使评估者问两个问题："我想评估训练结果吗""我想明白为什么训练是（或不是）有效的"这些都是基本的决定，因为它们意味着在测量训练结果和测量训练结果及其他可以提供一个了解为什么这些结果可以（或没有）实现的因素的测量结果之间存在差异。

这两大问题代表"训练评估"和"训练效果"之间存在区别。多年来，这些术语在训练文献中被交替使用。然而今天这两个概念之间有一个日益明显的和重要的区别（Alvarez, Salas & Garofano, 2004），一种测量评估的启示。一方面，"训练评估"是一个重点放在评估一个训练项目已经达到了目标的程度的测量过程。例如，步枪范围模拟器训练的目标是提高射击技能。另一方面，评估这种训练的结果可能包括在训练期间使用模拟器和那些对五个射击目标测试训练后评估技能转化的目标精度的测量。因此，训练评估是确定训练目标和开发利用措施来评估这些目标是否达到的过程。下面我们将看到，在训练评估过程中大量的结果可以被评估。

相反，评估注重"训练效果"，试图解释为什么训练确实或没有达到预期的结果。该目标是通过识别和测量相关的结果来完成的，但也包括一系列会影响这些结果的绩效的潜在测量因素。例如，如果评估的目的是研究为什么步枪射程模拟器训练没有更有效地促进实弹测试目标精度的提高，这可能与个体的动机，任务相关的信心，或直接反馈的目标点，触发压力和步枪的倾向等测量因素一样有用。然后这些测量数据可以结合训练效果分析（例如，通过简单的相关性或者更复杂的多元回归分析）来观察结果分数如何随这些中介变量的措施而变化。例如，结果表明，在实弹测试中即时反馈的缺失是准确率较低的主要决定因素。换句话说，虽然模拟器训练在教学员准确射击方面是有效的，但其他因素（如反馈情况）可能会限制实弹试验的转化精度。

介入因素的检查意味着用来评估的"训练效果"需要一个更广阔的视野，什么应该测量而不是"训练评估"。它表示简单的测量结果是不够的，因为它不提供所需要的关于为什么训练结果实现了或未实现的理解信息。识别"训练评估"和"训练效果"的区别，确定哪些方法是与评估目标一致的，从而提供应该观察的测量范围。

23.4 观察启发式模型

训练评估的研究在过去的20年里已经导致了基于训练评估和训练有效的理论模型数量的大量发展。这些模型可能会对几个重要原因的训练评估人员非常有用。首先，模型是指把我们所研究的训练的成果和效益有效地组织起来。其次，他们是基于已经建立的理论，可以解释和指向特定的结果和变量，这在考虑评估训练的测量时是非常重要的。此外，训练效果模型可以解释测量的数据并为数据的使用提供指导以提高训练。

训练评估模型

训练评估模型已经演变成努力地组织训练结果的理论。也许这些训练评估模型最重要的贡献是对训练效果多面性的强调。最早的这样的模型是柯克帕特里克的四级评估模型（1994），划定四级训练结果：反应、学习、行为和结果。柯克帕特里克模型的理论和实践问题，以及最近的研究和思考已经导致训练成果的视野大大扩展。这一观点包括其他类别的反应、学习成果、组织的结果，并指出了用各种各样的方法来衡量这一结果的扩展阵列。这个文献的一部分总结在表23-1中。本表将潜在的训练成果组织成基于几个工作人员的五类。该分类代表了不同类型的判断、性格、认知、行为和训练的组织成果。这张表有助于军事训练评估人员确定测量的结果与联系这些成果的具体病灶。因为来自训练的学习、行为和绩效结果的多面性、匹配测量和所需的特定类型的结果是非常关键的。该表还将帮助训练评估者更清楚地思考训练计划的预期成果，鼓励他们考虑和实施一套更好地反映训练效果的全方位措施。最后，该表提供了用来验证结果的措施（如迁移动机）和测量特定结果的方法或过程（如程序性知识的获取），它可以方便测量结果的过程。

大部分人认为包括在"训练反应"类别中的结果不应该被认为是主要的训练结果。现在还没有证据表明这种反应预测比学习或表现更好（Alliger等，1997），尽管有证据表明他们与结果存在联系，如动机、自我效能（Sitzmann 等，2008）。因此，他们更应该被视为在学员的学习动机、效能信念和实际的学习之间的调解或调节的变量。但如果评估的目的在于提高训练，然后学员对于训练特点的反应和判断（内容、设计和交付的尺寸）可能是有用的。

表 23-1　训练评估的样本结果和措施

样本输出	定义	评估样例或评估方法
训练反馈		
参与者对训练的反馈	对训练过程各方面的满意度	训练满意度、训练管理、测试
对训练的判定		
效用判定	受训者对与职业相关训练的效用判定	• 内容有效性以及调动设计 • 训练效用
效果输出	专注于个人意愿的输出，性能、目标以及动机	• 参与训练的动机 • 对调动训练的动机 • 达成目的 • 对指挥命令系统的态度 • 任务信心 • 自我效能表现 • 调动转换的意图
训练的认知输出		
知识获取	从公布的知识中获取	• 训练结束时进行效能测试
知识记忆	记忆公布的知识	• 在训练过程中，偶尔进行效能测试（如 30 天）
程序化的知识获取	从特定的知识库中获取特定的知识，包括理解一个应用的原理、内容和理由等	• 提出协议分析，对受训者的评估有一个理解过程，并通过一定的步骤去达成特定的目标

注：除了表中列出的反应措施，读者可能会对由李和潘兴（1999）建立的一个分类的内容和设计尺寸感兴趣。这些作者提供了一个具有 10 维度、样品条目、特定测量目的的信息的清单。

训练效果模型

　　除了考虑多维训练效果，训练效果的模型还要识别训练过程中会影响多点训练的成功（或失败）的工作环境、训练设计和学员特点的关键方面，包括训练前、训练期间和训练后（Holton & Baldwin，2003）。

　　有几个训练效果的模型可用，有一些比其他更全面的。作为一个例子，我们列出一个由 Holton 提出的综合模型（1996；2005）。更新后的人力资源开发（HRD）的评估和研究模型（见图 23-1）将训练结果（学习、个人绩效和组织绩效）视作一个三大类因素的功能。能力因素包括影响一个人训练的学习能力和利益结果的个人特征（如认知能力）；存在或不存在机会来利用在职学习（Ford 等，1992）和可以减少产生预期效果的训练的可能性的训练设计因素（如不恰当的教学内容）。动力因素包括影响一个人的学习动机和工作迁移的学习变量。工作环境因素解决人际变量，如来自支持有效训练的上司和团队成员的指导、反馈、支持和奖励制度，周围的训练和绩效的规范和值。对此，该模型增加了一套次要因素，它们能通过学习与迁移动机间接影响训练成果。由于该模型集成了直接和间接的关系，以及训练评估和训练有效性的概念，所以它有可能提高对这些不同的因素可能会影响训练的结果的了解（Alvarez，Salas & Garofano，2004）。

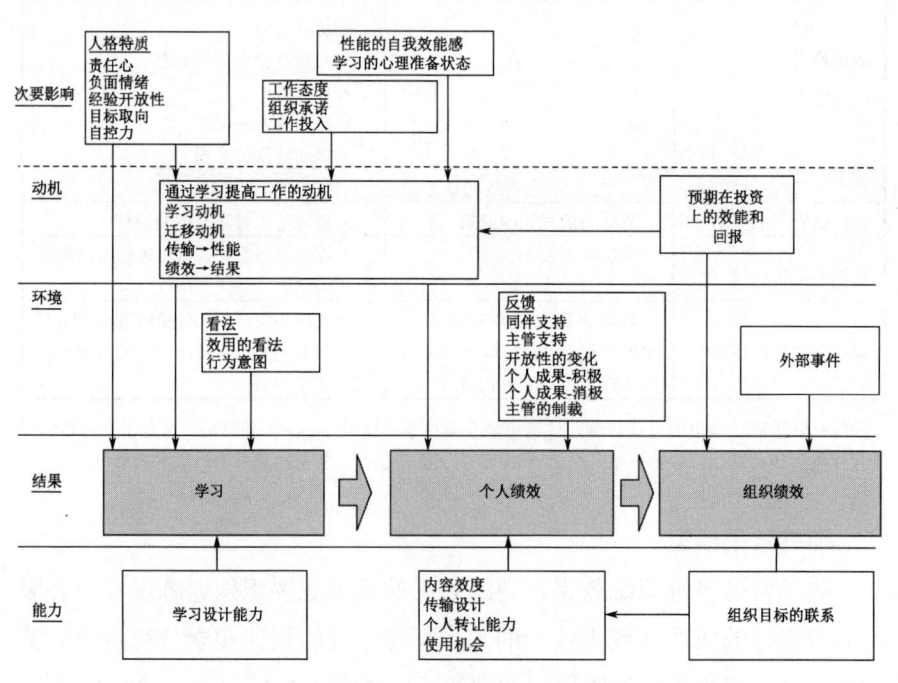

图23-1　更新后的人力资源开发的评估和研究模型

如果评估目标是全面训练的改进，那么该模型可以说是最具"动作电位"的训练效果模型。该模型推动了学习迁移系统库存的发展（LTSI），这是一个有效的调查工具，它评估一组 16 个变量，将适合模型中的类和一致确定的影响训练效果的训练研究的关键因素。Holton 和他的同事们在实践中广泛应用的 LTSI（Bates，Holton & Hatale，2011），这导致大量用以提升训练效果的设计工具和技术的发展。最近他们被集成到一个基于 Web 的训练效果的系统，该系统使得影响训练效果和多个训练结果的测量（例如，实用性的判断、行为随着训练的改变、投资回报）相对容易。

训练效果模型通过突出经常出现的重要变量影响训练效果和解释他们如何可以施加影响的因素，方便了测量决策。虽然对于这些因素及其对训练结果的影响的一个完整的描述超出本章的范围，但表 23-2 还是总结了该内容的一部分，定义并列出了一些在评估训练有效性时需要考虑的重要因素，并提供了指导，必要时可用以验证。此信息可以用来培养对能够影响训练效果的多种因素的识别和指出训练评估人员的有效措施或测量的方法来评估这些因素。

表 23-2　样本训练效果变量及对策

变量	定义	验证措施或测量方法
能力指标		
训练效用判断	有关训练（效用）和转让的工作价值的学员判断	内容效度 传输设计 训练的效用 利用内容效度评估的定量方法来评估内容，提供了一个基于频率或临界性工作技能充分混合的课程
在工作中利用学习的机会	受训者在何种程度上提供机会或获得工作上的资源和任务，使他们能够使用训练中所传授的技能	利用学习的机会 执行训练任务的机会
个人能力的转化	在何种程度上，个人有时间、精力和心理空间，改变他们需要转化学习的工作	个人能力的转化

续表

变量	定义	验证措施或测量方法
动机变量和次要影响		
现实训练预览	个人在多大程度上知道，在训练开始前应在训练过程中期待什么，如何训练相关工作和提升工作绩效，并准备进入和参与训练计划	学习准备
目标取向	在何种程度上，一个人的学习和绩效目标的重点是发展和掌握对实现有利的判断能力	目标定向
学习动机	在教育环境中学习的努力水平	学习动机问卷阶段 参加训练的动机 近端和远端的动机
迁移动机	努力的方向，强度和持久性，努力利用在训练中的工作设置技能和知识	转化训练激励
通过学习提高工作的动力	努力获取知识并将知识转化为工作成果或生产力的方向、强度和持久性	纳坎和霍尔顿
转让意向	准备新的学习工作行为	贝茨和霍尔顿
效能信念	关于一个人能力的自我信念在所需时会产生影响	表现自我效能 效能信念 一般和具体的自我效能感
人格特质	使人独一无二的思想、感情和行为的特征模式	五大人格框架 心理控制源
工作或工作环境变量		
组织支持	政策、程序和做法，证明训练和发展工作的重要性	组织支持
工作支持	工作的程度，旨在促进持续学习并提供灵活性，获取新的知识和技能	工作支持
主管/经理支持	在何种程度上主管或管理人员支持并加强对工作的学习利用	主管/经理主管/经理的支持和反对管理支持
同辈/同事支持	同辈和同事在何种程度上加强并支持其在工作中的表现	同行支持
教练/反馈系统	组织中关于个人工作绩效的正式和非正式指标	绩效辅导
奖励制度	正式或非正式的奖励制度在何种程度上可以支持学习和提高训练的性能	个人结果积极和个人结果消极
变化的相关规范	盛行的群体规范在何种程度上抵制或阻止在训练中获得的技能和知识	变革的阻力

续表

变量	定义	验证措施或测量方法
工作或工作环境变量		
转化气候	受训者对训练组织支持的情况和行动的感知	转化环境调查 一般训练的气候
学习迁移系统	受训者感知影响训练学习和转化结果的16个因素	学习迁移系统库存

注：关于这些验证措施的研究已经提供了建构效度措施的证据。

23.5 效能是否改变或维持不变

评估决策的另一个需要重要考虑的问题是特别注重问题的结果，询问评估的目的，是否是要确定训练期望的结果（例如，知识、技能或性能）改变了多少，或确定是否一个特定的知识、技能，或表现的水平已经实现（Sackett & Mullen，1993）。

这两个问题有质的不同：前者关注的是由于训练而随时间的变化（例如，通过训练前与后的训练成绩比较为例），而不管绝对的性能水平。后者主要集中在所需的学习和绩效水平的成绩，而不论发生多少变化。清楚这种差别能够提供所需要测量的观察力及测量应如何进行。例如，正式的实验设计是用于制造不同的衡量标准（例如，在训练组和对照组之间的测试后的平均差异），提供了一个衡量的统计意义来确定是否由于训练而发生变化。如果评估的目的是确定由于训练会发生多少变化，这种测量方法可能是适当的。然而，这种方法不是最有效的确定学员是否达到特定水平性能的手段。这个问题可以用一个非常简单的测量方法回答。例如，只测试后实弹靶精度的测量可以用来评估学员是否在射击训练后达到所需的精度水平。在一般情况下，变化的测量通常比测量集中在一个特定的性能水平需要更多的时间和资源。因此，当评估目标是估算训练方案的效用或比较两个程序或不同训练方法的有效性时，测量变化的努力是最合适的（Sackell & Mullen，1993）。

23.6 结论

本章已经解决了几个具体的问题，参考了大量的工具和测量方法，旨在训练评估决策时提供实践指导。然而，必须认识到本章的局限：在做出训练评估测量的决定时必须将其作为一个系统的评估过程的评估目标、方法的选择与设计、实用、资源的限制，以及下文中利益相关者打算使用的其他因素的一部分。这些决定往往过于复杂以至于不能通过一套规则或建议的指导方针的应用来探讨，如果遵循这些准则，测量的努力将是有效的。正是这种情况和出于总结的目的，以下策略提供了训练评估过程的起点：

1. 明确评估目的：确定关键的利益相关者和询问什么评估信息将被使用，哪些决定将使用这些信息。

2. 基于这些信息，确定广泛的评估目标：为了理解为什么训练是（或不是）有效通过衡量结果来确定训练的影响，或是测量结果和其他因素？

3. 认识到训练结果的多面性，并匹配测量和训练注重的结果。

4. 认识到可以影响训练效果的因素，并在特定的范围内匹配测量与那些最有可能会影响训练的因素。

5. 使用基于研究的、理论上的声音模型来确定测量的潜在目标。

6. 尽可能选择和使用经过验证的措施。

7. 明确测量是否应解决变化发生了多少，或在何种程度上达到一个特定的性能水平。这里将提供清晰的对于需要测量的和可能需要的测量方法或设计类型的观察。

参考文献

Alliger, G.M., Tannenbaum, S.I., Bennet, W., Traver, H., and Shotland, A. 1997. A meta-analysis of the relations among training criteria. *Personnel Psychology,* 50, 341-58.

Alliger, G.M. and Janak, E.A. 1989. Kirkpatrick's levels of training criteria: Thirty years later. *Personnel Psychology,* 42, 331-42.

Alvarez, K., Salas, E., and Garofano, C.M. 2004. An integrated model of training evaluation and effectiveness. *Human Resource Development Review,* 3(4), 385-416.

Baldwin, T.T. and Ford, J.K. 1988. Transfer of training: A review and directions for future research. *Personnel Psychology,* 41, 63-105.

Baldwin, T.T., Ford, J.K., and Blume, B.D. 2009. Transfer of training 1988-2008: updated review and agenda for future research. *International Review of Industrial and Organizational Psychology,* 24, 41-70.

Barnett, J.S. 2007. How training affects soldier attitudes and behaviors toward digital command and control systems. *Military Psychology,* 19(1), 45-59.

Bassi, L. and Ahlstrand, A. 2000. *The 2000 ASTD learning comes report: Second annual report on ASTS's standard for valuing enterprises' investments.* Washington, DC: American Society for Training and Development.

Barrick, M.R. and Mount, M.K. 1991. The big five personality dimensions and job performance: A meta-analysis. *Personnel Psychology,* 44, 1-26.

Bates, R.A., Holton, E.F., III, and Hatala, J.P. 2011. *A revised Learning Transfer Systems Inventory (LTSI): Factorial replication, item reduction and validation.* Technical report 1-11, Louisiana State University School of Human Resource Education and Workforce Development, Baton Rouge, LA.

Bates, R.A. and Holton, E.F., III. 2009. *Intent to transfer training.* Technical report 1-09, Louisiana State University School of Human Resource Education and Workforce Development, Baton Rouge, LA.

Bell, B.S. and Kozlowski, S.W.J. 2002. Goal orientation and ability: Interactive effects on self-efficacy, performance, and knowledge. *Journal of Applied Psychology,* 87, 497-505.

Bennett, W., Alliger, G.M., Eddy, E.R., and Tannenbaum, S.I. 2003. Expanding the training evaluation criterion space: Cross aircraft convergence and lessons learned from evaluation of the Air Force Mission Ready Technical Program. *Military Psychology,* 15(1), 59-76.

Bownas, D.A., Bosshardt, M.J., and Donnelly, L.F. 1985. A quantitative approach to evaluating training curriculum content sampling adequacy. *Personnel Psychology,* 38, 117-31.

Campbell, J.P. 1990. The Army selection and classification project. *Personnel Psychology,* 43, 231-378.

Cascio, W. and Boudreau, J. 2011. *Investing in people: Financial impact of human resource initiatives* (2nd ed.). Upper Saddle River, NJ: FT Press.

Cole, M.S., Harris, S.G., and Field, H.S. 2004. Stages of learning motivation: Development and validation of a measure. *Journal of Applied Social Psychology,* 34(7), 1421-56.

Colquitt, J.A., LePine, J.A., and Noe, R.A. 2000. Toward an integrative theory of training motivation: A meta-analytic path analysis of 20 years of research. *Journal of Applied Psychology,* 83, 654-65.

Ford, J.K., Kraiger, K., and Merritt, S.M. 2010. An updated review of the multidimensionality of training outcomes: New directions for training evaluation research. *In learning Training and Development in Organizations,* edited by S.W.J. Kozlowski and E. Salas. New York: Routledge, 135-65.

Ford, J.K., Quinones, M.A., Sego, D.J., and Sorra, J.S. 1992. Factors affecting the opportunity to perform trained tasks on the job. *Personnel Psychology,* 45, 511-27.

Goldstein, I. and Ford, J.K. 2002. *Training in organizations* (4th ed.). Belmont, CA: Wadsworth.

Harackiewicz, J.M., Barron, K.E., Tauer, J.M., and Elliot, A.J. 2002. Predicting success in college: A longitudinal study of achievement goats and ability measures as predictors of interest and performance from freshman year through graduation. Journal of *Educational Psychology,* 94, 562-75.

Holton, E.F., III. 1996. The flawed four level evaluation model. *Human Resource Development Quarterly,* 7(1), 5-21.

—— 2005. Holton's evaluation model: New evidence and construct elaborations. *Advances in Developing Human Resources,* 7(1), 37-54.

Holton, E.F., III and Baldwin, T.T. 2003. Making transfer happen: An action perspective on learning transfer systems. In *Improving Learning Transfer in Organizations,* edited by E.F. Holton, III and T.T. Baldwin. San Francisco: Jossey-Bass, 3-15.

Holton, E.F., Babes, R.A. and Ruona, W.E.A. 2000. Development of a generalized learning transfer system inventory. *Human Resource Development Quarterly,* 11, 333-60.

Jonassen, D. and Tessmer, M. 1996-1997. An outcomes-based taxonomy for instructional systems design, evaluation, and research. *Training Research Journal,* 2, 11-46.

Karl, K.A. and Ungsrithong, D. 1992. Effects of optimistic versus realistic previews of training programs on self-reported transfer of training. *Human Resource Development Quarterly,* 3, 373-84.

Kirkpatrick, D.L. 1994. *Evaluating Training Programs: The Four Levels.* San Francisco: Berrett-Koehler.

Klimack, W.K. and Kloeber, J.M. 2006. Multiobjective value analysis of Army Basic Training. *Decision Analysis,* 3(1), 50-58.

Kraiger, K. 2002. Industrial and organizational psychology: Science and practice. In *International Encyclopedia of the Social and Behavioral Sciences,* edited by N.J. Smelser and P.B Baltes. New York: Elsevier, 7367-71.

Kraiger, K., Ford, K., and Salas, E. 1993. Application of cognitive, skill-based, and affective theories of learning outcomes to new methods of training evaluation. *Journal of Applied Psychology,* 78, 311-28.

Kraiger, K. and Jung, K.M. 1997. Linking training objectives to evaluation criteria. In *Training in a Rapidly Changing Workplace: Applications of Psychological Research,* edited by M.A. Quinones and A. Ehrenstein. Washington, DC: American Psychological Association, 151-79.

Latham, G.P., Saari, L.M., Pursell, E.D., and Campion, M.A. 1980. The situational interview. *Journal of Applied Psychology,* 65(4), 422-7.

Lee, S.H. and Pershing, J.A. 1999. Effective reaction evaluation in evaluating training programs. *Performance Improvement,* 38(8), 32-9.

Michalski, G.M. and Cousins, J.B. 2000. Differences in stakeholder perceptions about training evaluation: A concept mapping/pattern matching investigation. *Evaluation and Program Planning,* 23, 211-30.

Morgan, R.B. and Casper, W.J. 2000. Examining the factor structure of participant reactions to training: A multidimensional approach. *Human Resource Development Quarterly,* 11(3), 301-17.

Naquin, S.S. and Holton, E.F., III. 2003. The effects of personality, affectivity, and work commitment on motivation to improve work through learning. *Human Resource Development Quarterly,* 13, 357-76.

Noe, R.A. 1999. *Employee training and development.* Burr Ridge, IL: Irwin.

Patton, M.Q. 1997. *Utilization-focused evaluation.* Thousand Oaks, CA: Sage.

—— 2003. Utilization-focused evaluation. *In International Handbook of Educational Evaluation,* edited by T. Kellaghan and D.L. Stufflebeam. Norwell, MA: Kluwer, 223-44.

Rouiller, J.Z. and Goldstein, I.L. 1993. The relationship between organizational transfer climate and positive transfer of training.*Human Resource Development Quarterly,* 4,

377-90.

Royer, J.M., Cisero, C.A., and Carlo, M.S. 1993. Techniques and processes for assessing cognitive skills. *Review of Educational Research*, 63, 201-43.

Sackett, P.R. and Mullen, E.J. 1993. Beyond formal experimental design: Towards an expanded view of the training evaluation process. *Personnel Psychology*, 46, 613-27.

Salas, E., Milham, L.M., and Bowers, C.A. 2003. Training evaluation in the military: Misconceptions, opportunities, and challenges. *Military Psychology*, 15(1), 3-16.

Salas, E., Wilson, K.A., Priest, H.A., and Guthrie, J.W. 2006. Design, delivery, and evaluation of training systems. In *Handbook of Human Factors and Ergonomics*, edited by G. Savendy. New York: Wiley, 472-512.

Schwoerer, C.E., May, D.R., Hollensbe, E.C., and Mencl, J. 2005. General and specific self-efficacy in the context of a training intervention to enhance performance expectancy. *Human Resource Development Quarterly*, 16(1), 111-29.

Sitzmann, T., Brown, K.G., Casper, W.J., Ely, K., and Zimmerman, R.D. 2008. A review and meta-analysis of the nomological network of trainee reactions. *Journal of Applied Psychology*, 93(2), 280-95.

Snyder, R., Raben, C., and Farr, J. 1980. A Model for the Systematic Evaluation of Human Resource Development Programs. *Academy of Management Review*, 5(3), 431-44.

Tracey, J.B. and Tews, M.J. 2005. Construct validity of a general training climate scale. *Organizational Research Methods*, 8, 353-74.

Tracey, J.B., Hinkin, T.R., Tannenbaum, S.I., and Mathieu, J.E. 2001. The influence of individual characteristics and the work environment on varying levels of training outcomes. *Human Resource Development Quarterly*, 12, 5-24.

Tracey, J.B., Tannenbaum S.I., and Kavanagh, M.J. 1995. Applying trained skills on the job: The importance of the work environment. *Journal of Applied Psychology*, 80, 239-52.

Warr, P. and Bunce, D. 1995. Training characteristics and the outcomes of open learning. *Personnel Psychology*, 48(2), 347-75.

Chapter 24
第 24 章 教师对学员任职能力评估可靠性和有效性的影响因素

Anya Andrews，Clint Bowers 和 Corina Lechin

中佛罗里达大学

24.1 引言

在高性能环境中，基于观测的性能评估起到了重要的作用。尽管自动化性能测试领域内的技术有了很大进步，但基于观测的评估往往是唯一可用的性能评估机制，特别是对于诸如问题求解、决策和领导力等软高阶技能。当且仅当机器学习技术足够成熟，能够捕捉和使用真正的专家们的认知模式时，才有可能将人的性能评估交给自动化系统来完成。然而到那个时候，求取基于观测的评估的可靠性和有效性的最大值将是非常重要的。本章我们将考察一些可能导致老师/评估者对学员知识、技能和态度评估的可靠性和有效性差的关键因素。然后我们将讨论如何缓解这些因素，并且基于这个重要问题的当前情况，强调未来的研究方向。

24.2 导致可靠性和有效性差的因素

提高评估者的准确性是基于观测的评估方法所面临的最大挑战。我们目前已知有多种因素将会降低评估者对学员表现进行评估的可靠性和有效性。可靠性意味着一种评估方法产生一致结果的能力，而有效性是指评估方法对旨在测量事物的量测程度。准确找出评估者误差的来源并估算其在任何特定情况下的影响程度是很困难的。能够导致可靠性和有效性差的因素是多种多样的，这些因素要受到评估者的认知能力、工作量、目标、现有知识、认知偏差、时间压力等诸多因素的影响。在高负荷时评估者的认知能力可能会降低。这将限制在处理涉及复杂行为的性能评估时的信息量。在这种情况下，由于评估者的现有知识和认知偏差，可能导致片面地或扭曲地来评估学员的表现。评估者可能在评估时追求具体的目标，而这些目标可能是由学员可控范围之外的因素决定的。当然诸如时间、顺序和性能的观察和评估之间的延迟等因素也会增加评估结果的不准确性。这些因素的普遍存在，连同评估者缓解这些因素的意识和能力的程度，最终决定了学员评估的准确性。在下面的章节中，我们将讨论最能影响教师/评估者准确性的因素，特别是知识、目标和认知偏差。

评估者的知识

评估者的知识包括几个影响评估准确性的影响因子。该组中最显著的因素之一是评估者对于个体学员的知识水平的了解。例如，当学员的表现是由一个在技能培养过程中起过重要作用的老师来评估时，绩效评估很大程度上会受到老师与这些学员的先前经历的影响。有时甚至一个学员现有知识和技能水平的基本假设都足以扭曲绩效评估的结果。另一种与知识相关的能够显著降低评估者评估准确性的因素是评估者在非日常表现情况下的专业知识的欠缺。即使是经验丰富的评估者有时也会遇到不熟悉的和很难做出评估的模棱两可的表现情况。

认知偏见

认知偏见是普遍的心理倾向，它能够导致评估者对学员的表现得出不准确的结论。认知偏见这一概念最早由 Kahneman 和 Tversky（1972）提出，他们的研究提供了很多方法来证明人的判断是不同于通常视作的纯粹的理性选择的。一般来讲，认知偏见可以被视为基于拇指规则和逸事证据的"认知捷径"的一种形式。认知偏见似乎是这些因素中影响最大的因素，它会降低基于观测的评估的可靠性和有效性。下面的表 24-1 列出了能够减小评估者准确性的四种主要的认知偏见，即社会/文化偏见、记忆偏见、决策偏见和概率/信度偏见。

表 24-1 常见的影响评估者对学员表现评估的认知偏见

认知偏见	说明
社会/文化偏见	
组内偏见	给那些被认为是自己组或团体成员优惠待遇的一种倾向
成见效应	在其他人看来一个人的正面或负面品质从一个专业领域到另一个专业领域表现得有所不同的一种倾向
归因偏见	使内部归因于整个群体而不是群体中的一个个体的一种倾向。有时归因偏见表现在过分强调对人的行为的基于个性的解释，而对环境对这种行为的影响的作用和力量重视不够
记谱偏见	将符号约定视为非存在自然法则的一种倾向
达克/优势偏见	高估自己的优势并且低估自己的劣势的一种倾向——"比平均效果更好"
现状/跟风偏见	这组偏见指的是追随多数人的观点，保持现状来避免暴露出可能引起冲突的问题的一种倾向
圣诞老人效应	均衡不同个体的表现评级，给每个人一个及格分数的一种倾向
记忆偏见	
美好的回顾	当被别人看着时评估者趋向于更加积极地评估已经观察到的往事
后见之明偏见	趋向于通过现有知识去过滤过去的事件，使这些事件看起来比实际情况更具可预测性，也称为"我知道其趋势效应"
决策偏见	
遗漏偏见	将错误的动作判为糟糕的一种倾向，它比同样有害的遗漏（不作为）更加令人难以接受
消极偏见	更加关注和重视负面经历而不是正面经历的一种倾向
盲点	不能够补偿自己认知偏见的一种倾向

续表

认知偏见	说明
决策偏见	
焦点效应	评估者对一件事情的一个方面看得过重的一种预测偏见，它将在准确预测未来结果方面带来误差
成帧	通过一个很窄的范围看情况的一种倾向。成帧效应是指基于数据的不同表现将会得出不同的结论
区别偏见	同时评估两个人比起分开来评估他们将会认为更加不同的一种倾向
从众效应	基于共识得出结论的一种倾向：与群体思维和群体行为有关
锚定偏见/冯·雷斯托夫效应	当决策时固定一种不寻常的物体或行为，或严重依赖过去的参照、一种品质或一条信息的倾向
概率/信度偏见	
结果偏见	通过最终结果来做出决定而不是以做决定的质量的一种倾向
期望/实验者偏见	实验者相信实验数据符合其预期结果，不相信、丢弃或降低不符合其期望的数据的相应权重的一种倾向。它和确认偏见是密切相关的，确认偏见是以某种方式搜寻或解释信息来确认自己的先入之见的一种倾向
注意偏见	在做出相关或关联的判断时忽略相关数据的一种倾向
可用性级联	倾向于一种集体信念的趋势，通过在公共话语中不断重复来使其变得更加合理（"如果重复某件事足够长的时间那么人们就会信以为真"）
首因效应	人们会更加注重衡量初始事件而不是后续事件的一种倾向

注：该表摘自 Fernandez（2010）、Feldman（1981）、Conway and Haffcutt（1997）。

评估者目标

评估者在评估人们的表现时往往追求那些有可能会对评估的信度和效度产生负面影响的目标。Murphy 等人（2004）认为，了解评估者的目标可以帮助解释评估者内部的分歧，他们认为追求不同目标的评估者们往往会给予不同的评级。例如，明显宽松的评级很少出现判断失误，它是平衡学员表现的评估而不是明显区别开好与差的表现者的一种估算的决定。宽松的评估可能源于多种评估者目标，如保持集团内部的和谐、为学员的职业生涯提供方便、与学员的个人关系等。在另一方面，明显严格的绩效评级可能有助于评估者达到激励表现者继续提高的目的。

24.3 被证明的缓解策略

能够降低导师评估的准确性的因素对于训练研究人员和从业人员至关重要。然而，可以使用很多策略来缓解这些因素。优化的规模设计，清晰的知识、技能、态度的结合（KSAs），评估者的帮助和评估者的训练是已证明的最有效的策略。这些将在下面依次讨论。

规模设计

通过优化评估者的仪器来加强学员绩效考核的可靠性和有效性在过去 60 年间一直是研究的重点（Conway & Huffcutt，1997）。行为锚定等级评估量表（BARS）及行为观测量表（BOS）已被证明能够通过提供给评估者关键绩效指标的精确描述来有效促进绩效考核工作（Kane，Crooks & Cohen，1999）。根据训练/实践场景中关键绩效事件的流动性，有目的的绩效评估工具测序还可以帮助指导观察者关注这些事件并获得详细的绩效数据集。

然而我们应该注意 BARS 和 BOS 只是如同其嵌入式措施一样可靠和有效。为确保评定量表的可靠性和有效性，绩效评估的发展作为涉及高水准的主题专家（SMEs）的迭代过程来实施，通过在训练和作战环境中由实验验证。从确定关键行为指标出发，在制定绩效考核办法的过程中通过与 SMEs 的咨询是很重要的。尽管有效的评估尺度是必不可少的，但是在提高评估者准确性方面采用什么量度却有一定的限度。最近在评估者误差研究方面有一种转变，从检查评定量表的格式和评估者的认知局限到观察由评估者的动机、目标和/或个性造成的评估扭曲（LaHuis & Avis，2007）。该评估方案考虑缓解策略的适当组合，以解决潜在的准确性风险因素，这一点是至关重要的。

知识、技能和态度的结合

为了保障绩效评估不受评估者内部知识/专门知识的认知偏差和变化的影响，评估者必须在给定时间对被评估的目标受训者有一个清醒的认识。评估者应审视评估活动开始之前的每个训练/实习情景的目标的 KSAs。除了使用 BARS 和 BOS，评估者还应该准备完成一个绩效考核工具的定性部分，通过组合观察到的 KSAs 来描述实习表现的质量。

评估者的帮助

出于当前建立基于结果的训练项目的利益，健壮的基于表现的评估工具的需求已经满足了工具富余和能够促进绩效评估活动技术的要求。然而选择适当的工具可能是非常困难的。下面的标准可以用来帮助评估和选择评估者的帮助：

内容：工具与待测量结构的内容之间的紧密配合；

训练：嵌入式的训练工具用来帮助专业的观察员（教程、基于案例的情景、评估者指南等）；

内部可靠性：一种产生一致结果、评估者内部协议和结果一般性的能力；

预测的有效性：与其他评估得分的相关性，使用其他方法获得的数据的比对，如预测；

灵活的报表：显示评估结果的不同机制。

评估者训练

近年来，重点已经开始放在通过旨在教评估者可靠地解释绩效和区别绩效水平的训练干预来提高评估者准确性。评估者错误训练（RET）是一种常用的方法，它能够避免一些常见的评级错误，如表 24-1 中总结的认知偏差。尽管 RET 能够改善绩效评估的可靠性，但并没有发现它可以纠正与评估者准确性有关的有效性问题（Conway & Hullcutt, 1997）。帧参考训练被认为是提高绩效评级的准确性的一种有效干预。Gorman 和 Rentsch（2009）注重教评估者共享绩效理解的最终目标，他们认为经过帧参考训练的评估者拥有更多对表现的准确理解，这是直接关系到评估的准确性的。为了了解评估者准确性的复杂认知机制的大局，MacDonald 和 Sulsky（2009）将共同的评估者训练理念融入了一个新的概念框架，目的是将评级格式和评估者训练与心理素质评估、评估者/实习生对评估体系的看法、评估者的偏见、反馈和文化等概念联结起来。该框架向一种优化评估者训练干预的新的研究议程迈出了第一步。遗憾的是，在许多情况下评估者训练很少被考虑或根本不会被考虑。尽管评估者训练似乎是费资源和费时的，但这些费用通过评估和学习的质量取得的好处很容易抵消掉。

24.4 改善教师对学员表现评估的未来发展方向

为了提高教师绩效考核的信度和效度，已经出现了一些创新的战略，其中许多已被成功地应用于医疗和军事训练。比如互动，在线教程首先和新手评估者进行数据搜集会话，并使用视频会议工具进行评估者的实时临床面试技巧评估，这些工具已经成功应用在临床试验教育环境中。这些措施对学员的理论知识和临床技能都有显著的积极影响（Kobak，2007）。

在军事环境中通过从多种可用的来源组合评估数据有利于使用新技术进行多维表现评估，例如，基于系统的数据、表现模型和通过动态提示的方式的基于观测的评估。动态提示有赖于在训练/实习情景时间内的不同点通过特定事件触发适当的评估方法组合，并提示给观察者是"在寻找"的具体实习行为（见图24-1）。这个概念在最近的潜艇指挥决策的研究和开发工作中（Andrews & Cannon Bowers，2010）已经在研究了。

认知过程是另一个目前为评估者的训练而正在重新评估的有趣的概念。这种方法由Beck、O'Sullivan和Boh（1995）提出，它侧重于关注评估者的认知处理能力，并强调经常观测的重要性。采用认知处理模型作为评估者训练计划的新框架促进了对于评估者如何获取、存储、调用和整合表现评估信息有了更深刻的认识。他们所描述的认知处理模型可以使有经验的导师更了解他们是如何获取、存储、调用和整合评估信息的。

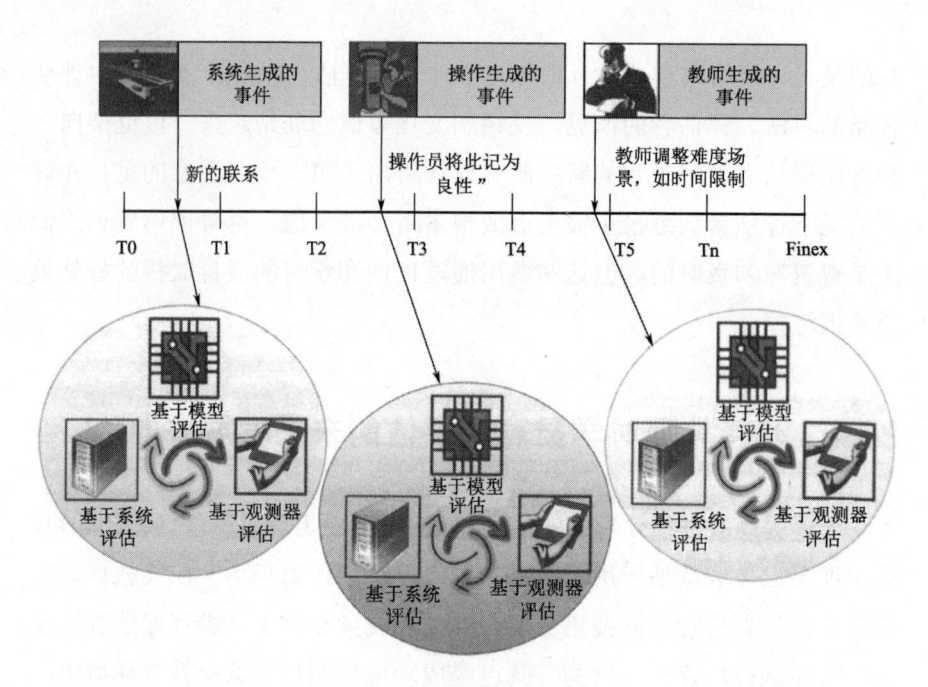

图24-1 多维评估和动态提示

这四种认知处理能力代表了人的绩效评估工作的"黑箱"。在评估者训练计划中使表现观察员练习评级过程的不同阶段作为认知的模板将帮助观察者更好地利用表现数据来评估"大局"。

Kane（1999）提出了以下三种类型的推论，它们在建立评估方法的有效性方面是非常重要的：评估（一种评估方法的有效性如何）、一般性（它的一般性如何）、外推（如何预测它）。评估的推论体现了评估方法能够准确地区分表现的好坏。一般化的推论是指在评估期间基于测试项目或观测的唯一样本的多种实际情况下表现的正确预测。外推是指测试成绩或评级能够预测学生在实际操作中如何执行。这些推理类型显然与图24-2所示的观察者认知处理模型相关联的核心能力产生了共鸣。提高评估者对于这些重要的表现评估过程的认识和设计训练干预来锻炼与每个阶段相关的技能，可以帮助提高评估的准确性、有效性和效率。

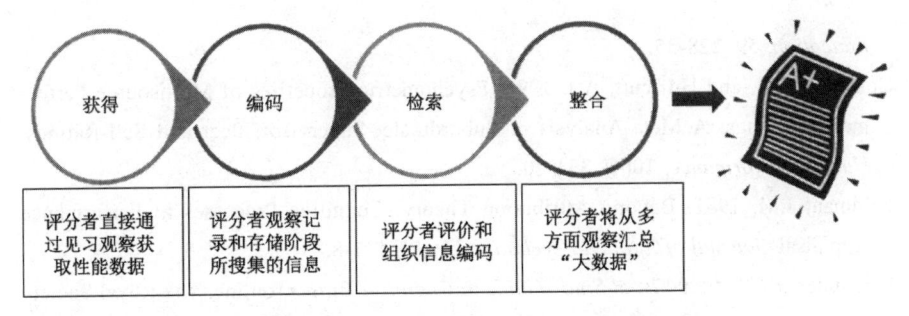

图24-2 观察者认知加工模型（改编自Beck等，1995）

24.5 结论

　　导师对学员表现的评估往往是受多种因素影响的，这可能导致差的信度和效度。当设计绩效考核方案时，预见一组最有可能发生的潜在风险因素是非常重要的，如评估者的专业知识水平、与学员的关系、个人信仰等因素。为了最大限度地提高评估结果的准确度，要特别注意识别能够最小化其影响的缓解策略的适当组合。虽然教师评估的可信度和有效度一直都是大量研究的课题，但很多问题仍然没有答案，尤其是在评估者训练等方面。这些只能通过引进和探索可以帮助提高这些因素的评估者的意识的新方法，并鼓励他们积极地缓解这些问题来解决。

参考文献

Andrews, A., and Cannon-Bowers, J. 2010. Next-Generation Intelligent Training and Performance Assessment Framework to Support Submarine Command Team Decision Making. *Journal of Naval Engineers. Undersea Human Systems Integration Symposium Proceedings, Providence, RI,* July 2010.

Athey, T.R. and McIntyre, R.M.1987. Effect of rater training on rater accuracy: Levels-of-processing theory and social facilitation theory perspectives. *Journal of Applied Psychology,* 72(4), 567-72.

Beck, D.E., O'Sullivan, P. S., and Boh, L.E. 1995. Increasing the accuracy of observer ratings by enhancing cognitive processing skills. *American Journal of Pharmaceutical*

Education, 59, 228-35.

Conway, J.M. and Huffcutt, A.J. 1997. Psychometric Properties of Multisource Performance Ratings: A Meta-Analysis of Subordinate, Supervisor, Peer and Self-Ratings. *Human Performance,* 10(4), 331-60.

Feldman, J.M. 1981. Beyond Attribution Theory. Cognitive Processes in Performance Appraisal. *Journal of Applied Psychology,* 66(2), 127-8.

Fernandez, E. 2010. *A Visual Study Guide to Cognitive Biases* [online, The Royal Society of Account Planning]. Available at: <http//www.scribd.com/doc/30548590/ Cognitive-Biases-A-Visual-Study-Guide> [accessed: 6 July 2011].

Gorman, C.A., and Rentsch, J.R. 2009. Evaluating frame-of-reference rater training effectiveness using performance schema accuracy. *Journal of Applied Psychology,* 94(5), 1336-44.

Kahneman, D., and Tversky, A. 1972. Subjective probability: A judgment of representativeness. *Cognitive Psychology,* 3, 430-54.

Kane, M., Crooks, T., and Cohen, A. 1999. Validating measures of performance. *Educational Measurement: Issues and Practice,* 18(2), 5-17.

Kobak, K.A., Kane, J.M., Thase, M.E., and Nierenberg, A.A. 2007. Why do clinical trials fail?: The problem of measurement error in clinical trials: Time to test new paradigms. *Journal of Clinical Psychopharmacology,* 27(1), 1-5.

LaHuis, D.M. and Avis, J.M. 2007. Using multilevel random coefficient modeling to investigate rater effects in performance ratings. *Organizational Research Methods,* 10(1), 97-107.

MacDonald, H.A. and Sulsky, L.M. 2009. Rating formats and rater training redux: A context-specific approach for enhancing the effectiveness of performance management. *Canadian Journal of Behavioural Science/Revue Canadienne des Sciences du Comportment,* 41(4), 227-40.

Murphy, K.R., Cleveland, J.N., Skattebo, A.L., and Kinney, T.B. 2004. Raters who pursue different goals give different ratings. *Journal of Applied Psychology,* 89(1), 158-64.

Woehr, D.J., and Huffcutt, A.I. 1994. Rater training for performance appraisal: A quantitative review. *Journal of Occupational and Organizational Psychology,* 67, 189-205.

Chapter 25

第 25 章 | 合格：绩效评估技术的优势和趋势

Beth F. Wheeler Atkinson
海军空战中心训练系统

Robert G. Abbott
桑迪亚国家实验室

Danielle C. Merket
海军水面作战中心

  人力绩效评估（HPM）主要支持使教师能够更好地管理训练方案并为学生提供指导的评估。为此，训练过程必须包括完成任务所需的知识、技能和能力（KSAs）的定义，以及这些 KSAs 采集和维护所需的训练系统保真性水平的策略（如认知、体能）。通过精心设计的场景来融合基于 KSAs 目标的模拟和现场训练，将会得到更高效和有效的训练周期，这样能够减少训练时间和成本（Salas 等，2009）。然而，实现训练效益和效率的关键因素取决于教师给学生提供诊断表现反馈的能力。尽管 HPM 存在固有优势，但是在训练期间教师负责地评估员工绩效并提供反馈依然是困难的。无论是现场或模拟训练，教官在评估绩效任务的期间和之后的时间都是有限的。缺乏识别和诊断关键个人和团队问题的时间可导致被忽视的绩效问题。1984 年，Charles 概述了模拟指导站的功能要求，其中包括支持绩效诊断、绩效评估和绩效记录的能力。这么多年过去了，我们已经能够确信绩效评估（PMs）是可识别的，但HPM的功能内置到训练系统仍然是一个挑战。近几十年来的技术进步已导致在促进HPM实践状态提高的努力不断增加，但是技术本身不是万能的（Oser等，1999）。

在现场和模拟训练时教官经常同时监视多个学生，这样跟踪每个学生的表现就变得有难度了。在这样的场景中影响教官评估的因素包括高负荷、快速任务饱和、记忆衰退、多任务和任务切换。所有这些因素都可以影响一个人的识别或回忆表现的能力，这可能会导致不准确的评估（Kahneman，1973；Wickens，2002）。对这些因素的其他研究表明，随着记忆需求增加，导致人们依赖于总体印象和最近观察的偏见将会出现。综合这些因素，我们可以理解教官通常会根据他们所看到的学生的表现得到一个初步的感受。遗憾的是，这种绩效考核很少提供能够推导出结果的具体操作和流程的反馈。另外，模糊的或不准确的评估也会导致对人员准备的不正确判断，并使得学生补救的机会受限。

有研究表明人的表现是多方面的，由个人和团队的KSAs组成的多层次的结构。如图25-1所示，绩效评估可能涉及基于技术的、基于规则的和/或基于知识的评估（Rasmussen，1983）。此外，绩效评估是一个复杂的过程，它涉及定义搜集的数据的类型（定性或定量），数据将如何搜集（主观或客观的措施），以及评估的主体（Salas等，2009）。所有这些都给HPM带来了独特的挑战。

由于表现和评估的复杂性，HPM应该考虑四点来帮助教师实现有效的性能评估。首先，研究应该大力支持确定同时提供结果和过程反馈的措施的需要（Dwyer & Salas，2000）。这样做使学生能够了解他们的表现结果，以及如何提高他们的表现。由于学习成果是多方面的，所以第二点需要定义学习的各个方面的措施，也就是认知、情感和技能学习。

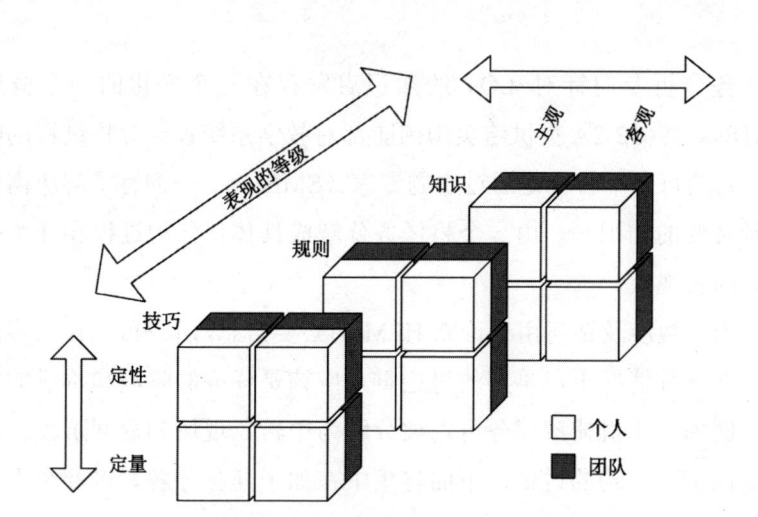

图25-1 表现及表现评估的复杂性

评估个人和团队绩效是第三个目标。虽然早期的训练侧重于个人层面上基本任务的完成，但先进的训练通常涉及一个团队或团队中的一个人。多级 HPM 集中在个人表现的细节，以及个人如何与团队的绩效相互影响，这就需要特别注意表征相对于个人或任务导向的行为的团队行为的难度（Deaton 等，2007；Jean，2008）。第四点涉及表现的环境，这点是很重要的，因为表现评估往往会基于不同的情况（Stacy 等，2006）。例如，雷达操作员在清晰的所有系统功能全面的条件下识别一个接触可能没有问题，但操作者的表现在训练方案的环境条件退化或设备故障时可能并不好。

25.1 定义绩效评估

将 HPM 功能集成到训练的第一步是确定关键的学习目标（LOs）。HPM 从业者已经强调了建立 PMs 理论基础以及使用分析来确定关键 KSAs 工作的重要性（Dwyer & Salas，2000）。例如，认知任务分析（CTA），工作域分析和前端分析对于实施和引导开发者朝着各方面表现提高是有益的。

任务分析专门针对 LOs 的知识启发存在几个变化的一个概述；MILHDBK-29612-2A 提供给美国国防部对教学系统设计分析过程的防御指导。它的每一个目标是通过主题专家（SMEs）——拥有了解所需任务的质量必要的知识——由一个将任务分解成具体任务的过程和介绍有利于评估的表现点。

因为步数涉及钻研用于诊断 HPM 的必要信息，所以可以使用多区段技术。在这种情况下，早期的讨论重点应该是任务的阶段和阶段的总体目标。例如，飞机侦察任务可以被分解为中转、现场和返回阶段。这为组织提供了下一轮的讨论，下面将集中在如子任务分解，以及个人表现如何影响团队绩效等详细信息。此外，通过检讨会议总结这个过程来检讨高层次的细节将确保从业者获得由 SMEs 所提供的知识的一个清晰的认识。

25.2 表现测试方法

在基于模拟的训练中 PMs 可以根据现有数据的类型来描述：自动化的（基于计算机的）和观察的（Salas & Rosen，2009）。自动化的措施利用逻辑或算法来提供结果或汇总数据，以帮助教师评估学生的表现。观察措施取决于教师的行为观察，是在实时或者训练已经结束之后（Kraiger，Ford & Salas，1993）。在许多情况下，环境或状况将决定需要哪些 PMs 类型，而且最重要的是，决定哪些是可用的。HPM 方法可以利用不同的测量技术，因为每一个都提供独特的信息。如果是这种情况，将有利于发展该方法和一个以一种不会给用户增加负担的方式整合来自各个源提供的数据的平面（Salas & Rosen，2009）。

自动化的 HPM 的一个关键要素是提供基于定义规模的表现值，这将为教师提供基于上下文的解释（Stacy 等，2006）。因此，即使技术有了很大进步，但绩效考核仍然是一个需要人工介入的过程，虽然评估能力变得越来越先进，但是教师输入的系统必须保持不变。

25.3 实践状态的功能和新兴的最先进的技术

技术的进步导致了以计算机为基础的 HPM 能力的涌入。当前的实践状态通常提供给教师电子检查单和自动测量功能来增加可靠和有效的自动化/半自动化人工措施评估。自动化的措施充分利用现有的本地或分布式仿真网络中的数据。例如，基本表现记号可能包括一个标记用以指示武器开火，而更先进的自动化措施着重于对人的眼睛而言不明显的计算（遵守参与、基于地面实况和学生预测有所不同的规则）。

HPM 的趋势是自动化程度的不断提高，它基本上提供一个子系统以帮助教师评估和反馈任务（Sheehan 等，2009）。自动化的表现测量技术利用各种各样的数据计算方法，包括基于算法的性能指标评估，专家模型的比较和基于生理的措施，以通过教师的最小努力提供快速和精确的表现数据。自动化 PMs 的目标是减少教师的工作量，降低训练系统的开发，并支持自学（Salas & Rosen，2009）。出于利益的考虑，自动机正在逐步变得超出了绩效考核的功能，还包括了训练方案的选择和其他教学材料以弥补特定学生的不足。然而，自动化的工具不具备熟练的人力教官的所有功能。自动度量的缺点分为两大类：①该自动化系统的智能有限；②该系统的感知能力有限（即缺乏看和听的能力）。

学习评估的算法和机器

自动度量的一个重要限制是他们理解一个错误为什么发生，并解释给学生如何提高他的表现的受限的能力。举例来说，一个很简单的机器能在泡沫板选择题测试中取得高分，但它仍然需要学生和教师来确定为什么某些项目回答错误并如何改正。模拟训练通过创建复杂的没有单一的"正确"答案的场景放大了这个挑战，不再是一个从最好到最差的回应范围，决定所带来的后果可能直到几分钟或几小时后才会出现。熟练的教师了解知识和技能的整个进程，对个别学生重点观察下一个逻辑步骤，而不是以自己和经验丰富的专家之间的每一个差异压倒学生。将这一差距与自动化系统连接起来需要对训练任务和学生的预期进展有一个复杂的理解。此外,还需要一个计算框架来将事实纳入知识库,并检查正在进行方案的相关事实,而且要将事实连接到得出的正确结论和提出的建议。

认知结构,如 ACT-R 和 SOAK(Lehman,Laird & Rosehbloum,2006;Anderson,1996),力求通过模拟人的认知如记忆回忆、模式识别和规划来满足这一需求。他们提供为输入事实量身定做的自定义的编程语言和事实之间的逻辑连接。这些架构提供一般的思维能力,但必须对其进行编程以满足特定的角色,如自动化学生评估和指导。编程认知结构需要技术和行业专长,是一个庞大而昂贵的作业。即使是这样,在听学生说什么和解释新的信息给他们这点上,系统也不具有人类的能力水平。

另一个与自动化有关的长期存在的问题是并发——一旦系统被设计,那么它就将落后于后续演进的武器和战术,直到它被更新。最终,系统变得过时而不能使用。有一项研究正在重点使训练系统随着时间的推移学习和进化,这样他们可以在现场由最终用户来教新的战术、技术和程序。这样做的一个简单的方法是使讲师否决自动化的指标,并使系统从该校正中学习。例如,如果自动化系统没有标记某个学生的错误,教师可以手动标记。经过几次重复,系统检测规律性手动创建的标志,这样它就可以自动地识别后续实例(Abbott,2006)。

生理措施和先进的传感测量

自动化绩效指标的另一个限制是系统无法感知在一堂训练课上什么将发生。除了评估战术的情况外,人力的教师可以听机组人员之间的通信,并通过面部表情、肢体语言和手势感知他们的情绪(无聊、兴奋、注意力分散、沮丧)。例如,教师可能会看到一个学生摸索着一台设备,用该设备认识了不熟悉的战术上的误差,而不是一个更深层次的战术误解。自动化的教师几乎看不清模拟器以外的一切。尽管对此研究多年,但仍然没有可靠的自动化的手段来识别语音,确定一个人在关注什么,或者通过识别面部表情推断出人的情感和理解声音的压力。这种差距推动了对不模仿人类视觉和听觉,但可以提供类似信息（或在某些情况下超过人的能力）的其他传感器的探索。然而,这些技术都处于实验阶段；他们通常在超出可控环境（如实验室）时是不可靠的,而且价格昂贵,或者需要专业知识来解释。此外,他们的能力和价值的训练仍在探索之中。

脑电图（EEG）测量了大脑中的神经元的电活动发出的微弱电磁波信号。通过在头皮上放置多个传感器,能够获得其中哪一部分大脑正在使用的粗略概念。这样就能获得认知负荷（大脑工作的辛勤度）和情绪压力的测量。在严格控制的实验室条件下,当刚刚看到或听到稍后将会被记住的事情时,甚至可以进行预测（有限精度）。通过控制指令的步伐或训练学生集中注意力,此信息可被用于加速训练（Raphael 等,2009）。由于电磁信号弱及颅骨遮挡,测量过程变得很微妙,要求直接在头皮上粘胶小心放置大量的传感器。这将排除在大多数现实世界的训练应用中使用的脑电图。然而,脑电图检测和信号处理的最新进展已可以使用易于应用的传感器达到脑电检测的某种程度,不需要凝胶或牢固接触头皮（从下面一些公司可以买到,美国加利福尼亚州旧金山的 Emotiv、EmSense 和加利福尼亚州卡尔斯巴德的脑高级监控公司）。

心电图（EKG）是研究心率的。除了对物理压力做出响应（如运动）外,心脏活动也对情绪压力做出响应,并可能受到认知活动的影响。除了脉搏率（一段时间内心脏跳动的平均速率）,有研究认为在个别的心跳和时时刻刻之间的变化改变了心脏的心率变异（Zotov 等,2011）。此信息可被用来推断在训练场景中学生是否识别出关键事件。

皮肤电反应（GSR）,或皮肤电导,是测量皮肤的导电性。它可以用来测量在战术情况中学生的情绪反应和认知努力的组合。GSR 的测量便宜而且相对可靠。然而,GSR 是一个比较粗浅的衡量标准,因为存在增加电导的几个原因（情绪、认知或生理,如运动）且在刺激和可测量的反应之间存在两三秒钟的延迟（Perala & Sterling,2007）。每个人的反应也各不相同。

25.4 结论

在 HPM 和评估已经在过去 25 年取得了很大进步的同时，新一代的自动化 PMs 和评估能力也面对着自己独特的挑战。第一个挑战是关注的数据可以支持 PMs 的计算。可用来计算测量数据的量基于训练环境而变化。例如，单独或小的训练环境可能有丰富的可用原始数据。在这些环境中——这在早期的模拟训练中是司空见惯的——开发者必须克服与大量原始数据相关的挑战。因此，先前关注的数据可用性解决如何筛选和确定关键表现相关的数据（Stacy 等，2006）。然而，随着对分布式仿真的日益依赖和专注于在线、虚拟和建设的（LVC）训练环境使用的增加的未来发展方向表明，这可能不再是一个问题。相反，现在有一个指数增长的大规模训练和有限带宽可用性的数据构成了相反的挑战。相反海量数据一旦发现，开发人员现在意识到测量系统并不总能获得正确的数据（Portrey，Keck & Schreiber，2006）。

第二个挑战，虽然模拟训练标准的纳入突出了确保所有网络应用遵守一组预定义规则的重要性，但在建立针对 HPM 标准时仍然存在一定的延迟。从表面上看，不遵守既定的仿真和性能测试的标准或协议会导致现有数据的变化。由于基于计算机的措施在很大程度上依赖由系统提供的数据，所以在这种情况下会对测量计算产生显著影响（Portrey，Keck & Schreiber，2006）。专注于解决这些挑战的一些初步的解决方案可供选择。2006 年，随着自动化措施越来越突出，在这一领域的出版物包括了一套代表措施和背景的指导。这种人力表现标记语言（HPML）方法充分利用了可扩展标记语言（XML）的标准，提供了支持搜集观测和基于计算机的措施的灵活功能。除了为测量提供一个结构化配置过程外，这种语言是人类可理解的，可以缓解软件开发过程。此外，其他的努力已经定义了提供搜集以前没有的措施的方法体系。每种方法的目的是提供一种用于 HPM 应用的标准，以努力提高训练的效果和质量。因为这只是一个开始，所以对于 HPM 的一个基于模拟或 LVC 的训练的通用标准仍然是不确定的。

第三个现有的挑战是可用性。对于任何软件功能，开发团队必须测试可用性以确保领域和使用 HPM 的能力（Pagan, Atkinson & Walwanis, 2011）。可用性是非常重要的，因为它支持用户的效率和效益，从而降低支持和训练成本，以及增加用户专注于任务而不是技术的能力（Dray, 1995）。例如，良好设计接口的成本—效益分析研究表明，在所需的训练和提高生产率上可以有一个显著减少（Bias & Mayhew, 1994）。随着训练系统变得越来越复杂，开发实用技术已成为越来越突出的挑战。目前正在开发的训练体系往往需要教师浏览大量的应用以管理训练活动（半自动化的力量，教师工作站，角色扮演能力）。如果一个指导能力在仿真环境中不是必不可少的将很难被使用，教师很有可能不会利用这种能力。除教师运行应用程序的复杂性以外，HPM 能力也提出了自己独特的挑战。首先，虽然表现的多面性提出了一种综合绩效考核的办法，但目前的能力缺乏关注如何利用多个测量。至少，提供一种多方法测量会提供更好的诊断功能，这将导致更多的有针对性的训练能力。因此，通过利用多种技术 HPM 能够提供一个表现全面的视图。此外，就像任何 HPM 技术，一旦数据被搜集和计算，我们仍然需要确定给学生提供结果和评估的最合适的方法（Wiese 等，2006）。所有这些问题都需要进行详细的人为因素和可用性方面的考虑。

所有这些问题都可以得到解决，部分是通过一种相对于 HPM 更全面的方法来实现。具体而言，有必要通过个人和团队的深入全面的 CTAs 更早识别这些要求。这将允许开发团队打破 KSAs 与数据要求的连接，并需要确定适当的工具来满足需求。为了成功地将 HPM 集成到训练系统，我们必须停止将其视为一个附加的考虑（最后一分钟对整个系统的开发是次要的）。相反，最佳的做法是强调更早确定要求的重要性并在整个设计和开发过程中经常重新审视它们。通过使用这种包括 HPM 的全面的训练开发方法，从业人员可以更好地得出有用的、有效的和可靠的测量技术。

作者注解

这里所表达的是作者的观点，并不一定反映与它们有关联的组织的官方立场。

参考文献

Abbott, R.G. 2006. Automated expert modeling for automated student evaluation.*Intelligent Tutoring Systems,* 8, 1-10.

Anderson, J .R. 1996. ACT: A simple theory of complex cognition. *American Psychologist,* 51, 355-65.

Annett, J. and Stanton, N.A. 2000. *Task analysis.* New York: Taylor and Francis, Inc.

Bennett, W., Lance, C.E., and Wochr, D.J. 2006. *Performance Measurement: Current Perspectives and Future Challenges.* Mahwah, NJ: Lawrence Erlbaum Associates.

Bias, R .G., and Mayhew, D.J. 1994. *Cost-Justifying Usability.* San Francisco, CA: Morgan Kaufmann Publishers.

Brannick, M.T. and Levine, E.L. 2002. *Job Analysis: Methods, Research, and Applications for Human Resource Management in the New Millennium.* Thousand Oaks, CA: Sage Publications.

Bretz, R.D., Milkovich, G.T., and Read, W. 1992. The current state of performance appraisal research and practice: Concerns, directions, and implications. *Journal of Management,* 18(2), 321-52.

Campbell, J .P. and Kuncel, N.R. 2001. Individua!and team training. In *Handbook of Industrial, Work and Organizational Psychology, Volume 1: Personnel Psychology (2nd ed.),* edited by N. Anderson et al. London: Sage Publications, 272-312.

Charles, J.P. 1984. *Design Guidelines for Trainer Instructor/Operator Stations (Report No. NAVTRASYSCEN 83-C-0087-1).* Orlando, FL: Naval Training Equipment Center.

Deaton, J .E., Bell, B., Fowlkes, J., Bowers, C., Jentsch, F., and Bell, M. 2007. Enhancing team training and performance with automated performance assessment tools.*The International Journal of Aviation Psychology,* 17(4), 317-31.

Dray, S.M. 1995. The importance of designing usable systems. *Interactions,* 2(1), 17-20.

Dwyer, D.J., Oser, R.L., Salas, E., and Fowlkes, J.E. 1999. Performance measurement in distributed environments: Initial results and implications for training. *Military psy-*

chology, 11, 189-215.

Dwyer, D.J. and Salas, E. 2000. Principles of performance measurement for ensuring aircrew training effectiveness. In *Aircrew Training and Assessment,* edited by H.F. O'Neil, Jr. and D.H. Andrews, Mahwah, NJ: Lawrence Erlbaum Associates, 223-44.

Fowlkes, J.E. Lane, N.E., Salas, E., Franz, T., and Oser, R. 1994. Improving the measurement of team performance: The TARGETS methodology. *Military Psychology,* 6, 47-63.

Gott, S.P. and Morgan, S. 2000. Front-end analysis: From unimpressive beginnings to recent theory-based advances. In *Training and Retraining: A Handbook for Business, Industry, Government, and the Military,* edited by S. Tobias and J.D. Fletcher. New York: Macmillan Reference USA, 148-70.

Hollnagel, E. 2003. *Handbook of Cognitive Task Design.* Mahwah, NJ: Lawrence Erlbaum Associates.

Jean, G.V. 2008. Success of simulation-based training is tough to measure. *National Defense*[online,December]. Available at: <http://www.nationaldefensemagazine.org/archive/2008/December/Pages/SuccessofSimulation-BasedTrainingsToughtoMeasure.aspx> [accessed: 26 July 2012].

Jonassen, D.H., Tessmer, M., and Hannum, W.H. 1999. *Task Analysis Methods for Instructional Design.* Mahwah, NJ: Lawrence Erlbaum Associates.

Kahneman, D. 1973, *Attentio, and Effort.* Englewood Cliffs, NJ: Prentice-Hall.

Kavanagh, M.J., MacKinney, A.F., and Wolins, L. 1971. Issues in managerial performance: Multitrait-multimethod analysis of ratings. *Psychological Bulletin,* 75(1), 34-49.

Kraiger, K., Ford, J.K., and Salas, E. 1993. Application of cognitive, skill-based, and affective theories of learning outcomes to new methods of training evaluation. *Journal of Applied Psychology,* 78(2), 311-28.

Kyllonen, P.C.2000. Training assessment. In *Training and Retraining: A Handbook for Business, Industry, Government, and the Military,* edited by S. Tobias and J.D. Fletcher. New York: Macmillan Reference USA, 525-49.

Lehman, J.F., Laird, J.E., and Rosenbloom, P.S. 2006. *A Gentle Introduction to Soar: 2006 Update* [online]. Available at: <http://ai.eecs.umich.edu/soar/sitemaker/docs/misc/GentleIntroduction-2006.pdf> [accessed: 26 July 2012].

Linn, R.L., Baker, E.L., and Dunbar, S.B. (I991)Complex, performance-based assessment: Expectations and validation criteria. *Educational Researcher,* 20(8), 15-21.

Loukopoulos, L.D., Dismukes, K.R., and Barshi, I. 2009. *The Multitasking Myth: Handling Complexity in Real-World Operations*. Aldershot, UK and Burlington, VT: Ashgate Publishing.

Oser. R.L., Saws, E., Merket, D.C., and Bowers, C.A. 1999. Applying resource management training in naval aviation: A methodology and lessons learned. In *Improving Teamwork in Organizations: Applications of Resource Management Training,* edited by E. Salas et al. Mahwah, NJ: Lawrence Erlbaum Associates, 283-304.

Pagan, J., Atkinson, B., and Walwanis, M. 2011. Enhancing performance assessment, at what cost? Challenge & benefits of an integrated performance assessment toolkit (IPAT). *Human Systems Integration Symposium,* Vienna, VA, 25-27 October 2011.

Perala, C. and Sterling, B. 2007. *Galvanic Skin Response as a Measure of Soldier Stress(Report No ARL-TR-4114)*[online]. Available at: http://www.arl.army.mil/www/default.cfm? page=515 & id=1391 [accessed: 26 July 2012].

Portrey, A.M., Keck, L.B., and Schreiber, B.T. 2006. *Challenges in Developing a Performance Measurement System for the Global Virtual Environment (Report No. AFRL-HE-AZ-TR-2006-0022)*.Mesa, AZ: Air Force Research Laboratory, Human Effectiveness Directorate, Warfighter Readiness Research Division.

Raphael, G., Berka, C., Popovic, D., Chung, G.K.W.K., Nagashima, S.O. , Behneman, A. , and Johnson, R. 2009. I-NET: Interactive neuro-educational technology to accelerate skill learning. *Proceedings of the IEEE Annual International Conference: Engineering in Medicine and Biology Society,* Minneapolis, MN, 3-6 September 2009.

Rasmussen, J. 1983. Skills, rules, and knowledge: Signals, signs and symbols and other distinctions in human performance models. *IEEE Transactions on Systems, Man and Cybernetics,* I3(3), 257-66.

Salas, E. and Cannon-Bowers, J.A. 2000. The anatomy of team training. In *Training and Retraining: A Handbook for Business, Industry, Government, and the Military,* edited by S. Tobias and J.D. Fletcher. New York: Macmillan Reference USA, 312-35.

Salas, E. and Rosen, M.A. 2009. Guidelines for performance measurement in *simulation-based- training. Ergonomics in Design: The Quarterly of Human Factors Applications,* 17(4), 12-18.

Salas, E., Rosen, M.A., Held, J.D., and Weissmuller, J.J. 2009. Performance measurement in simulation-based training: A review and best practices. *Simulation & Gaming,* 40(3), 328-76.

Schraagen, J.M., Chipman, S.F., and Shalin, V.L. 2000. *Cognitive Task Analysis.* Mahwah, NJ: Lawrence Erlbaum Associates.

Sheehan, J.D., Merket, D.C., Sampson, T., Roberts, J., and Merritt, S. 2009. Human system capabilities-based training system acquisition in naval aviation. *Proceedings of the Human Systems Integration Symposium* [online]. Available at: <https://www. navalengineers.org/SiteCollectionDocuments/2009%20Proceedmgs%20Documents/HSIS%202009/Papers/Sheehan_Merket_Sampson_Koberts_Merritt.pdf> [accessed: 26 July 2012].

Stacy, W., Merket, D.C., Puglisi, M., and Haimson, C. 2006. Representing context in simulator-based human performance measurement. *Proceedings of the Interservice/Industry Training Simulation & Education Conference (I/ITSEC),* Orlando. FL, 4-7 December 2006.

US Department of Defense. 2001. *Instructional Systems Development/Systems Approach to Training and Education (MIL-HDBK-29612-2A).* Washington, DC: Department of Defense.

Vicente, K.J. 1999. *Cognitive Work Analysis: Toward Safe, Productive, and Healthy Computer-Based Work.* Mahwah, NJ: Lawrence Erlbaum Associates.

Wickens, C.D. 2002. Multiple resources and performance prediction. *Theoretical Issues in Ergonomics Science,* 3, 159-77.

Wiese, E .E., Merket, D., Stacy, W., Nelson-Walwanis, M., Freeman, J., and Aten, T. 2006. Enhancing distributed debriefs with performance measurement. *Proceedings of the Interservice/Industry Training Simulation & Education Conference* (I/ITSEC), Orlando, FL, 4-7 December 2006.

Zotov, M., Forsythe, C., Voyt, A., Akhmedova, I., and Petrukovich, V. 2011. A dynamic approach to the physiological-based assessment of resilience to stressful conditions. *Lecture Notes in Artificial Intelligence,* 6780, 657-66.

Chapter 26
第 26 章 | 在应用设置中使用客观的绩效评估

Mark Schroeder

卢米尔研究中心

威斯康星大学白水分校

Brian Schreiber

卢米尔研究中心

Winston Bennett, Jr.

空军研究实验室

训练效果的评估传统上依靠该领域专家的主观判断,但近年来客观绩效评估(Objective Performance Assessments, OPAs)的应用已经增加了。OPAs 的定义特征是它们只使用经验措施(反应时间,导弹发射或其他任何可以凭经验记录的),不涉及质量的主观判断。因为不涉及人的判断,所以 OPAs 具备了一些理想的特性,除了更加传统的主观评估格式外可以设置它们来提供大量的数据的自动搜集。但是其有效实施需要仔细考虑自己的发展、管理和解释,以及他们的敏锐意识的局限性,并意识到他们只有一个应该与其他各种来源相协调的数据源。在下面的章节中,我们勾勒出 OPAs 相比其他数据源的相对优势和劣势,并讨论 OPAs 可以如何开发、实施和分析。我们还将探索 OPAs 如何能够应用于多级的不仅仅是对受训者评估的训练，而且对应那些训练环境和方法。我们遵循这一思路并且对包括基础设施、存储和管理的潜在后勤问题进行讨论，通过解决 OPAs 的未来应用得出结论。

26.1　客观绩效评估优缺点概述

虽然本章的重点是 OPAs，但我们的目标不是要声明自己优于其他的数据形式，而是表明 OPAs 不过是评估训练效果时可以使用的多个数据源之一。一般的训练评估模型和专门的飞行模拟器训练成效评估（Bell & Waag，1998）通常使用多个数据源的多元化方式。这些来源包括见习和/或专家的评估和看法的形式的主观判断，以及可以是主观或者客观的学习的表现措施。

相对于主观测量，OPAs 具有几个明显的优点，如没有偏见，更高的精度和数据采集的自动化。也许 OPAs 的最大优势就是没有个人偏见和随处可见的主观评估的转化参考帧，这导致了低的内部评估和内部评估信度。当评估者不同意外部事件或现象的特征是由于他们的个人偏见（观点、价值、期望）的差异时，这种偏见塑造了他们的整体参考框架。当个人的参考框架和偏见对不同场合的一致性判断产生负面影响时，内部评估信度就成了一个问题。低可靠性可能导致飞行数据在几百次任务中没有变化，这在理论上是极不可能的，实际上也毫无用处。OPAs 通过评估过程克服了此弱点，因为它们以高精度和对于所有事件的程序精度来记录同一事件。OPAs 的第二个优点是该精度的水平可以增加到超过可能的人力评估。当数据的搜集是基于计算机时，时间、速度、在多个方面的距离、事件记录和结果的度量都可以更加详细地测定。即使是像技能数量以及威胁数量这样简单的和明显的结果事件，由于人类感知和注意力的限制，我们都可能面对杂乱的、繁忙的训练环境带来的人为错误，通过使用 OPAs 这个弱点便可以避开了。第三个优点是自动化的数据搜集，这扩展了可被测量的变量的数目，以及它们能够进行测量的频率。例如，每秒许多数据点和可用的规模的集合，甚至初步的分析和可能产生的摘要。随着时间的推移自动化最终导致了更加丰富的数据集和大量的货币储蓄，同时进行评估的必要人员数量也会明显地减少。

尽管具有这些有意义的优势，OPAs 也至少有三个显著的缺点：限制操作性定义，没有能力直接评估用户和专家的看法，以及大量的启动费用。

第一个缺点，OPAs 提供的无偏可靠的测量需要大量的数据。例如，性能质量的专家判断是由几个加权变量和它们之间的相互作用的上下文敏感的组合导致的。尽管 OPAs 能获得这些相关的数据，但判断规则常常是不清楚或过于大量，以至于不能以有意义的方式量化，该方式不会曲解，尤其是对于正在被评估的过程而非结果。例如，评估空战域战术动作的质量可以包括评估完成时间、空速、速度、俯仰角、偏航角、滚动角的变化速度，以及这些变量的改变和变化。此外，这些变量不仅在理想的情况下相互作用，而且相互作用的性质可以根据环境因素而变化（例如，其他航空器的位置、地面因素、弹药或天气条件）。虽然专家评估已经通过多年的经验建立了相应的心理算法，但 OPAs 只能搜集原始的数据并对其进行编译以便专家评审。此外，每项措施的特殊性可能导致对研究人员或读者解释报告分析作为一个完整结构的代表的范围有限这一结果的误解。例如，在一个给定的情况下，如果导频性能被操作成"杀死的数目"，如果其他变量如敌人的总数、任务类型、形成黏附、通信和任意数量的其他变量被忽略时，那么误解就可能发生。

第二个缺点，OPAs 无力应对关于训练系统的轻松使用、效率和效益而言，由用户做出的主观判断。Kirkoatrick（1975）、Phillips（1991）和 Bell 与 Waag（1998）的建议模型表明，当评估训练时用户感知是数据的有效来源。由于 OPAs 只能测量可直接观察到的现象，所以他们自己不是充足的信息源。最后一个弱点在于发展 OPAs 所需要的大量的开办费用。我们在下一节将要讨论，进行数据搜集的基础设施，确定、开发和验证构造措施的专家焦点小组，以及与数据存储、数据管理、系统的兼容性和数据分析相关的日常维护成本，需要大量的资金支持（尽管长期储蓄在某些情况下可以超过这些开办费）。

正因为有了这些优势和劣势，所以 OPAs 被认为是数据的一个重要来源，应当由其他措施来调节它们弱点的影响来加以弥补。以下部分将概要介绍与 OPAs 的识别、创造和分析相关的有关问题。

26.2　客观绩效评估建立、实现与分析

OPAs 的有效使用需要理解测量过程。由于可被测量的变量的数目几乎是无穷的，所以识别和量化的那些被认为是一个自动化系统最必不可少的训练效果和最直接的可测量的变量变得极为重要。此外，还需要考虑数据的搜集、存储和管理的后勤问题，并记住分析过程中每个构建体的所测量的操作定义。这些问题将依次进行讨论。

建立客观绩效评估

建立客观绩效评估可以概括为一个包括建造识别、细化、可操作性和验证四步的过程。第一步通常涉及协商，无论是与已探讨了利益的现有文献或当没有这样的文献存在时与主题专家（SMEs）的话题。由于训练包括大量的知识、技能和态度，所以对于哪些构造和措施是必要的手边的任务必须得到广泛的理解，并确定每个适用于客观的分析处于何种程度上。例如，SMEs 已经确定了处于战斗中的战斗机飞行员在高位时应该准备执行的具体飞机的能力列表。这包括"武器运用"到"责任形成"再到"团队沟通"的能力（Colegrove & Alliger，2002）。下面我们将看到，这样的一些结构更适合 OPAs 和其他主观方法。

第二步包括那些被认为在训练中十分重要的结构的精细化。在这个阶段更广泛的结构被解构为更小的子过程和结果，以便确定究竟什么表现是不错的或不佳的。例如，"责任形成"的广泛概念是相对简单的，理想的形成应在任何时候保持，保持整个各种机动飞行器之间的相对立体的距离。细化将涉及界定各种任务环境的距离。在更复杂的情况下，如

"团队沟通",将涉及闭环沟通、相互性能监控和协调,细化是很难分解成数学、几何和/或简单的规则集来清楚地了解在最重要的任务环境中"团队沟通"指的是什么。因此,一些构建更适合主观评估技术。第三步涉及各组分过程和结果的可操作性,这使得它可以直接被观察和通过电子记录。这通常涉及对关于如何最好地捕获具有最少数量的变量所需的信息做出决定。在当前的例子中,责任形成可能由使计算机记录每架飞机的相对三维位置来操作,确定在每个维度中违反形成的阈值,并记录每架飞机在这个阈值之外花费的时间。另外,也可以考虑一下违反的严重程度,或一个喷射在不危害任务成功的前提下脱离形成的阈值建立的时间。不管如何对变量进行操作,我们必须记住,这只是几种用来表示性能品质的方法中的一个,而且解释受限于操作的定义。

建立客观绩效评估的最后一步是通过SMEs对操作化定义进行检查,理想情况下由不是初始协商一部分的专家来确保训练领域的健壮代表。在这个过程中最基础的版本是表面效度是成功的首要标准,尽管由于选定目标的措施应与训练评估的其他来源保持一致(用户评级和专家判断),如强调以前提及的训练效果模型。如果验证的结果是不能令人满意的,那么该过程可以重复进行,可以从三个阶段的任意一个开始。

目标绩效评估的实施

一旦结构已经确定、细化、可操作和验证,那么数据采集就可以开始。在目前情况下数据搜集有两个基本问题:获得相关信息和数据的存储和管理。相关信息的安全访问就是启动成本应计的最大比例。由于训练设备通常没有设计数据采集,所以发展基础设施以搜集所需要的信息成为评估过程的一部分。例如,在上面提到的"责任形成"例子中,为了搜集关于每个喷射的绝对和相对位置的数据,需要系统能够随时间跟踪每个飞行器的精确坐标,而且需要确定是否任何指定的阈值受到侵犯的次级算法。此外,任何OPA系统必须捕捉以下识别信息的情况——谁在飞,他们在飞什么和什么时候飞,以及其他相关的实验变量。一旦数据搜集的基础设施到位,那么就应该考虑存储和管理,包括所搜集的数据量、该数据的分类状况和不同系统的兼容性——这些将在下文中更详细地讨论。其他传统的问题包括数据格式化，这是为了与分析软件兼容，以及包括在每个文件中的数据的范围，还有数据、变量标签和描述的实时更新，以及关于问题、离群值和异常的文档。

分析与报告

一旦数据已经被采集，分析需要专门的统计方法和技术知识量以在不同尺度上容纳变量，在不同的培养条件下针对不同类型的查询。由于统计方法，以及它们涉及的问题太多，所以无法在这里一一列举，我们的讨论将仅限于本质上更普遍的问题：在变量反映的过程中过度泛化和多个数据源必要性的错误（即复杂的、互动的、连续的措施）而不是结果措施。

当以 OPA 的发展来衡量在某些特定的条件下复杂结构的一个具体方面时，过度泛化的错误就会发生，随后的分析结果错误地概括而回到了整体结构。严格来说，从分析中得出的推论只能反映什么正在被评估，以及这些结果的任何向外的投影可能效力有限。用"责任形成"举例来说，如果一个虚拟的训练计划是为了提高形成职责，那么定义为对一队飞行员的理想立体构造的总体坚持，并且被证明是有效的，具有最大优势的推断是训练减少了虚拟环境中飞行任务类型的飞机之间实际的和定义的"理想"距离之间的差异。不管在其他任务中这些改进是不是有效果，对于其他"理想的"配置，与其他团队成员，在现场的飞机，或者是在战斗情况下是不能直接解决的。此外，随着评估任务和其他相关任务之间的差别（即战斗）的增加，推论的优势可能会减少。

此问题由一些考虑客观指标的倾向加剧了，不论其来源或运作，有比主观测量更大的效力。虽然这是一个取简单结果措施的有吸引力的位置，其中自动化系统具有更大的广度、准确性和注意力能力，当测得的结构具有更大的复杂性时它优于同样结果的主观措施（即如团队沟通等处理措施）忽视 OPAs 的限制可能会导致误解的倾向（Duncan，1984）。这就是包括各种不同的数据源的训练效果评估模型发展背后的基础性原因之一。

26.3 客观绩效评估的应用

在训练情况下，OPAs 传统上适用于个人，但它们也可以用于评估团队表现或训练环境本身的有效性。评估团队的表现类似评估个人，尽管处理有关团队动态和发展的独特特点与团队绩效评估的应用的文献有很多。评估训练环境最常涉及训练环境的质量和它的相对优势与弱点的识别的决心。其他应用包括成本效益分析，以评估改进的工具，无论该环境方面是否如预期发挥的一样，主观判断的验证将系统的优势和劣势视作一个整体。试点训练这一评估过程的应用实例可以在 Holt 等人（2011）的研究中发现，他们研究了运动提示装置对训练绩效的影响，而且 Estock 等人（2007）研究了视图视野对训练性能的影响。这些情况的结果都表明，在培养环境中更高的保真度不能使性能显著增加，因此潜在地降低了训练成本。此外，在这些情况下飞行员的观念和实际表现之间也存在分歧，这使得飞行员报告说，加强训练环境能够提供更好的训练，如果客观衡量任何区别的话确实有一点。因此，这些研究也有助于突出使用多种方法来评估训练效果的重要性。

运筹问题

无论它们使用的环境如何，OPAs 的两个方面都会导致各种后勤问题，其中一些已被预先介绍了，但值得进一步注意：来自多个源的自动数据采集和处理敏感信息。来自多个源的数据自动采集会导致以下三个一般性问题。第一，因为数据搜集是自动的，所以数据点的数量可以迅速变得相当大。例如，Schreiber、Schroeder 和 Bennett（2011）研究了 384 飞行员的训练，他们每一个人飞行模拟任务连续五天，搜集每一个飞行员/任务以速度为每秒 60 个数据点来采集数百个测量值的数据，这将导致数十亿个数据点。鉴于此数量庞大，研究人员必须考虑他们的数据存储和管理的需求。第二，因为数据来自多个数据源，有必要为每个源中的每个个体存档，以便数据集可以没有错误地合并。第三，需要合并来自标准化操作和训练设备的多个源效益的数据，这样独立的系统能够彼此容易地进行通信。类似在欧洲和美国之间旅行时需要一个电源插座适配器，分布式交互仿真（DIS）、高层体系结构（HLA）及联邦对象模型（FOM）的发展在过去几十年奠定了获取来自多种格式的那些曾经不兼容数据的标准基础。这些问题应该提前解决以确保 OPAs 效用的最大化。

如前所述，使用 OPAs 搜集的一些数据将不适合公开发表，无论是专有的、敏感的或机密性的。这引起了另外三个方面的考虑：数据将被如何存储以及存储在何处，谁将被授予访问权限，以及如何或是否会向公众发布。首要的存储问题已经讨论过了，但敏感信息给数据文件的创建、分离和合并提供了一个特例。单一的 OPA 系统可以同时提供分类和未分类的信息，这将会导致额外的时间和需要考虑如何处理、分析、存储和/或报告该数据——是否将其保持在一个（受限的）水平或产生两种不同的报告。进一步考虑将包括使用非妥协的方式获得的信息的传播问题。

客观绩效评估的未来发展

OPAs 的两个特点引导其使用向前发展：它们的实证性和搜集它们的自动化程度。技术进步和信息网络系统为 OPAs 加强了训练过程，这种方式使用主观评估无法做到。OPAs 的实证性提供了数据搜集过程的自动化，可以从多个源搜集到的信息量几乎是无限的。自动搜集和多个变量的集合可以被操作并格式化成一个有意义的背景，它可能导致可处理并提交给教练员、学员和管理员的信息量几乎是无限的。性能指标可以搜集，整理，并进行实时分析，提供反馈以指导训练工作，并最大限度地提高效率。

一个理想的训练系统将采用 OPAs 和其他数据源来提供一个强大的训练效果视图。教员将能够获得与每名学员相关的概括经验、训练历史和熟练针对性技能的目前水平的数据。与过去的性能或质量的现行标准进行比较，数据还包括有关训练演习如何针对特定的技能和对变化的实时更新能力的场景信息。有了这些信息，通过计算训练期间的成长轨迹和训练场合之间的衰变轨迹，训练时间表可以根据训练期间的性能趋势进行优化。这将减少训练和使从事技能获取和维持花费的小时数得到优化的冗余。而其他形式的主观措施是必要的补充，OPAs是这种类型的系统后面的驱动力。

26.4 结论

OPAs提供的性能数据的搜集，数量远远超过可能的主观评估。然而，有效利用OPAs需要仔细考虑固有的识别、开发、实施的一般理论问题，并需要考虑涉及兼容性、存储和分发的应用程序的更加实际的问题。另外，必须承认采用其他数据源来验证和强化从其利用中取得的推论的必要性。考虑到这一点，基础设施的发展和自动化程度正朝着大数据源编制，这将为研究人员、教师、受训人员和管理人员提供必要的信息，在提升训练效果的同时，以降低整体成本。

参考文献

Bell, H.H. and Waag, W.L. 1998. Evaluating the effectiveness of flight simulators for training combat skills: A review. *The International Journal of Aviation Psychology*, 8(3), 223-42.

Bennett, W., Schreiber, B.T., and Andrews, D.H. 2002. Developing competency-based methods for near-real-time air combat problem solving assessment. *Computers in Human Behavior*, 18, 773-82.

Brannick, M.T., Salas, E., and Prince, C. 1997. *Team Performance Assessment and Measurement: Theory, Methods, and Applications*. Mahwah, NJ: Lawrence Erlbaum Associates.

Cannon-Bowers, J.A. and Salas, E. 1997. A framework for developing team performance measures in training. In *Team Performance Assessment and Measurement: Theory, Methods, and Applications*, edited by M.T. Brannick et al. Mahwah, NJ: Lawrence

Erlbaum Associates, 45-62.

Colegrove, C.M. and Alliger, G.M, 2002. Mission essential competencies: defining combat missionrequirements in a novel way. *NATO SAS-038 Working Group Meeting,* Brussels, Belgium, 3-5 April 2002.

Detterman, D.K. and Sternberg, R.J. 1993. *Transfer on Trial: Intelligence, Cognition, and Instruction.* Norwood, NJ: Ablex Publishing.

Duncan, O.D. 1984. *Notes on Social Measurement: Historical and Critical.* New York: Russell Sage Foundation.

Estock, J.L., Alexander, A.L., Stelzer, E.M., and Baughman, K. 2007. Impact of simulator fidelity on F-16 pilot performance. *Proceedings of the Human Factors and Ergonomics Society Annual Meeting.* Baltimore, MD, 1-5 October 2007.

Grayson, K. and Rust, R. 2001. Interrater reliability. *Journal of Consumer Psychology,* 10(1&2), 71-3.

Gwet, K. 2001. *Handbook of Inter-Rater Reliability.* Gaithersburg, MD: STATAXIS Publishing Company.

Holt, L.S., Schreiber, B.T., Duran, J., and Schroeder, M. 2011. Evaluating the impact of dynamic fidelity on performance. *Proceedings of the Interservice/Industry Training, Simulation and Education Conference (I/ITSEC),* Orlando, FL, 28 November-1 December 2011.

Kirkoatrick, D.L. 1959. Techniques for evaluating training programs. Journal of *ASTD*, 11, 1-13.

——. 1975. *Evaluating training programs.* Madison, WS: American Society for Training and Development.

Krusmark, M., Schreiber, B.T., and Bennett, W. 2004. *The Effectiveness of a Traditional Gradesheet for Measuring Air Combat Team Performance in Simulated Distributed Mission Operations(Technical Report No. AFRL-HE-AZ-TR-2004-0090).* Mesa, AZ: Air Force Research Laboratory, Warfighter Readiness Research Division.

McIntyre, R.M., Morgan, B.B., Salas, E., and Glickman, A.S. 1988. Teamwork from team training: new evidence for the development of teamwork skills during operational training. *Proceedings of the Interservice/Industry, Training Systems Conference,* Orlando, FL, December 1998.

Phillips, J.J. 1991. *Handbook of Training Evaluation and Measurement Methods.* Houston, TX: Gulf Publishing Company.

Schreiber, B.T., Schroeder, M., and Bennett, W. 2011. Distributed mission operations within-simulator training effectiveness. *International Journal of Aviation Psychology*, 21(3), 254-68.

Schroeder, M., Schreiber, B.T., & Portrey, A. (2011). *The effect of changes in live flight requirements on pilot readiness*. (AFRL-RH-AZ-TR-2011-0011). Mesa AZ: Air Force Research Laboratory, Human Effectiveness Directorate. Warfighter Readiness Research Division. Public release.

第 27 章 训练转化及其与模拟器的关系

George Galanis，Ashley Stephens 和 Philip Temby

澳大利亚国防科学技术局 土地运营部

27.1 引言

想象一下以下情形：学员走进飞机练习一些起飞和着陆。我们能够预测在学员完成训练学期之后，他将已经了解了起飞和降落的事情吗？大多数人可能会说，"是的，当然"。但是，如果同样的学员坐在计算机前玩娱乐游戏，在游戏中他驾驶一架飞机，我们会相信此人能够控制一架载有几百人的大型喷气式飞机吗？也许在这种情况下，我们可能不太有信心。

任何人在模拟和训练领域的工作中迟早将面临类似的问题，但更普遍的表达为："我可以从昂贵的设备上拿掉多少训练内容放在低成本的设备上？"然而，现在有一个更多问题的清单，例如，"该设备需要哪些功能才有效呢？以我们的飞行训练为例，我们是否需要复制每一个刻度盘或旋钮，以便学员学习中止着陆？设备是否需要包括运动？由于设备变得更加昂贵，我们可以得到多少额外的训练价值？"

本章试图通过梳理训练转化的概念，以及它与仿真应用的关联关系。另外，我们关注影响训练转化的因素，并且列举一些在选择模拟器时的隐患。本章采用一些案例对训练转化的概念进行了具体说明，最后为模拟器采购单位和用户提出了相关建议。

27.2 训练转化的概念

训练转化被定义为"受训人员在工作中有效利用从训练中所学的知识、技巧和态度的程度"（Baldwin & Ford，1988：63）。训练转化可以是积极的、消极的，或是中性的。在训练成功期间获得 KSAs 时积极的训练转化发生了；也就是说，训练带来性能的提升。在这种情况下，我们会说训练是有效的。在训练绩效下降时消极的训练转化发生了。在训练对性能没有影响时中性的训练转化发生了：在训练期间获得的 KSAs 没有好处，但也没有不利影响。在中性的和消极的转化情况下，我们会说训练是无效的。

下面的例子能够更清楚地说明这些概念。考虑一个拥有驾驶轿车执照的实习卡车司机。在这种情况下，学员已经拥有很多学习驾驶轿车的技能，在学习驾驶卡车时他们可以使用这些技能。例如，学员将会对道路规则有一定的了解，以及具有导航的能力。然而，当驾驶卡车时他们的某些技能可能需要调整。例如，卡车的座位位置会比轿车高得多，比起控制一辆轿车，卡车可能有完全不用的负载。

因此，在学员有能力驾驶一辆卡车之前，感知车道中心、路边和与其他车辆的距离、了解操作控制所需的力的任务可能都需要一个校准过程。也可能有习惯当驾驶卡车时学习驾驶轿车并不精通。例如，一个人开着车就可以在变更车道之前观察后视镜。然而，一辆卡车可能不存在这样的后视镜，所以注视后视镜的方向实际上并不可能被不精通驾驶卡车的人当成习惯。另外，当驾驶卡车时司机可能要记得避免他们在轿车中使用的路线，因为他们这些路线对卡车来说可能是不可通过的。通过这个例子我们说，鉴于基本交通规则存在从轿车到卡车的训练的积极转化。关于卡车的处理和转向可能存在一些积极的训练转化。然而，可能有一些从学员先前了解到的关于变道和驾驶没有导航的卡车的潜在危险习惯的消极的训练转化。这里说的是，训练转化的程度高度依赖于正在接受训练的 KSA 的类型。训练转化也受其他许多因素的影响，这将在以下章节中加以强调。

训练转化也可以从近的和远的转化方面考虑（Bloom 等，2010）。近的转化时，训练和工作的任务是相似的和/或在接近的时间发生；远的转化时，任务和情况是完全不同的和/或被很长的时间间隔分隔开了。

27.3 影响训练转化的因素

在前面的例子中，我们考虑训练转化从驾驶轿车到驾驶卡车的各种 KSAs。但是，所有的训练系统都落在更广的范围内。除了训练设备的特性外，还存在各种可以影响训练系统中训练转化将要发生的程度的因素。

我们对训练转化的更多的认识从早期的研究派生到学习心理学，比如从学习一个技能到另一个技能的转化（例如，学习一门新的语言）。这项研究中最显著的理论之一是相同元素的理论。这个理论提出训练转化的程度依赖于在训练和作业环境中刺激和反应元素之间的相似程度。而桑代克最初可能没有打算将该理论用于学习驾驶卡车，但它在预测这种情况下训练转化的发生时仍然是有用的。例如，考虑学习交通规则的任务，如在一个丁字路口让路。该刺激是让路标识（这提醒驾驶员前方有一个丁字路口）；这个交通标识（或刺激）对轿车和卡车是相同的。同样，所需的响应对于轿车和卡车司机也是相同的；也就是说，在这两种情况下它们必须为其他车辆让路。如表 27-1 所示，桑代克的理论预测在这种情况下会有一个积极的训练转化。对于处理和操纵车辆的任务，对轿车和卡车司机该响应是相同的；为了响应道路上车辆的位置他们转舵（也可能调节车辆的速度）。然而，对于轿车和卡车导致这种反应的刺激是不同的，因为引导两车所需的力是不同的。在这种情况下，该理论预测训练转化减少（但仍是积极的）。最后，让我们来考虑变道的任务。在这种情况下，刺激可能是驾驶员觉察到前方该车道被阻塞，有必要改变车道。然而，在轿车内的训练响应（通过看后视镜）与在卡车所需的响应（通过看侧反射镜）是不同的。该理论预测在这种情况下是消极的训练转化。对于刺激和反应不同的任务，中性的转化是可预测的。从轿车到卡车的训练转化没有明显的例子。这种情况下可以运用不同平台，例如，学习驾驶轿车对驾驶飞机的能力影响甚微。在这种情况下，激励和响应元素是不同的，对学习没有影响（中性的转化）。

表 27-1 基于相同元素理论的刺激和反应元素的不同组合的预期训练转化

刺激	反应	预期训练转化
相同	相同	十分积极的
不同	相同	积极的
相同	不同	消极的
不同	不同	中性的

除了任务元素的相似性，研究人员已经鉴定了影响训练转化的几个其他因素。这些因素可分为训练设计因素、学员特性和工作环境因素（Baldwin & Ford，1988）。训练设计因素包括训练是如何安排、如何将各项任务进行测序，以及是否存在反馈。学员特征包括先前的知识和经验、动机、人格因素、个体的能力。工作环境因素包括到环境支持学员需求的程度，以及文化促进学习的程度。对这些因素的进一步讨论超出本章的范围，读者可以参考 Auffrey、Mirabella 和 Siebold（2001），Baldwin & Ford（1988），Blume 等（2010），Elangovan 和 Karakowsky（1999），Foxon（1993）的报道。这个部分需要注意的关键信息是，除了使用的训练设备的类型，任何试图促进积极的训练转化都需要考虑这些因素。

27.4 训练转化和模拟器

目前在本章中我们已经描述了训练转化和影响它的因素的概念，并用例子来说明了这些概念。在学习驾驶卡车的情况下,我们可能会考虑将轿车作为训练卡车司机的模拟器。简单来说,模拟器是可代替作业环境或真实设备的用于训练特定 KSAs 的任何训练环境或设备。通过这个定义,模拟器不一定必须是一个基于计算机的设备。例如,考虑一种情况,即学员卡车司机没有汽车的驾驶执照。如果我们参与设计对于这种情况的训练体系,我们会面对两种选择,或者所有的训练都用卡车,或者在另一个成本较低的环境进行一些训练。在这种情况下,分配几个小时的轿车驾驶训练(即"模拟器")可能是一个有吸引力的主张,以使学员了解一些 KSAs,其训练转化预计为积极的,但避免使用汽车为这些 KSAs,其训练转化预计为消极的。另外,我们可能要探讨取代带有一些基于计算机的训练设备的卡车和汽车(如计算机游戏),我们也可将其视为是一个模拟器。在这种情况下,用真实设备训练(卡车)常常被称为现场训练,环境被称为活的或真实的世界环境。类似地,用模拟器训练常被称为基于模拟的训练。

  这里的要点是,相比用于训练,这里有不同类型的模拟器,从基于计算机的游戏到更复杂的设备。例如,一个卡车模拟器可以包括运动平台、卡车驾驶室内部的复制品和机舱窗外计算机生成的视觉场景。模拟器和被模拟的设备之间的相似性通常被称为模拟器保真度。尽管有几种类型的模拟器保真度,但最常见的类型是物理的、功能性的以及心理保真(Hays, 1980; Hays & Singer, 1989)。物理保真度是指设备或在训练中使用的材料和那些作业中实际使用的之间的相似性(Smith, 1993)——换句话说,模拟器看、听和感觉的程度就像真实设备。高水平的物理有效性往往与表面效度的概念相关联;也就是说,在表面上,该装置具有该真实设备或物件的外观。功能保真度是指行为和模拟器对操作者操作的响应与真实设备相匹配的程度。心理保真度是指模拟任务刺激工作环境中所必需的行为的程度(Stone, 2012)。更一般来讲,它指的是学员将类似含义应用到他们训练和工作中的经验的程度(Smith, 1993)。

  相同元素的理论预测,当任务元素处于训练和真实世界环境紧密匹配的条件下，转化更有可能发生。然而，再现该作业环境中的所有元素未必是可能的，并且可能是不实际的（鉴于成本和安全性）。此外，目前模拟器保真度和训练转化之间的精确关系还没有得到很好的理解，尤其是对于低物理保真（Alexander 等，2005）。根据训练的特定 KSA，可以得到积极的训练转化而不需要模拟器密切复制真实世界（无须高的保真度）。事实上，如果我们返回到表 27-1 中，我们可以看到，当刺激元素不同但是所需要的响应相同时，积极的训练转化预期还是会发生的。此外，Stone 注意到（2012），比起物理保真度，心理保真度与积极的训练转化联系更紧密。

回到卡车的例子中，很明显桌面计算机游戏的物理保真度很低，完全复制的具有六自由度运动平台和宽视野风景的卡车模拟器，有高的物理保真度，轿车会介于两者之间。然而，这些可以获得的装置的训练转化程度不总是明显的。例如，无论是计算机游戏还是轿车都可能和完全复制的用于学习道路规则的卡车模拟器一样有效。道路规则最初要从手册学习；模拟器可以让学员把这些知识付诸实践，因此不需要很高水平的保真度。相反，卡车处理和转向的训练转化很可能是最大的完整复制的卡车模拟器和最低的计算机游戏，轿车介于两者之间。这是因为卡车的操作特性更接近那些在完全复制的卡车模拟器上的真正的卡车而不是在轿车或桌面计算机游戏上的；也就是说，高保真模拟器具有高功能性的保真度以及高物理保真度。总体来说，这里说的是，保真度最高（也是最昂贵）的选择并不总是最好的。相反，需要的模拟器保真度取决于受训的 KSA，保真度的水平需要符合训练要求（Stone，2012）。尽管这似乎是显而易见的，但更多人认为最好在模拟训练领域保持一个普遍的误解；之所以这样做的原因将在以下部分中讨论。

27.5 关于模拟器效能的误解

在关于飞行模拟器的论文中，Rolfe 和 Caro（1982）指出，模拟器操作人员往往错误地将模拟器的有效性归因为三个因素，Rolfe 和 Caro 描述为"模拟训练效果的虚假结果"。这些结果是：

1. 用户的意见："如果仿真是受欢迎的，那么它一定是一个很好的训练设备（反之亦然）。"

2. 现实主义："如果它像真实的东西，那么它一定能够用于训练！"

3. 运用："如果它被使用了很多，那么它一定是一个很好的训练设备！"

我们应当清楚，这些措施中没有对应于前面描述的已知的会影响训练转化的因素。然而，我们不应该对具有较高的物理保真度的模拟器往往有多少操作者感到惊讶。当然这样的系统设计看起来非常像工作环境。这些模拟器的现实看上去和感觉与制造商的销售这种设备的能力有很大的关系。虽然视觉上的吸引力肯定会加强学员和教师的积极性，但它不太可能足以确保模拟器的训练转化将会显著，甚至可能掩盖其中消极的转化可能发生的实例。

我们的同事 Dr. Susannah Whitney 建议，一个重要的第四项措施可能需要添加到 Rolfe 和 Caro 的这些措施中。如果一个人认为这些措施不仅针对操作者，而且也包括制造商，那么我们就可以声明："这个东西我们卖了很多，因此一定是好的。"

另一个有助于相信现实主义等同于效益的因素产生于一个普遍表现出的人的特质，它被称为确认偏见；即选择信息的趋向，它确认了先前的信念（Nickerson，1998；参见第 24 章关于人所表现出的常见的偏见）。在模拟训练的情况下，当我们面对的是一个卡车驾驶室功能的完备的复制时，我们可能期望所有的一切像一个真正的卡车一样以同样的方式工作。如果没有意识到这一点，操作者和训练讲师往往会选择支持预先存在的假设或信念，模拟器的行为就像一个真正的卡车的信息，而不会检测到不支持他们的信念的感官信息。这并不是说，经验丰富的训练讲师和模拟操作者不能利用自己的专业知识来评估训练是否有效；只是专家的观察和经验很容易受到人类偏见的影响，因此专家观测可能并不总是足够的。

　　了解一个模拟器能够提供的训练转化的量显然是非常重要的。负责设计训练系统的人会想知道他们应该买哪个模拟器以满足他们的训练目标要求，以及确保他们负担得起。选择错误的选项可能会导致资源的浪费显著，并可能导致训练不足。为了减小这种风险，应该通过仔细、客观的评估，由来自经验丰富的操作人员和训练教师的反馈进行补充，以量化训练转化的量。

27.6　训练转化的测量

　　基于模拟训练的最终目标是相比于现场训练，以较低的成本、较少的时间和较低的风险（Alexander 等，2005）。为了实现这一目标，我们需要能够量化和比较不同训练设备之间的转化量。然而，训练转化的精确测量可能是很困难的，因为它需要在实际工作中进行测量，这并不总是可以实现的。相反，经常使用的用来比较不同的训练方案的有效性的训练转化的代理措施，将在下面的段落中重点介绍。

　　让我们回到轿车驱动实例。在驾驶员训练结束后，学员需要证明能力的具体程度。胜任力水平可能会用通过一项基于性能的测试（驾驶考试），或通过进行训练直到学员被训练讲师视为合格的来证明。基于模拟训练的效果可以通过模拟器的训练结果所需的达到胜任能力的现场训练时间的变化来衡量。从这些信息中，有效性和模拟训练的效率这两项措施分别为百分比转化（PT）和转化效率比（TER）。PT 通过相对于原始的现场训练时间的模拟器训练来测定保存的现场训练时间的比率。TER 测量相对于模拟器中花费时间的保存的现场训练时间的比率。TER 的话题，及其成本效益的启示，在由弗莱彻编写的章节（第 12 章）中有详细的介绍，在这里不作进一步讨论。PT 可以通过以下公式来计算：

$$PT = 100 \times (L - L_s) / L$$

式中，L 是平均训练时间或达到合格的重复次数（无模拟训练）；

L_s 是平均训练时间或模拟训练后达到合格的重复次数。

PT 具有以下属性：

PT>0，积极的训练转化；

PT=0，中性的训练转化；

PT<0，消极的训练转化。

$$轿车 PT=100×(50-35)/50=30\%$$

回到前面卡车驾驶员训练的例子，我们假设实习卡车司机需要在真实的卡车中训练 50 个小时来达到合格。因此，L=50。我们还假设有先前驾驶轿车经验的见习卡车司机只需要 35 个小时的训练；因此 L_s 是 35。因此，轿车的训练 PT 是：

$$轿车 PT = 100×(50-35)/50= 30\%$$

$$游戏 PT = 100×(50-45)/50=10\%$$

现在让我们考虑用来提供驾驶训练的计算机游戏的情况。我们可以从评估研究中确定在游戏训练之后，学员仍要求 45 个小时实际卡车的训练（L_s=45 小时）：

$$游戏 PT = 100×(50-45)/50=10\%$$

PT 和 TER 是训练转化的两项措施。其他措施包括通过率和基于绩效的测试成绩。读者可能会发现，TER 的文献定义略有不同。转化效能比的概念和此概念的一些变体在本书由弗莱彻编写的第 12 章进行了进一步的描述。

最后，考虑完全复制的模拟器的情况。在这种情况下，我们可能会发现，大多数训练都可以在模拟器上进行；这将实际卡车需要的训练时间减少到 25 个小时：

$$完整复制的卡车模拟器的 PT =100×(50-25)/50=50\%$$

$$游戏 PT（交通规划）=100×(10-5)/10\%=50\%$$

前面的例子中有一个很重要的点。首先，PT 是高度依赖于学习的 KSA 的。例如，它可以是仅用于训练道路规则的游戏。在这种情况下，我们应该使用 L 和 L_s 的值，这涉及训练道路规则，然后我们会发现 L=10

小时，L_s = 5 小时：

$$游戏 PT（交通规则）=100×(10-5)/10\%=50\%$$

同样，对于轿车和完全复制的模拟器，我们可能会发现 L=10 小时，L_s = 5 小时：

$$轿车和模拟器的 PT（交通规则）=100×(10-5)/10=50\%$$

从这些例子中我们可以得到以下排列：

PT（游戏）< PT（轿车）< PT（完整复制的模拟器）<所有 KSAs 的 100%

PT（游戏）= PT（轿车）= 学习交通规则的 PT（完整复制的模拟器）

本节的关键信息是训练转化可被测量和量化。下面的步骤可以很容易实施来训练教师和决策者，以确保他们的模拟器提供预期的训练转化量：

1. 衡量在现场环境中为每个 KSA 训练胜任力所花费的时间。这是 L 的值。

2. 进行任务分析以确定模拟器进行合理训练的 KSA。

3. 将模拟器引入训练计划后，对于每个 KSA，测量在训练模拟器现场环境下达到合格所需要的时间。这是每个 KSA 的 L_s 的值。

4. 计算每个 KSA 的 PT。

5. 按照发现的训练转化的量，完善模拟器的使用。

27.7　一个正常怀疑的产生

到目前为止，我们已经讨论了训练转化的概念，训练转化的程度在很大程度上取决于模拟器的保真度和受训的 KSA 的类型。我们可能不禁会提出这样的问题："通过使用模拟器，我们离完全取代所有的现场训练还有多远？"我们不清楚任何可以帮助直接回答这个问题的公布的数据。然而，下面的例子说明，可能比最初认为的更难以实现这种结果。

例如，如果我们观察实习飞行员飞行的真实飞机，我们将看到学员进入飞机；飞机会滑行到跑道尽头，起飞，爬升，转弯，等等。一段时间后，飞机将返回，着陆，最终停下来。最后，我们会听到发动机停止，飞行员将会打开舱门，离开飞机。

如果我们观察在模拟器上进行的同样的训练，我们会看到学员进入模拟舱，如果模拟器有一个运动系统，我们可以观察到模拟器座舱上下移动并且左右移动。然而，模拟器并没有真正起飞。虽然这可能看起来像一个明显的说法，但是值得提醒读者的是，模拟环境与现实世界相比往往是令人难以置信的不同。如果这是从模拟器中我们所看到的，那么如果学员学到类似于远程飞行一架真正的飞机所需的能力的任何东西，我们会感到惊讶。显然，如果学到任何东西那它一定是处在不同的水平。

从现实的驾驶舱和一个完整复制的模拟器驾驶舱的角度来看，飞行员座位及前方的视野并没有区别。只要驾驶员不看他的身后，他期待的带有仪表盘和控制盘的驾驶舱的所有的意图和目的在模拟器和真正的飞机上几乎相同。然而，当见习飞行员往模拟器的窗口向外看时，在模拟器中该视觉图像看起来可能有点不切实际和不清晰或比真实世界要明亮。正如我们前面所看到的，在一个地面上的模拟器中完全的再现飞机在空中的运动是物理不可实现的。因此，尽管模拟器的一些元素很逼真，但仍有不同于真正飞机的显著元素；这些差异对训练转化的影响仍然需要进行评估。

现在考虑见习飞行员在完全复制的模拟器上移动控制盘会发生什么。仪器的读数会改变，模拟器会生成一系列的动作；这些反过来会提示学员进行进一步的反应以保持对飞机的控制。然而在模拟器中，设备与控制器的连接、飞行员看到的和感觉到的是通过计算机内部的模型来模拟的。在这个层面上，学员的学习是由许多超出了学员意识的（属于教师的）无形的、复杂的功能和界面介导的。这些功能中的误差和近似可能会导致消极的训练转化。

功能和接口的近似和不准确问题对于一个飞行模拟器而言不是孤立的；它潜在地适用于任何模拟器。例如，所有的模拟器具有现实世界中不存在的定时延迟；这些也被称为模拟器的传输延迟（Hays，1980）。典型的实例包括模拟器显示来产生复杂的视觉场景所耗的时间和学员操作控制器后动作开始所耗的时间。传输延迟可能由于时间太短而未被操作员察觉到，但它仍可能会对性能产生负面影响。因此，虽然传输延迟对训练转化的影响仍然没有完全理解，但它对于转化的潜在负面影响不可小视。

27.8　获取和使用模拟器进行训练的建议

基于模拟的训练科学尚处于起步阶段，在这个领域还有许多我们的未知。因此，笔者建议当考虑获取一个模拟器系统或使用模拟器进行训练时，利益相关方应保持对这些设备的正常怀疑水平，即使它们在表面上表现得提供训练的益处。具体而言，笔者建议准买家和操作人员遵循以下原则，以确定模拟器预期提供显著的积极训练转化的程度：

1. 模拟器和基于仿真的训练几乎总是存在于更广泛的训练体系之中。存在很多超出可影响训练转化模拟器的因素。世界上最好的模拟器不太可能各方面都好，除非适当地考虑到这些因素。

2. 保持一个对于模拟器可以提供什么的正常怀疑水平。记住，关键的因素是成本效益比，模拟器不在于是否看起来是真的或是假的，也不在于它是否会省不少钱。不提供积极的训练转化的模拟器不能符合成本效益比；的确，如果存在很少或没有训练转化，那么所有已经发生的是一种潜在的没有回报的投资的资源支出。

3. 训练转化取决于受训的 KSA，以及模拟器的逼真度。一台设备满足所有的训练需求是不可能的；可能需要不同的选项组合。

4. 我们建议要有谨慎、客观的评估，以确保模拟器实现预期的训练效果。此外，这种评估将有助于确定可能发生的消极的训练和指导持续改进的使用模拟器的方式的过程，以及对未来模拟器的收购。在收购过程中，探索进行初步评估的可能性（例如，进行操作测试和评估）以减小设备不符合训练要求的风险。尽管模拟器的收购最可能包括某种形式的验证和验收测试，但不保证用来验证模拟器的原始需求将会导致预期的训练转化，特别是考虑到目前我们预测训练转化的知识的局限性。

5. 看不到的东西能够真正伤害你。不要受高逼真度和表面效度的蒙蔽。仿真模型和系统接口可能是不可见的，但它们对于训练转化程度的确定是有影响的。如果可能的话，向工程师和设计师质疑仿真系统的有关模型和接口的质量。不要假设模型是正确的，总是寻找消极的训练转化可能发生的任何证据。

参考文献

Allen, J.A., Hays, R.T., and Buffardi, L.C. 1986. Maintenance training, simulator fidelity, and individual differences in transfer of training. *Human Factors*, 28, 497-509.

Alexander, A.L., Brunye, T., Sidman, J., and Weil, S.A. 2005. From Gaming toTraining: *A Review of Studies on Fidelity, Immersion, Presence, and Buy-In and Their Effects on Transfer in PC-Based Simulations and Games* [online: DARWARS Training Impact Group]. Available at: http://www.aptima.com/publications/2005_Alexander_Brunye_Sidman_Weil.pdf [accessed: 26 July 2012].

Auffrey, A.L., Mirabella, A., and Siebold, G.L. 2001. *Transfer of Training Revisited (Research Note 2001-10)*. Alexandria, VA: US Army Research Institute for the Behavioral and Social Sciences.

Baldwin, T.T., and Ford, J.K, 1988. Transfer of training: a review and directions for future research. *Personnel Psychology*, 41, 63-105.

Blume, B.D., Ford, J.K., Baldwin, T.T., and Huang, J.L. 2010. TransterofTraining: A Meta-Analytic Review. *Journal of Management*, 36, 1065-105.

Cheng, E.W.L., and Ho, D.C.K. 1999. A review of transfer of training studies in the past decade. *Personnel Review*, 30(1), 102-18.

Davidovitch, L., Parush, A., and Shtub, A. 2009. The Impact of Functional Fidelity in Simulator-Based Learning of Project Management. *International Journal of Engineering Education*, 25(2), 333-40.

Elangovan, A.R. and Karakowsky, L. 1999. The role of trainee and environmental factors in transfer of training: an exploratory framework. *Leadership & Organization Devel-*

opment Journal, 20, 268-75.

Foxon, M . 1993. Process approach to the transfer of training: Part 1: The impact of motivation and supervisor support on transfer maintenance. *Australian Journal of Education, Technology*, 9(2), 130-43.

Galanis, G. 2000. The blind drunk pilot: A Case study. *Proceedings of the Simulation Technology and Training Conference (SimTecT)*, Sydney, Australia, 28 February-2 March 2000.

Hays, R.T. 1980. *Simulator Fidelity: A Concept Paper (Technical Report 490)*. Alexandria, VA: US Army Research Institute for the Behavioral and Social Sciences.

Hays, R.T., and Singer, M.J. 1989. *Simulation Fidelity in Training System Design*. New York: Springer-Verlag.

Nickerson, R.S. 1998. Confirmation bias: A ubiquitous phenomenon in many guises. *Review of General Psychology*, 2, 175-220.

Povenmire, H.K. and Roscoe, S.N. 1973. Incremental transfer effectiveness of a groundbased general aviation trainer. *Human Factors*, 15, 534-42.

Rolfe, J.M., and Caro, P.W. 1982. Determining the training effectiveness of flight simulators: Some basic issues and practical developments. *Applied Ergonomics*, 13, 243-50.

Roscoe, S.N. 1971.Incremental transfer effectiveness. *Human Factors*, 13, 561-7.

Smither, R.D. 1993. *The Psychology of Work and Human Performance. 2nd Edition*. New York: Harper Collins.

Stone, R.J. 2012. *Human Factors Guidance for Designers of Interactive 3D and Games-Based Training Systems* [online]. Human Factors Integration Defence Technology Centre, University of Birmingham. Available at: https: //www.hfidtc.com/ pdf-downloads/ 3D-training-Systems-Guide. pdf [accessed: 17 July 2012]

Thorndike, E.L. 1906. *Principles of Teaching*. New York: A.G. Seiler.

Thorndike, E.L. and Woodworth, R.S. 1901. The influence of improvement in one mental function upon the efficiency of other functions. *Psychological Review*, 8, 247-61.

Tong, P., Galanis, G., and Bil, C. 2003. Sensitivity analysis to a forced landing manoeuvre. *Journal of Aircraft*, 40(1), 208-10.